TIM SEX

SEGELN MIT KLEINEN KREUZERN

Segeln mit kleinen Kreuzern

TIM SEX

übertragen von Ulrich Mohr

Verlag Delius, Klasing & Co
Bielefeld Berlin

Titel der englischen Originalausgabe
COASTWISE CRUISING
erschienen 1970
bei Nautical Publishing Company,
Lymington

ISBN 3-7688-0111-X

3. Auflage
Printed in Germany 1974
Druck: Gustav Thomas, Bielefeld

Inhalt

Verzeichnis der Abbildungen

Vorwort

Jeder, mit dem ich gesegelt habe, hat bei diesem Buch mitgewirkt; denn jedes Mal, wenn ich auf dem Wasser war, machte ich eine neue Erfahrung, beobachtete ich eine neue Handfertigkeit oder lernte etwas dazu. Die vielen Freunde, mit denen ich über die See sowie über Schiffe und Boote sprach, haben ihr Wissen meinen armseligen Kenntnissen hinzugefügt. Was ich hier geschrieben habe, ist mithin eine Zusammenfassung ihrer und meiner Erfahrungen.

Erroll Bruce, mein Verleger, brachte mir als erster bei, ernsthaft zu segeln; er ermutigte mich dazu, meine Erfahrungen niederzuschreiben und forderte mich schließlich auf, dieses Buch zu schreiben. Charles Hurford zeichnete viele der Illustrationen; Eric Coltham beriet mich beim Fotografieren und machte selbst einige der Fotos, und die Zeitschrift „Motor Boat and Yachting" gab die Erlaubnis, ihre Fotos zu verwenden. Meine Tätigkeit auf See während meiner Zeit bei der Royal Navy gab mir Gelegenheit, Schiffe und Fahrzeuge aller Art in jedem denkbaren Wetter zu beobachten, und zwar von einem Standpunkt aus, der ziemlich verschieden war von dem eines Seglers auf kleinen Booten. Meine Vorgesetzten waren so freundlich, mir zu erlauben, zu Hause und im Ausland zu segeln. Meine Fahrten auf den großen Schonern der Sail Training Association und den kleineren Booten des Rona Trust gaben mir Gelegenheit, mit jungen Leuten aus den verschiedenartigsten Kreisen zu arbeiten; viele von ihnen kannten die See noch nicht, und gerade dies war besonders wertvoll.

Meine Frau hat die Bürde dieses Buches getragen, denn sie blieb zurück und kümmerte sich um Haus und Familie, während ich auf See war oder meine Mußestunden über eine Schreibmaschine gebückt verbrachte. Ich kann ihr nur sagen: „Ich danke Dir".

Tim Sex

1. Kapitel

Rumpf und Deck

Nehmen Sie einmal ein Boot, irgendein beliebiges Boot — Sie können sicher sein, daß sich jemand findet, der es als gutes Fahrtenschiff bezeichnet, und vor allem, der dies auch durch eine perfekte Reise beweist. Fahrtenschiffe sind alt oder neu, klein oder groß, ihr Gewicht in Gold oder keinen Pfifferling wert; es ist wirklich schwierig, irgendwelche Kriterien aufzustellen, die ein Boot als gutes Fahrtenboot ausweisen. Die Älteren unter uns liebten die Gaffeltakelung und ein Großsegel, dessen Bauch hier und da Falten schlug, die Jüngeren schwören auf den Fortschritt und darauf, daß ein Bermuda-Rigg und ein modernes Unterwasserprofil mit kurzem Kiel schneller sind und mehr Wind vertragen. Es gibt auch Leute, die das Mehrrumpf-Boot vorziehen, weil es für sie die schnellste Möglichkeit ist, von einem Hafen in den nächsten zu kommen und so aus einem Seetörn mehr Seemeilen herauszuholen oder zwischendurch mehr Zeit zu haben.

Ganz allgemein gesagt, sollte ein Fahrtenboot seetüchtig, robust und handlich sein; es muß in der Lage sein, in dem befahrenen Gebiet jede Art von Wetter zu überstehen. In der Nordsee bedeutet dies, wenigstens einen Sommersturm abzuwettern. Wenn das Boot schnell ist, dann kann man mit ihm in einem kurzen Urlaub eine längere Strecke zurücklegen. Mit einem steifen und gut ausgerüsteten Schiff wird man länger auf See sein können und doch sicher sein, rechtzeitig an seinen Liegeplatz zurückzukommen. Ganz besonders wichtig ist es, genügend Platz zu haben, denn beim Fahrtensegeln muß man eine ganze Menge Zeug mitnehmen, das verstaut werden will; ganz abgesehen von dem Platz, den man braucht, um sich auf dem Boot bewegen zu können und bequem darauf zu wohnen. Ein nicht zu kleines Dingi, ein Außenbordmotor und eine Badeleiter sind nur einige der Dinge, die Platz weg-

nehmen und Gewicht bedeuten, und die trotzdem nicht die Segeleigenschaften des Bootes beeinträchtigen dürfen.
Es gibt eigentlich keine allgemein gültigen Regeln für ein Fahrtenboot, abgesehen von der Bedingung, daß das Boot sicher und seetüchtig sein muß. Ein frischgebackener Eigner weiß manchmal nicht so recht, was er von seinem Boot verlangen kann, und in solch einem Fall ist es gar nicht so selten, daß es ihn enttäuscht. Man sollte sich also hinsetzen und erst einmal alle Wünsche an das zu erwerbende Boot zu Papier bringen. Dies trägt dazu bei, daß man nicht an Unwichtigem klebt, sondern sich auf die wirklich notwendigen Dinge konzentriert. Ein Boot, mit dem man über die Biskaya fahren will, wird anders aussehen als ein Boot, mit dem man Kaffeefahrten nach Schilksee unternehmen möchte und vielleicht auch einmal nach Schleimünde fahren wird. Wer ein Boot kaufen will, sollte mit sich selbst so ehrlich sein wie nur möglich, um später nicht enttäuscht zu werden.

DER ZUSTAND DES BOOTES

Viele Eigner beabsichtigen nicht, ein neues Boot zu kaufen, und stehen daher vor dem unübersichtlichen Dschungel des Gebrauchtboot-Angebotes. Hier ist das genau richtige Boot unweigerlich zu teuer, und die Summe, die man anlegen will, reicht meist nicht für den gewünschten Weltumseglertyp. Hier sind also Kompromisse zu machen, und dies gelingt auch meist. Aber man sollte einen Kompromiß nicht dadurch erreichen, daß man das richtige Boot im falschen Zustand kauft. Es ist höchst unwirtschaftlich, ein Boot billig zu kaufen, das nach Art und Größe richtig zu sein scheint, wenn man anschließend viel Geld in eine Überholung stecken muß. Es ist auch gar nicht notwendig, sich solchen Überraschungen auszusetzen, denn man kann jederzeit die Dienste eines Sachverständigen in Anspruch nehmen, dessen Beruf es ist, Interessenten ein klares Bild vom Zustand ihres Bootes oder des von ihnen ins Auge gefaßten Bootes zu geben.
Natürlich kostet ein solches Gutachten Geld und auch das dazu notwendige Aufslippen, wenn das Boot im Wasser liegt, denn der Sachverständige kann nur dann die Bodenpartie richtig beurteilen. Auf den ersten Blick mag ein Gutachten teuer erscheinen; aber wenn man bedenkt, was es kostet, ein verwurmtes Boot oder eines mit papierdünnem Boden zu kaufen, dann ist das Geld gut angelegt. Sachverständige findet man durch Anzeigen in den Fachzeitschriften. Sie sind nach meiner Erfahrung durchweg vorsichtige und gründliche Leute; sie müssen es sein,

denn schließlich setzen sie mit jeder Unterschrift unter ein Gutachten ihren Ruf aufs Spiel.

DER RUMPF

Man könnte seitenlang über die Formen von Bootsrümpfen schreiben, aber das gehört nicht in dieses Buch. Wenn ein Rumpf vom Reißbrett eines anerkannten Konstrukteurs kommt, dann sollte das Boot auch vernünftige Segeleigenschaften haben. Aber es lohnt sich dennoch, das selbst auszuprobieren, indem man mit dem Boot der Wahl oder einem ähnlichen Typ einen Probeschlag macht. Viele Boote sind heute in Massenproduktion hergestellt, und es dürfte nicht schwer sein, durch Vermittlung der Firma eine Probefahrt zu vereinbaren. Einige Boote sind etwas schneller als andere, dies liegt an dem Verhältnis der Segelfläche zum Rumpf, wobei die Form einen gewissen Ausschlag gibt. Eine etwas vereinfachte Regel, aber trotzdem eine brauchbare Richtschnur.

Viel Segelfläche ist durchaus nicht immer besonders erstrebenswert, denn wenn das Boot jedesmal stark wegliegt, sobald der Wind etwas auffrischt, dann nützt alles Segeltuch der Welt nichts. Wir brauchen eine gewisse Steifigkeit, die der richtig geformte Rumpf liefert — je bauchiger desto steifer —, und wir können das Boot auch steif machen, indem wir den Kiel weit unten entsprechend beschweren. Beide Methoden beeinflussen die Art und Weise, in der sich das Boot bewegt, und damit auch das Wohlbefinden der Leute an Bord. Die Spantform und das Gewicht des Kiels haben indirekt ebenfalls Einfluß auf die Geschwindigkeit, und die Form des unter Wasser liegenden Rumpfteils wirkt sich darauf aus, wie das Boot im Ruder liegt und ob es geradeausläuft oder giert. Wenn ein Boot nicht geradeausläuft, dann benötigt der Rudergänger viel Zeit und Kraft, um die Pinne hierhin und dorthin zu legen und so einen geraden Kurs zu steuern, wobei das Ruder als Bremse wirkt und das Boot langsamer macht. Ein Boot, das ständig etwas vom Kurs abweicht, legt auch eine größere Wegstrecke zurück als eines, das einen geraden Kurs steuert. Hinzu kommt, daß die Segel nur in den wenigen Sekunden jeder Minute, in denen das Boot genau auf Kurs liegt, richtig stehen. Es bringt also erhebliche Vorteile mit sich, wenn ein Boot gut auf Kurs zu halten ist. Man glaubte immer, ein langer Kiel trüge dazu bei, während die heutigen Konstrukteure mehr dazu neigen, den Abstand zwischen Eintauchlinie des Hecks und Ruderkante als entscheidenden Faktor anzusehen. Die alten Rümpfe mit langem Kiel besaßen eine große eingetauchte Oberfläche, und diese bewirkte Reibung und damit Verlust an Geschwindigkeit. Man kann eben nicht alles gleichzeitig haben, beim Segeln ebensowenig wie im Leben ganz allgemein.

DAS DECK

Wir haben nun einen Rumpf und legen ein Deck darüber, damit die Unglücklichen, die unten sitzen, ein Dach über dem Kopf haben. Und damit diejenigen, die oben sind, ihre Füße irgendwo hinstellen können. Ferner spreizt das Deck auch den Rumpf auseinander. Jedes Boot wird von Deck aus gesegelt, und die Einteilung und Ausrüstung in diesem Bereich ist sehr wichtig für die Bedienung der Segel. Sehr oft hängt von der Einteilung des Decks der Spaß ab, den wir an unserem Aufenthalt in See haben. Und ohne Freude am Segeln können wir ja ebensogut mit einem Dampfer fahren, der eine Bar hat. Kleine Fahrtenboote benötigen im allgemeinen ein erhöhtes Kajütdach für Stehhöhe unter Deck; die Schwächung der Konstruktion durch das nicht durchgehende Deck nimmt man in Kauf.

Bei allen Booten, die in nordeuropäischen Gewässern segeln, dient das Vorschiff fast ausschließlich zum Arbeiten an Fallen und Segeln. Manchmal geht auch der Navigator nach vorn, in der Hoffnung, etwas besser ausmachen zu können. Wenn er dabei das erste Mal naß geworden ist, läßt er es künftig meist bleiben. Denn das ist der Haken: das Vorschiff wird fast ständig von Spritzern überweht. Versuche, sich dort zu sonnen, Fische zu beobachten oder zu faulenzen, finden meist ein vorzeitiges Ende durch einen kalten Guß. Das Vorschiff ist daher allein ein Platz zur Arbeit, und es sollte dafür möglichst zweckmäßig gestaltet sein.

Zunächst einmal müssen wir an Bord bleiben, und dies auch noch mit heilen Knochen, wenn der Seetörn ein Erfolg sein soll. Deshalb soll das Vorschiff frei sein von Hindernissen. Ein Vorschiff, das an allen Ecken und Enden von Ankern, Klampen und Augbolzen starrt, ist eine Todesfalle, auch wenn es auf dem Reißbrett noch so schön aussah. Man sollte keine Mühe scheuen, alles das, was nicht unbedingt erforderlich ist, wegzunehmen und unentbehrliche Beschläge an die Kanten zu versetzen. Bei Flaute und hellem Tageslicht ist es vielleicht möglich, die Füße von einer freien Stelle zur nächsten zu bugsieren, aber man lasse das Schiff einmal bei stockdunkler Nacht stark überliegen, und die Sache sieht mit einem Mal ganz anders aus. Wenn das Vorschiff dann noch so herumtanzt, daß Stehen unmöglich ist, werden die Probleme noch wesentlich größer. Ein Patentanker im Hosenbund hält einen vielleicht ganz schön fest, aber was sagt das Ölzeug dazu?

Abb. 1. Ein Vordeck, auf dem Anker und Kette, Klampen und andere Beschläge ein unübersichtliches Durcheinander bilden, ist zumindest beim Arbeiten unbequem, im schlimmsten Fall sogar gefährlich.

Was wir auf dem Vorschiff zunächst einmal brauchen, ist ein Luk, und dies auch auf den allerkleinsten Booten. Hier einige guter Gründe dafür: Man hat bei Feuer einen Notausgang aus der Kajüte, ferner ermöglicht ein Luk die Belüftung des Bootsinneren, und man kann Sachen, die vorn verstaut sind, an Deck nehmen, ohne daß die Kajüte naß wird. In kleinen Booten läßt sich auch der Spinnacker aus dem Luk vorheißen. Luken sind im allgemeinen so groß, daß man darauf stehen kann wie auf einem etwas erhöhten Deck, sie sind daher nicht allzusehr im Wege. Lackiert, können sie allerdings glitschig sein. Und solange sie nicht ordentlich verschlossen und gesichert sind, kann es sehr gefährlich sein, sich an ihnen festzuhalten, denn dann klappen sie plötzlich auf und schlagen wieder zu, wenn der Bug auf und nieder tanzt. Klampen, die häufig mittschiffs angeschraubt sind, sind viel störender. Sie dienen dazu, Festmacher oder die Ankerkette zu belegen oder auch einen Halsstrekker festzumachen. Halsstrecker sind nur dann erforderlich, wenn das Fall mit der Fallwinde nicht ausreichend durchgesetzt werden kann, denn die Höhe des Halslegels läßt sich leicht mit Hilfe eines Drahtstropps ändern.

Auf einer kleinen Yacht ist eine Talje über Deck immer eine weitere Fehlerquelle, ein unnötiges Mehr an Ausrüstung und ein Verstoß gegen das Grundprinzip, alles so einfach wie möglich zu halten. Klampen sind zwar unentbehrlich, aber sie sollten an den Seiten angebracht sein. Durch die Lippen am Bug lassen sich die Festmacherleinen gut führen; es bringt keinen Vorteil mit sich, sie mittschiffs zu belegen. Im Gegenteil, denn oft ist am Bug nur eine Lippe vorhanden, und wenn der Festmacher am Vorstag und seiner Spannschraube anliegt, dann besteht immer die Gefahr des Schamfilens.

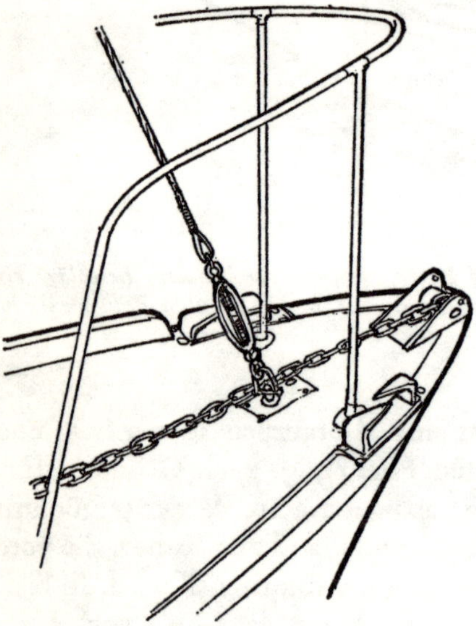

Abb. 2. Die Kette, die von der Kettenrolle am Bug zu einem Poller oder einer Klampe mittschiffs geführt wird, beschädigt aller Voraussicht nach den Beschlag am Fuß des Vorstags.

Wenige Boote verfügen über einen wirklich brauchbaren Poller, der die Belastung beim Schleppen aushält, man muß daher eine Schlepptrosse an Deckklampen oder am Mast anschlagen. Dies hat allerlei Nachteile gegenüber einem Mittschiffspoller, der dann aber unbedingt durch das Deck hindurchgehen und im Kiel verankert sein muß. In jedem Fall sind die Vorteile eines klaren Decks gegen einen Mittschiffspoller abzuwägen.

Auf vielen Booten, wenn nicht auf den meisten, findet sich im Vordeck eine Ankerketteneinlaufklüse, ein komisches kleines Rohr, durch das die Kette aus dem Kettenkasten an Deck geführt wird. Dieses Rohr ist ein richtiger Zehenbrecher. Ich kann nicht einsehen, warum es immer mittschiffs angebracht sein muß, statt an der Seite, oder warum es überhaupt über das Deck herausragt. Sollte man nicht eine Öffnung mit einer glatten einschraubbaren Platte haben, ähnlich wie bei den Einfüllstutzen für Wasser und Brennstoff? Es käme viel weniger Wasser ins Schiff und man hätte ein übles Hindernis weniger. Beim Ankern könnten Lappen das Eindringen von Regenwasser verhindern. Vielleicht ließe sich sogar ein kleiner Lüfter dort hineinschrauben, durch dessen Mitte die Kette zu führen wäre.

KETTENKLÜSEN

Kettenklüsen oder Lippklampen befinden sich, wie es in der Natur der Sache liegt, zumeist am Rande des Decks, aber es ist durchaus nicht gleichgültig, wo sie angebracht sind. Sie sollen eine Trosse oder Kette von dort, wo sie außerhalb festgemacht sind, bis dort, wo sie an Bord belegt werden, so führen, daß ein Schamfilen unmöglich ist. Wenn die Trosse an einer Relingstütze anliegt oder wenn die Kette nicht zwischen die Lippen paßt, dann sind sie sinnlos. Fast immer sind Lippklampen zu klein, sie geben einer Trosse zu wenig Raum. Sehr oft befinden sie sich außerdem an unglücklichen Stellen. Wo eine Trosse gescheuert hat, kann man schlecht lackieren. Daher ist es manchmal empfehlenswert, an solchen Stellen ein Stück Kupferblech anzunageln, damit das Schiff gepflegt aussieht.

Die Ankerkette führt im allgemeinen über eine Kettenrolle außenbords, die weit genug herausragt, damit die Kette von der Bordwand frei läuft. Aber nicht so weit, daß sie als Rammsporn wirkt, wenn der Skipper zum Längsseitgehen auf Hautfühlung neigt. Es ist nicht ganz leicht, die beiden entgegengesetzten Bedingungen in Einklang zu bringen, im übrigen blockieren die meisten Kettenrollen ziemlich bald und sind überhaupt keine ideale Lösung. Ich persönlich ziehe eine große Kettenklüse mit einer Deckplatte vor, die verhindert, daß die Ankertrosse beim Stampfen herausspringt. Und dazu ein Stück Plastikrohr, das verhütet, daß die Trosse sich an der Außenhaut reibt. Dies passiert übrigens nicht allzu oft, denn beim Liegen im Strom oder bei Wind zeigt die Kette immer gut voraus und ist frei vom Bootsrumpf.

Die Sicherheit auf dem Vorschiff hängt sehr von der Seereling und dem Bugkorb ab, wir werden in dem Kapitel über Sicherheit noch ausführlich über diese beiden Dinge sprechen. Hier ist nur noch zu wiederholen, daß ein klares Deck mit einer griffigen Oberfläche ganz wesentlich dazu beiträgt, daß man nicht ausrutscht oder fällt und Verletzungen riskiert;

gute Handläufe sind eine weitere Voraussetzung dafür. Auf kleinen Booten kann man sich meist an Wanten, dem Mast, auch dem Vorstag festhalten und so das Deck überqueren, auf größeren Schiffen kann eine Fußleiste in Decksmitte ein sehr nützlicher Halt für Hände und Füße sein.

DAS COCKPIT

Eine Besatzung verbringt den größten Teil der Zeit an Deck im Cockpit. Von dort aus wird ein Boot manövriert, hier werden die Segel bedient, hier kann man sich aufhalten ohne durch und durch naß zu werden. Ein Cockpit muß so angelegt sein, daß mehrere widersprüchliche Erfordernisse in Einklang gebracht sind. Zunächst einmal muß es selbstlenzend sein, denn es ist ein offenes Loch, das ganz erhebliche Wassermengen aufnehmen kann. Wenn dieses Wassergewicht nicht schnell beseitigt wird,

Abb. 3. Wenn man Lage hat, muß sich die Besatzung gegen die Schwerkraft auf den Luvsitzen festhalten können, was meist nur durch Aufsetzen der Füße gegen die Leesitze möglich ist. Dann aber kann der Rudergänger den Kompaß nicht mehr sehen. Bei der Planung eines Cockpits sollte man daran denken.

beeinträchtigt es in ernster Weise die Schwimmfähigkeit des Bootes. Ein Cockpit, das 1 m lang, tief und breit ist, nimmt eine Tonne Wasser auf — eine Tonne Gewicht an dieser Stelle ist eine ernste Gefahr. Das Wasser muß also entfernt werden, und zwar schnell.

Cockpits liegen im allgemeinen oberhalb der Wasserlinie, sie können also achtern offen gelassen werden, so daß das Wasser nach achtern ablaufen kann. Wenn dies nicht möglich ist, werden Rohre mit weitem Querschnitt benötigt, durch die das Wasser abläuft. Enge Rohre lassen das Wasser nicht schnell genug durch und verstopfen zudem zu leicht. Da die Rohre den Rumpf durchbrechen, sollten sie mit Seehähnen versehen sein, die immer dann geschlossen werden können, wenn das Boot unbeaufsichtigt liegt. Falls das Cockpit nicht selbstlenzend ist, kann unter Umständen behelfsmäßig eine Persenning auf dem Cockpitboden ausgelegt werden, mit der man das Wasser herausbringt, indem man sie hochzieht. Ich habe allerdings von dieser Möglichkeit nur gehört und es selbst nie gesehen — es klingt nicht sehr praktisch. Man kann natürlich auch die Wache sich im Cockpit hinlegen lassen und das Wasser mit Hilfe des Archimedischen Prinzips verdrängen, nämlich mit dem Volumen der Körper. Aus einem Cockpit, das nicht wasserdicht ist, wird das Wasser in Kajüte und Bilge laufen, wo es zwar immer noch die Schwimmfähigkeit beeinträchtigt, aber immerhin herausgepumpt werden kann, unter der Voraussetzung allerdings, daß die Bilge-Pumpen ausreichend dimensioniert und nicht verstopft sind.

Die Besatzung wird viel Zeit im Cockpit zubringen. Soll sie während ihrer Wache frischbleiben und Spaß an der Sache behalten, so müssen alle wirklich bequem sitzen können. Das klingt vielleicht einfach, aber wenn es auch dann der Fall sein soll, wenn das Boot weit überliegt, rollt, stampft oder wenn alles naß ist, dann sieht die Sache doch etwas schwieriger aus. Zunächst einmal müssen die Sitze breit genug sein, um der Sitzfläche Raum zu bieten, und es muß eine Rückenlehne vorhanden sein, das Rückgrat abzustützen. Wenn das Boot krängt, braucht man allerlei Kraft in den Beinen, um sich auf der Luvseite zu halten. Meist stützt man sich mit den Füßen an der Kante der gegenüberliegenden Sitze ab. Hierbei kann aber dem Rudergänger der freie Blick auf den Kompaß verwehrt sein, dann sind vielleicht Leisten an den Cockpitseiten von Nutzen. Wer auf einem harten Sitz hockt, wo ihn wenig mehr als Zutrauen hält, während der Rudergänger in jeder Minute zweimal „Kompaß“ brüllt, findet das Leben möglicherweise ein wenig mühsam. Die Seiten des Cockpits müssen frei sein von herausragenden Teilen, es darf sich z. B. keine Klampe oder Winsch in den Rücken bohren, und es ist auch wünschenswert, daß die Sitze frei sind von herausstehenden Schrauben oder anderen spitzen Teilen, an denen man sein Ölzeug zerreißen kann.

HALTERUNGEN

Die Besatzung im Cockpit braucht während der Wache eine Anzahl von Dingen griffbereit, die aber so gehaltert werden müssen, daß sie weder wegfliegen noch naß werden können. Dazu gehören z. B. eine starke Taschenlampe, eine Zange, ein Bootsmesser, aber auch Zigaretten, Sonnenbrillen, Ferngläser. Ein brauchbarer Platz ist das vordere Ende des Cockpits, aber Metallteile dürfen dabei nicht in Kompaßnähe sein. Kleine Borte innerhalb des Niedergangs sind eine andere Möglichkeit. Die Stauräume sollten überall gleich sein, damit die Besatzung immer weiß, wo was zu finden ist.

SPRITZVERDECKS

Ein Spritzverdeck über dem Niedergang erhöht die Annehmlichkeiten für eine Deckwache ganz außerordentlich, denn dann bleibt der Platz innerhalb des Niedergangs, wo sehr oft der Kocher und der Kartentisch zu finden sind, trocken, statt alle paar Minuten von einer kalten Wasserdusche heimgesucht zu werden. Spritzverdecks sind mithin sehr nützlich, aber sie nehmen dem Rudergänger einen Teil der Sicht nach voraus und sie verführen die Besatzung dazu, sich an diesem trokkenen Plätzchen aufzuschießen, statt ständig gut Ausschau zu halten und die Takelage im Auge zu haben. Trotzdem würde ich für ein Spritzverdeck plädieren, solange es die Sicht nicht allzu sehr einschränkt, denn es erleichtert das Leben doch sehr. Nun, man sieht, daß es immer schwieriger wird, ein allen Anforderungen gerecht werdendes Cockpit zu konstruieren; denn ein Verdeck behindert den Blick des Rudergängers nach vorn, und die abstützenden Beine der Besatzung engen den Blick auf den Kompaß ein.

DER KOMPASS

Dem Kompaß den richtigen Platz zu geben, ist ein wirkliches Problem, denn er muß vor dem Rudergänger und jederzeit gut einsehbar sein, und die dafür ideale Position ist genau da, wo der Niedergang nach unten führt. Sehr oft befindet sich der Kompaß unterhalb des Eingangs — ein brauchbarer Kompromiß, obwohl man an dieser Stelle leicht drauftritt und er überdies von den Beinen der Besatzung abgedeckt wird. Man kann ihn auch oben auf dem Kajütdach anbringen, entweder vor der Schiebeluk oder seitlich davon. Aber dann braucht man einen Kompaß, der sich seitlich ablesen läßt, und überdies ist er etwas weit weg, ferner kann es Schwierigkeiten mit dem Spritzverdeck oder dem

Dingi geben. Man kann auch zwei Kompasse haben, die jeweils neben dem Schiebeluk an der Achterkante des Kajütaufbaus angebracht sind, aber das ist eine kostspielige Sache, und außerdem wird die Besatzung auch hier immer wieder im Wege sein. Jedenfalls muß man diesem Problem, unter Zuhilfenahme der genauen Abmessungen, sehr viel Aufmerksamkeit schenken. Eine Verschiebung um zwei oder drei Zentimeter kann eine sehr gute Position oder eine total unbrauchbare bedeuten.
Bei Tage kann man Kompasse immer gut sehen, aber nachts müssen sie beleuchtet sein und da gehen die Ansichten weit auseinander. Die Rose kann weiß mit schwarzen Zahlen oder schwarz mit weißen Zahlen angelegt sein. Die überwiegende Meinung neigt heutzutage zu großen weißen Zahlen auf schwarzem Grund, weil dies die Augen am wenigsten anstrengt. Die Beleuchtung kann weiß oder rot sein, unter- oder oberhalb der Rose. Ich persönlich neige zu einem roten Lämpchen oberhalb der Rose, wenn ich lange Ruderwachen gehen soll. Ein selbstleuchtendes Feld nahe dem Steuerstrich, ein sogenanntes Beta-Licht, ist ebenfalls sehr brauchbar. Für den Fall, daß die Kompaßbeleuchtung ausfällt, braucht man eine Taschenlampe mit rotem Glas *.

DIE GROSS-SCHOT

Die Großschot wird meist im Bereich des Cockpits belegt, manchmal wird sie zu einer achterlich gelegenen Schiene geführt, bei größeren Booten trennt sie häufig das Cockpit durch die in seiner Mitte liegende Schiene in zwei Teile. Am Rigg und an der Länge des Baums können wir im allgemeinen nichts ändern und daher auch wenig an der Führung der Schot. Wir können höchstens eine Schot anstreben, die vorn niedergeführt wird und nicht im Wege ist, aber das ist manchmal problematisch, weil die Befestigung der Schot auf dem Kajütdach sehr kräftig sein und die Schot völlig frei davon wegführen muß. Wenn man nicht segelt, dann muß der Baum irgendwo aufliegen, und man braucht eine Baumschere. Wie diese Schere auch beschaffen ist, sie sollte stets seitlich verschiebbar sein, damit der Baum beim Längsseitliegen nach außen kommt und weg aus der Lage genau über der Mitte des Niedergangs.

KLAMPEN

Die Lage der Schotblöcke, Winschen und Klampen im Cockpit muß mit der Einteilung des Cockpits insgesamt übereinstimmen. Es ist sinnlos, eine Winsch an eine Stelle zu setzen, wo der Mann, der sie bedient, den

* Anm. d. Ü.: Rotlicht beeinträchtigt die Dunkelakkomodation des Auges nicht.

Rudergänger behindert. Auch die Klampen müssen so angebracht sein, daß die Schot von ihnen zur Winsch klar läuft. Sehr oft liegen die Klampen so, daß sie ungleichmäßig belastet werden; die Folge ist, daß man die Schot nicht schnell loswerfen kann, weil sie sich bekneift. Klampen müssen sehr oft in einem Winkel angebracht werden und natürlich so groß sein, daß sie dem Durchmesser des Tauwerks entsprechen und beim Belegen mehrere Törns erlauben. Das Ende der Schot wird irgendwo aufgeschossen und darf keinesfalls im Wasser schleifen. Man kann die lose Part im Cockpit unterbringen oder unter Gummistropps an der Außenkante des Cockpits. Eine im Cockpit liegende Schot bildet fast unvermeidlich innerhalb kürzester Frist ein wüstes Durcheinander, und gerade das darf nicht sein, wenn ein plötzliches Über-Stag-Gehen oder ein anderes Manöver erforderlich wird und sie in Sekundenbruchteilen greifbar sein muß. Vor allem bei schlechtem Wetter mit viel Lage ist es schwierig, die Schoten jederzeit klar zu halten.
Schließlich muß ein Cockpit mit nicht rutschender Farbe gemalt sein oder aus Teak bestehen. Auch Trakmark (ein fein genarbter Kunststoffbelag, *Anm. d. Ü.*) ist brauchbar. Lackierte Cockpits sehen hübsch aus, aber sie können sehr gefährlich sein, weil man sich in ihnen nicht halten kann. Ein Cockpit muß so ausgelegt sein, daß es auch bei schlechtem Wetter rutschsicher ist. Denn sonst gibt es Unfälle, die leicht zu Tragödien werden können. Die Yacht „Meteor" des deutschen Kaisers segelte einmal in der Nähe von Bembridge, als eine schwere Bö einfiel. Die Yacht gehorchte nicht mehr dem Ruder und lief mit einer zweistelligen Geschwindigkeit genau auf die Küste zu. Man hätte die Großschot fieren müssen, aber das war unmöglich, weil das Deck in Lee durchs Wasser schleifte und niemand an die Belegklampe heran konnte. Glücklicherweise hörte die Bö bald auf und die Yacht konnte zum Aufkommen gebracht werden, aber man zog Nutzen aus dem Vorfall und führte die Großschot so, daß sie auf beiden Seiten des Cockpits belegt werden konnte.

LAGERUNG DES DINGIS

Bei ruhiger Wetterlage und auf kurzen Törns ist es oft bequem, das Dingi zu schleppen, aber auf einer längeren Reise oder in unhandigem Wetter ist ein geschlepptes Dingi problematisch, es verlangsamt die Fahrt und es besteht immer die Gefahr des Losreißens. Das Dingi muß daher an Deck gefahren werden. Bei einem aufblasbaren Boot ist das natürlich am einfachsten, obwohl es auch luftleer eine ganze Menge Platz wegnimmt. Ein starres Dingi ist viel schwieriger gut zu stauen, auf einem kleinen Schiff ein ganz besonderes Problem. Die meisten Yachten können nur Dingis fahren, die auf das Kajütdach passen, und wenn der Eigner, seine Gattin und sein Hund nicht alle gleichzeitig hineinpassen, so ist das eben Pech. Die Abmessungen liegen ziemlich eindeutig fest durch den Abstand zwischen Schiebeluk und Mast sowie den lichten Raum zwischen Kajütdach und Baum. Das Resultat ist so manches recht ungewöhnliche Dingi. Andere Möglichkeiten sind achtern gegeben, was bei Spitzgattern oder auf dem Vordeck manchmal ganz gut geht, aber nicht bei kleineren Fahrtenbooten. Die Wahl liegt mithin zwischen dem Schlauchboot und dem in seinen Abmessungen radikal beschnittenen Dingi; es bleibt Ihnen überlassen, was sie bevorzugen.

NAMEN

Früher war es üblich, den Namen der Yacht in hübschen Buchstaben am Heck zu tragen, aber er ist dort nicht sehr gut sichtbar und es ist besser, ihn irgendwo seitlich oberhalb des Decks zu führen. Er sollte so groß sein, daß Coastguard, Hafenmeister und andere ihn ohne Schwierigkeiten schon aus einigem Abstand lesen können. Es dürfte töricht sein, den Aufforderungen der Verbände, Namen deutlich lesbar zu zeigen, nicht nachzukommen.

DAS RIGG

Fahrtenyachten haben, wie es in der Natur der Sache liegt, meist Besatzungen, die weniger zahlreich, weniger befahren und schwächer sind als die Besatzungen von Rennyachten. Hiermit ist nicht gesagt, daß sie nicht ausreichend bemannt sind. Aber es ist nun einmal so, daß in einer Familie nur ein starker Mann verfügbar ist; und manche andere Besatzung ist zahlenmäßig schwach, damit der einzelne mehr Raum und Bequemlichkeit hat. Bei einer Wochenendregatta kann man ohne Schwierigkeiten eine starke Crew verkraften, denn die halbe Besatzung wird meist an Deck sein und höchstwahrscheinlich werden nie alle gleichzeitig schlafen. Bei den langsameren Tourenbooten ist das anders. Bei ihnen stehen weniger Hände zur Verfügung, und deshalb ist möglichst große Einfachheit geboten, auch wenn dadurch eine etwas reduzierte Leistung in Kauf genommen werden muß. Etwas reduziert, denn was einfach ist, braucht deswegen noch lange nicht schlecht zu sein. Trotzdem wird die Yacht eben nicht so ausgerüstet sein und so geknüppelt werden wie ein Regattaboot.

Das einfachste Rigg, und das in kleinen Tourenbooten meistverwendete, ist das Bermuda-Rigg mit Hochsegel. Es ist wirksam, benötigt keine Backstagen und kann von einer Person bedient werden. Ein kleineres Großsegel erlaubt es, durch Auswechseln von Vorsegeln die Segelfläche den Wetterbedingungen anzupassen. Auf einem Boot der hier besprochenen Größe ist ein Kutter-Rigg mit zwei Vorsegeln unnötig kompliziert. Riggs mit zwei Masten sind gut, weil sie die Segelfläche unterteilen, aber das trifft wiederum erst für größere Boote zu.
Wenn man sich einmal für ein bestimmtes Rigg entschieden hat, dann kann man eine ganze Menge tun, um die Bedienung dieses Riggs einfacher und wirksamer zu machen. Zunächst einmal muß es ohne Schwierigkeiten möglich sein, die Segelfläche zu verkleinern oder zu vergrößern; das bedeutet, das Großsegel zu reffen und die Vorsegel auszuwechseln. Man kann mit einem Patentreff oder Rollreff arbeiten, oder mit Reffbändseln oder mit Reffgattchen und einer Reffleine, jede Methode hat Vor- und Nachteile.
Das Reffen mit einem Patentreff ist zwar sehr verbreitet, aber das Segel steht oft nicht gut und der Baum wird in dem Maße durchhängen, in dem das Segel aufgerollt wird. Bei manchen Booten macht man daher den Baum am äußeren Ende dicker als innen, aber wenn das Segel stark verkürzt werden muß, dann sieht es alsbald mehr wie ein Sack aus als nach einem teuren Produkt der Segelmacherkunst. Segellatten lassen sich schwer einrollen, aber auch schwer herausnehmen, wenn das Wetter ein Reffen notwendig macht. Und wenn die Taschen für die Latten nicht parallel zum Baum verlaufen, kann es passieren, daß es alsbald unmöglich wird, das Segel weiter aufzurollen. Trotzdem sind Patentreffs mit Recht beliebt und ohne Frage vor allem dann von Wert, wenn die Besatzung klein ist. In kleinen Booten, bei denen das Ende des Baums vom Cockpit aus erreicht und das Segel am Baum gestreckt werden kann, führt das Reffen mit Hilfe des Patentreffs zu besseren Ergebnissen als auf größeren Booten, wo der Baum in Lee unerreichbar ist.
Das Reffen mit Reffbändseln ist langsamer als mit einem Rollreff, aber das Segel steht dann auch sehr viel besser. Das Ausholen der Reffkauschen an Vor- und Achterliek streckt das Segel der Länge nach auf dem Baum, und das Zusammenbinden der Reffbändsel ist nicht viel mehr als eine Formsache. Die Reffbändsel sollten zwischen Baum und Unterliek gebunden werden. Läuft das Liek jedoch in einer Nut, so daß dies nicht möglich ist, dann werden die Bändsel unter dem Baum gebunden, am besten mit Reffknoten.

Beim Reffen mit Reffgattchen treten diverse Probleme auf. Zunächst einmal muß das Schmeerreep, mit dem die Reffkausch heruntergeholt wird, geschoren sein. Am besten bevor das schwere Wetter eintritt, weil damit ein gewisses Quantum von gefährlichem Balancieren und Hinauslehnen nach Lee verbunden ist. Dies ist nicht ohne Risiko, ebenso wie das Hinausgehen auf den Baum, um die Kauschen herunterzuholen und die Bändsel zu binden. Es sieht einfach aus und ist auch einfach, solange das Boot auf ebenem Kiel liegt. Aber man lasse es ordentlich überliegen mit einem Baum, der steil nach Lee hin geneigt ist in schwerer See, dann sieht die Sache ganz anders aus. Es kommt also darauf an, das Schmeerreep frühzeitig zu scheren und den Baum vor Beginn des Reffens festzumachen, am besten auf seiner Schere, und vor allem darauf zu achten, daß die Besatzung angeleint ist. Rechtzeitiges Reffen ist gute Seemannschaft und führt nur selten zu verringerter Geschwindigkeit. Es mag kühn und sportlich erscheinen, mit dem Leeschanzkleid unter Wasser dahin zu rauschen, aber es bewirkt nur, daß Boot und Besatzung unnötiger Belastung ausgesetzt werden ohne Gewinn an Geschwindigkeit. Dieser Gewinn ist dann zu holen, wenn es sich ausgeweht hat und wenn die Reffs vielfach auch dann noch nicht ausgeschüttet sind, wenn sich der Wind bis zu einem leichten Lüftchen gelegt hat.
Es ist nützlich, im Großsegel eine Reihe von Gattchen anzubringen. Wenn dann mit dem Patentreff etwas unklar geht, braucht man nur eine Reffleine, die man spiralförmig durch die Gattchen und um den Baum schert und dichtholt, nachdem die Reffkauschen auf den Baum heruntergeholt sind. Sehr viele Großsegel sind so für eine ordentliche Verkleinerung ausgerüstet, und das kann, wenn das Wetter einmal unangenehm wird, sehr nützlich sein.

VORSEGEL

Die meisten Boote führen eine ganze Reihe verschiedener Vorsegel, um auf die verschiedensten Windverhältnisse vorbereitet zu sein. Ihr Wechsel ist mithin ein wichtiger Schritt beim Segelkürzen. Das Rigg und das Vorschiff sollten so konstruiert sein, daß die Vorsegel in einem Minimum an Zeit gewechselt werden können, denn solange kein Vorsegel steht, wird es sehr schwer sein, das Boot manövrierfähig zu halten. Es kommt also darauf an, möglichst wenig Zeit verstreichen zu lassen von dem Augenblick an, in dem das Fall losgeworfen wird, bis zu dem Moment, in dem das neue Segel zu ziehen beginnt. Ein schneller Wechsel erfordert Überlegung und Vorarbeit, weil soviel wie möglich getan werden muß, bevor das erste Segel gefiert wird.

Manche Boote haben doppelte Vorstagen und Reservefallen, an denen das neue Segel gesetzt werden kann, bevor das alte Segel weggenommen wird. Dies scheint zunächst eine gute Sache zu sein, aber man braucht dafür einen Haufen laufendes Gut und es besteht auch immer die Gefahr, daß die Stagreiter sich am danebenliegenden Stag verhaken, wenn die Segel gesetzt werden. In diesem Fall hat man einen ziemlich ausgewachsenen Ärger vor sich, denn nun müssen beide Segel weggenommen werden, damit sie an Deck klariert werden können. Man macht es daher meist so, daß man das neue Segel unter dem alten Segel am Stag anreiht und den Hals mit einem zweiten Schnappschäkel sichert, so daß nur noch zu tun bleibt, das erste Segel vom Stag zu lösen, Fall und Schoten umzuschäkeln und das neue Segel vorzuheißen. Wenn am Fall ein Schnappschäkel verwendet wird, geht das besonders schnell. Schoten, die häufig herumschlagen, werden besser mit einem Schäkel festgemacht.
Wahrscheinlich sind wenigstens drei Vorsegel auf engstem Raum im Vorschiff verstaut, vielleicht auch unter den Sitzen im Cockpit, und dazu kommt noch der Spinnaker. Es ist lebenswichtig, daß man auf den ersten Blick die einzelnen Säcke unterscheiden kann. Am besten sind verschiedenfarbige Säcke, die auch noch die Bezeichnung des Segels aufweisen. Dann können diejenigen Leute, denen das Boot bekannt ist, das richtige Segel sofort an der Farbe erkennen; die anderen brauchen eine Sekunde länger, weil sie erst die Bezeichnung lesen müssen. Da ein Name immer unten liegen wird, sollte der Sack an verschiedenen Stellen mit großen Buchstaben markiert werden. Ein Segelsack sollte auch nicht zu klein sein. Will man den richtigen Teil des Segels zuerst aus dem Sack holen, dann muß man auch den Kopf zuerst hineinstecken und den Hals zuletzt. Man kann auch die Ecken markieren. Auf manchen Booten ist der Hals mit einem schwarzen Kreis markiert, damit man nicht den klassischen Fehler begeht und das Segel falsch herum vorheißt. Das kann ziemlich leicht passieren, wie so mancher zu seiner Schande erleben mußte*.

DER MAST

Am unteren Ende des Mastes laufen die vielen Fallen zusammen, die von oben kommen, hier werden sie belegt und zu jederzeitigem Gebrauch

* Anm. d. Ü.: Zur Vermeidung all dieser Unbequemlichkeiten – in kritischen Situationen womöglich Gefahren – empfiehlt sich eine Rollfock. Dazu kommt noch, daß der Käpt'n einer Familiencrew zwischendurch immer wieder zum Einhandsegler wird, wenn die Jugend mal an einem Wochenende andere Sportarten vorzieht, die Gattin ein Kaffeekränzchen für wichtiger hält als Segelei. Auch ist eine Rollfock nützlich, wenn die Freundin als Vorschoter weniger geeignet ist als sonst. Schließlich wird sie sich erneut bewähren beim Anlegemanöver im überfüllten Hafen.

aufgeschossen gefahren. Wenn man sich in diesem Gewirr von Tauwerk zurechtfinden will, muß stets die gleiche Klampe für ein bestimmtes Ende benutzt werden. Und die Enden müssen so gehalten werden, daß sie nicht über Bord fallen und achteraus schleppen können. Aufgeschossenes Tauwerk kann man an die Klampen hängen oder an Deck unter Gummistropps klemmen. Letzteres ist eine sehr praktische Art und Weise, die Bunsche sicher dort zu halten, wo sie nicht stören. Regattasegler werden das bestätigen und vielleicht sagen, daß dadurch auch Gewicht nach unten verlagert und weniger Windwiderstand geboten wird; der Fahrtensegler wird es vielleicht bezweifeln.

Abb. 4. Schamfilen ist vor allem dann zu erwarten, wenn man mit gefierten Schoten und Spinnaker segelt. Die Kreise zeigen die Hauptgefahrenpunkte.

SCHAMFILEN

Die Anordnung der Decksbeschläge und des Riggs wird in gewisser Weise von der Notwendigkeit bestimmt sein, Fallen und Schoten klar laufen zu lassen. Immer dann, wenn zwei Teile aneinanderreiben, entsteht Abrieb, und das Gut kann auf höchst kostspielige Weise in kürzester Zeit zerstört werden. Vor allem neigen Schoten dazu, denn sie laufen an Wanten und Relingsstützen entlang. Es gibt nur ein Mittel dagegen: ständige Aufmerksamkeit! Das laufende Gut muß mit Lappen oder Plastikschläuchen umkleidet werden, die ruhig Abnutzung erfahren können. Man kann die Wanten mit Plastikröhren umgeben und den Enden der Salings durch Tausendfuß oder Plastikkappen die gefährliche Wirkung auf die Segel nehmen. Vor allem wenn die Schoten gefiert sind, neigen die Segel dazu, mit ihrem Bauch an den Wanten zu schamfilen. Oft genügt es dann, das Segel flacher zu machen, indem man den Baum mit einem Gummistropp nach unten holt.

2. Kapitel

Im Boot unter Deck

Heutzutage wollen wir auch auf See halbwegs zivilisiert leben, das heißt, daß auch auf einem kleinen Fahrtenboot ähnliche Anforderungen an den Wohnkomfort gestellt werden wie an Land, vor allem aber, daß dieser während der ganzen Reise erhalten bleiben soll. Nun ist unter Deck im allgemeinen weniger Platz verfügbar als zu Hause in einer normalen Küche, er läuft zudem an einem Ende spitz zu und hat selten Stehhöhe, so daß das Problem kaum lösbar ist. Berücksichtigt man ferner, daß der kärgliche Raum auch noch schüttelt und rüttelt wie eine Sammelbüchse für das Müttergenesungswerk, dann kann man verstehen, daß manche Leute gleich Kurs auf ein Hausboot nehmen.

Es ist ein erneuter Beweis für den Erfindungsreichtum menschlichen Geistes, daß Konstrukteure und Bootsbauer das Problem gelöst haben, in einen Raum doppelt soviel hineinzubauen, wie eigentlich hineingeht. Gerade auf modernen kleinen Fahrtenbooten finden wir unter Deck alles, was man braucht, ohne daß der Rumpf ausgebeult zu sein scheint. Natürlich sind einige besser als andere, und man sollte sehr sorgfältig prüfen, was man wirklich braucht, bevor man einen Haufen Geld ausgibt. Man kann das ganz einfach dadurch tun, daß man sich im Geiste auf See begibt und in der Vorstellung einen Seetörn ablaufen läßt, wobei man alles notiert, was im Laufe einiger Tage unter Deck benötigt wird. Eine andere Möglichkeit läge darin, ein paar Tage auf ähnlich beengtem Raum zu leben, aber vielleicht treibt das die Dinge ein bißchen weit. Viele gute Ideen lassen sich auf Bootsausstellungen abgucken, aber besser ist es natürlich, praktische Erfahrungen zu erwerben, indem man in ähnlichen Booten segelt. Viele auf Ausstellungen angebotene Boote sind ohne die sogenannten Extras, die aber in Wirklichkeit lebenswichtige Ausrüstung darstellen. So kann ein scheinbar preisgünstiges Boot am

Ende recht teuer sein, wenn Motor, Rettungsmittel, Kocher und ähnliche Dinge hinzugerechnet werden.
Nun, von Zeit zu Zeit lesen wir von Männern, die lange Fahrten ohne Kajüte, ja ohne jede Einrichtung unter Deck gemacht haben. Aber das bedeutet, daß sie die ganze Zeit kalt, müde und hungrig gewesen sein müssen, und es ist kaum anzunehmen, daß sie ihre Strapazen auch noch schön fanden. Als Grundlage für eine angenehme Zeit auf See brauchen wir unter Deck vier wichtige Dinge: Platz zum Kochen, zum Schlafen, zum Navigieren und zum Verrichten unserer Notdurft. Diese vier Bedürfnisse müssen bei jedem Wetter erfüllt werden können, und sie müssen so einfach zu erfüllen sein, daß auch der Erschöpfte, Kranke und am Leben Verzweifelnde ihrer teilhaftig wird. Eine müde, hungrige Crew ist eine Gefahr. Weiß man nicht, wo man sich befindet, ist die Gefahr noch größer. Ganz schlimm aber ist es, wenn auch noch alle an Verstopfung leiden.

DAS SCHLAFEN

Zu Beginn eines Seetörns wird die Besatzung nicht daran gewöhnt sein, in See zu schlafen; daher sollte alles nur Erdenkliche getan werden, um ihr die nötige Ruhe zu verschaffen, damit sie bei Kräften bleibt. Es ist also dafür zu sorgen, daß alle Besatzungsmitglieder einen Kojenplatz haben, in dem sie auch bei den unvermeidlichen Bewegungen des Bootes fest liegen, warm genug sind und nicht von grellem Licht getroffen werden.
Kojen in kleinen Booten sind meistens schmal, vor allem, weil für breite Kojen der Platz nicht reicht, aber das ist an sich kein Fehler. In einer breiten Koje rollt der Schläfer von einer Seite zur anderen, wenn das Boot rollt, und diese Bewegung hindert ihn am Einschlafen. Ist eine Koje gerade so breit, daß der Schläfer auf dem Rücken liegen kann, dann ist sie in Ordnung; dazu genügt eine Breite von etwas unter 60 cm am Kopfende, zum Fußende hin kann sie schmaler werden. Ganz abgesehen von dem Hinundherrollen in der Koje besteht auch die Gefahr, aus der Koje herauszufallen; dies vermeidet man in den meisten Booten mit Hilfe von Kojenbrettern. Die andere Seite wird ja durch die Bordwand oder die Salonschapps gesichert. Kojenbretter können aus Holz sein, sie sind dann hart, schwer und schwierig zu verstauen, aber man kann auch Kojensegel aus Leinwand nehmen, die durch Taljereeps gehalten werden. Kojensegel haben den Vorteil, daß sie sich der Körperform anpassen, man kann sie leicht verstauen und ihr Gewicht ist ohne

Belang. Kojensegel müssen so lang sein wie die Koje, denn wenn nur der Meter in der Mitte gehalten wird, hat der Schläfer das beunruhigende Gefühl, daß sein Kopf und seine Füße wegrutschen.

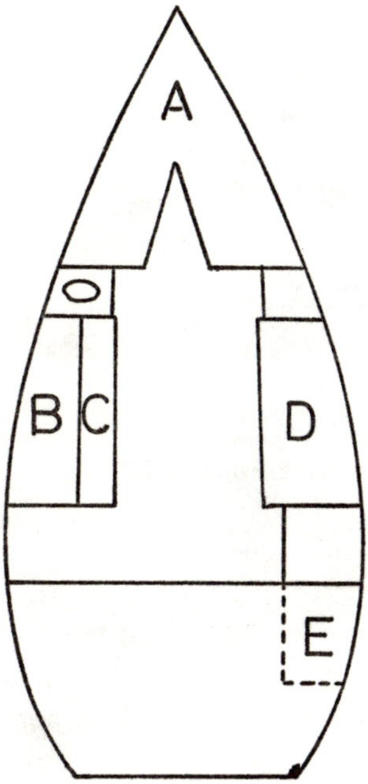

Abb. 5. Es gibt mehrere mögliche Arten und Anordnungen der Kojen. A: Vorschiffskojen, entweder fest oder zum Klappen. Brauchbar nur im Hafen oder bei ruhigem Wetter in See. B: Lotsenkojen, die erhöht in die Seiten des Kajütaufbaus eingebaut sind. Sie sind ruhig und ermöglichen ungestörten Schlaf. C: die Kajütsofas sind auf kleinen Fahrtenkreuzern häufig die einzig möglichen Kojenplätze. D: Klappkojen oder ausziehbare Kojen sind im Hafen gut, aber auf See weniger brauchbar. E: Hundekojen sind ausgezeichnet, da sie ganz nahe beim Cockpit liegen und trotzdem nicht im Wege sind. Ihr Nachteil ist, daß sie manchmal klamm werden.

Holzbretter werden manchmal am Kopfende breiter gemacht als am Fußende, ich sehe keinen Sinn darin. Das Taljereep, das das Kojensegel hält, wird manchmal an dem Handlauf befestigt, der an der Decke der Kajüte entlangläuft. Aber der Lack wird dadurch unansehnlich, es ist besser, starke Augbolzen vorzusehen. Sehr angenehm für einen ruhigen Schlaf ist eine überbreite Matratze, die eine Kuhle bildet und den Körper überall hält. Man schläft ausgezeichnet darin, auch wenn das Boot überliegt.

Auf See ist es oft sehr kalt und manchmal wird man nach einer Nachtwache in der Koje nicht richtig warm. Auf kleinen Booten hat man oft Schlafsäcke, für Anspruchsvolle mit losem Innenfutter aus Leinen. Ist man erst einmal trocken und dazu im Schlafsack, dann wird der Körper schnell warm. Manchmal braucht man eine Decke über dem Kopf, aber sonst sind Decken unpraktisch, denn sie verbreiten Staub und Fusseln und werden leicht feucht. Übrigens ist das Innere eines Schlafsacks ein

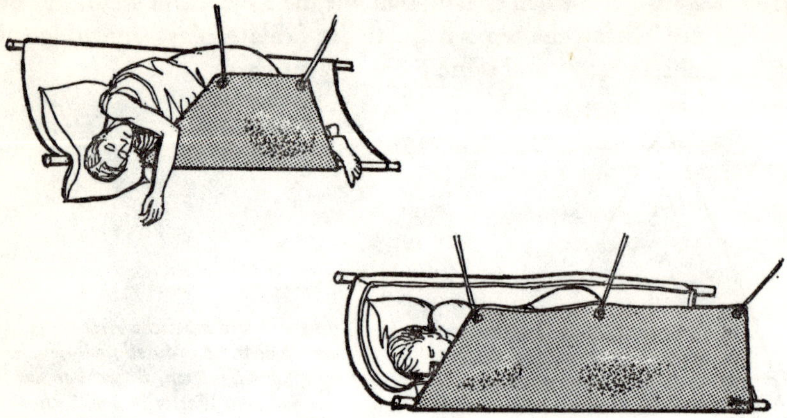

Abb. 6. Kojensegel müssen so lang sein wie die Koje, wenn sie dem Schläfer das Gefühl geben sollen, daß er keinesfalls herausfallen kann. Zu kurze Kojensegel lassen Kopf und Füße ohne Halt, das stört den Schlaf.

guter Platz zum Trocknen. Nimmt man gelegentlich ein nasses Kleidungsstück mit hinein, dann ist es am Ende der Freiwache meist trocken. Ich könnte mir denken, daß dies keine sehr angenehme Vorstellung ist und womöglich Rheuma und sonst was verursacht, aber es funktioniert!

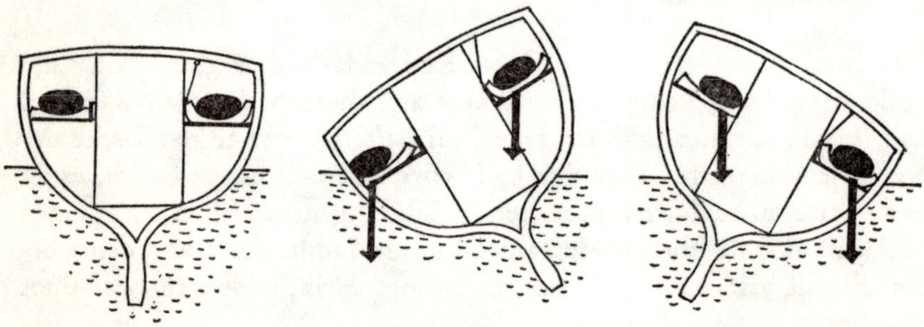

Abb. 7. Eine überbreite Matratze, wie in der rechten Koje, läßt sich so hinziehen, daß der Schläfer stets von einer weichen Matratze und nicht von der harten Bordwand gestützt wird.

KRACH

Ein kleines Boot ist wie ein Resonanzkasten, winzige Geräusche an Deck werden unter Deck zu unerträglichem Krach. Für die Schlafenden ist es daher überaus wichtig, daß die Deckwache nicht herumtrampelt wie eine

Elefantenherde, auch nicht die Annehmlichkeiten des nächsten Hafens lautstark ausmalt oder beim Kochen des „Nachtwächters“ den Kessel fallen läßt. Man verärgert damit die besten Freunde. Genauso störend ist helles Licht während der Nachtstunden; der Strahl der Taschenlampe auf die Uhr im Salon wirkt auf einen Schläfer wie ein Schlag ins Auge.
Die Anordnung der Kojen dürfte kaum zu ändern sein, weil sie vom Aufriß der Kajüte abhängt, aber es gibt dennoch einige Plätze, die anderen vorzuziehen sind. Am besten sind die sogenannten Lotsenkojen, die Kojen, die ziemlich hoch oben hinter den Sofas im Aufbau angeordnet sind, denn sie behindern die Leute im Salon nicht und lassen sich zuziehen, so daß die Schläfer nicht gestört werden. Lotsenkojen können aber nur auf Booten ab einer bestimmten Größe eingebaut werden, denn die Breite einer Koje oder von zwei Kojen muß der Breite der Sofas und des Decks zugeschlagen werden. Daher werden meist die Sofas auf beiden Seiten der Kajüte zum Schlafen benutzt. Das geht auch sehr gut, nur werden die Schläfer hier von den Leuten gestört, die von vorn nach achtern gehen.
In den Lotsenkojen und auf den Sofas können in der Bootsmitte vier Personen schlafen, d. h. dort, wo die Bewegungen des Schiffes am wenigsten zu spüren sind. Hundekojen nützen den Raum aus, der sonst unter den Cockpitsitzen verloren wäre. Dies sind die besten Plätze für den Skipper und den Navigator, denn diese müssen ständig mit der Wache im Cockpit in Fühlung bleiben und stören so die Freiwache nicht. Hundekojen sind immer in Gefahr, durch überkommendes Wasser naß zu werden, das läßt sich durch Vorhänge aus Leinwand oder Plastik vermeiden. Kojen im Vorschiff machen es möglich, daß im Hafen die ganze Besatzung gleichzeitig schläft, in See sind sie jedoch wegen der starken Bewegungen und auch der Feuchtigkeit meist unbenutzbar. Das macht aber nichts, weil in See ja immer ein Teil der Besatzung an Deck ist. Solche Kojen bestehen meist aus Leinwand oder Kunstfasergewebe, das zwischen Haken gespannt oder mit Hilfe von Gattchen an einen Rahmen angeschlagen ist, vielfach einem solchen aus Gasrohr. Rohrkojen können hochgeschlagen und an der Bordwand festgezeist werden, aber sie sind meist recht unbequem, weil zwar der Rahmen die richtige Größe für eine Koje hat, aber nicht die Leinwand. Man schläft daher oft mit dem Kopf und den Fußgelenken auf Rohren. Gut sind die Root-Kojen, bei denen die Leinwand außen an einem Rohr oder einer Stange befestigt ist, die in Aussparungen einer Halterung einrasten, man kann die Koje auf diese Weise der Lage des Bootes anpassen.

VERPFLEGUNG

Die Besatzung einer Fahrtenyacht lebt in einer ungewohnten Umgebung. Sie arbeitet körperlich härter als sonst und hat einen vollständig anderen Tageslauf als zu Hause. Alles dies erfordert zum Durchhalten eine Menge Energie. Dazu kommt noch, daß manche Leute von Seekrankheit heimgesucht werden und daher ungern etwas essen. Vielfach bleiben sie deshalb auch zu lange an Deck und werden kalt, müde und hungrig. Ohne regelmäßige warme und kalte Mahlzeiten verliert eine Besatzung in kürzester Zeit die Kraft, ein Boot so zu segeln wie es notwendig ist, was neben allem anderen auch noch Gefahren in sich birgt.
Eine der wichtigsten Aufgaben ist es deshalb, in einem kleinen Boot, in dem die Möglichkeiten der Kombüse beschränkt sind, in dem der Stauraum knapp ist und das dazu noch wüste Bewegungen ausführt, die Besatzung dennoch gut und reichlich zu verpflegen. Das ist so, als ob wir auf einer Achterbahn, die dauernd auf „ein" geschaltet ist, ein heißes Picknick servieren müßten. Sorgfältige Planung und vernünftige Anordnung der Kombüse sind die Voraussetzung – in Verbindung mit vorbereiteten Menüs –, daß der Koch seine Aufgabe erfüllen kann. Viele tun dies im übrigen sehr viel besser als nur hinreichend.

HERDE

Die meisten kleinen Fahrtenkreuzer besitzen einen kardanisch aufgehängten Kocher, der mit Gas oder Petroleum arbeitet und zwei Flammen und einen Grill hat. Gas ist natürlich ideal, was die Leichtigkeit der Handhabung und die Schnelligkeit betrifft. Aber auch Primuskocher lassen sich ausgezeichnet verwenden, und der Brennstoff dafür ist praktisch überall auf der Welt erhältlich. Leider ist jeder Kocher eine potentielle Gefahr, sowohl hinsichtlich des Brennstoffs wie auch der Handhabung. Gaskocher arbeiten mit Butan-Propan-Heizgas, einem höchst gefährlichen Stoff, der schwerer ist als Luft und sich in der Bilge ansammeln kann, wenn er durch eine undichte Stelle entweicht. Die Mischung mit Luft, die dabei entsteht, ist im höchsten Maße explosiv. Man kann daher nicht vorsichtig genug sein. Es ist zweckmäßig, die Gasflasche nach dem Gebrauch zu schließen. Um sich gegen Undichtigkeiten an der Flasche abzusichern, sollte diese in einem besonderen, gasdichten Behälter untergebracht werden, der einen Abfluß nach außenbords hat. Unter Umständen bedeutet dies, daß man sich mit einem ziemlich hohen

* Anm. d. Ü.: Gas an Bord erfordert noch mehr Vorsichtsmaßnahmen. Man vergleiche das diesbezügliche Kapitel in „Sicherheit auf See", Kleine Yachtbücherei, Band 22.

und schweren Zylinder abfinden muß, z. B. unter einem Sitz im Cockpit. Aber das ist besser, als leichtsinnig zu sein. Da der Kocher beweglich ist, muß die Zuleitung von der Gasflasche zum Kocher aus einem bewehrten, biegsamen Schlauch bestehen.

PETROLEUM

Das Menschengeschlecht teilt sich in zwei Gruppen: solche, die Primuskocher bedienen können, und solche, die dazu unfähig sind. Die letzteren erzeugen beim Anzünden eine zu große Flamme, und wenn Druck dahinter sitzt, haben sie alsbald den schönsten Flammenwerfer vor sich. Es ist tatsächlich unerläßlich, jedem Besatzungsmitglied einen Kursus in der Bedienung eines Primuskochers zu geben. Als zusätzliche Vorsichtsmaßnahme sollte die Decke der Kajüte darüber mit Asbestpappe geschützt sein. Der Brennstoff muß natürlich in einigem Abstand vom Herd gelagert werden und – kaufen Sie Nadeln zum Durchstechen der Düse gleich im Dutzend!

KARDANISCHE AUFHÄNGUNG

Durch die Bewegungen beim Überliegen und Rollen werden Kocher am meisten beeinflußt, deshalb sind sie meist so aufgehängt, daß sie in der

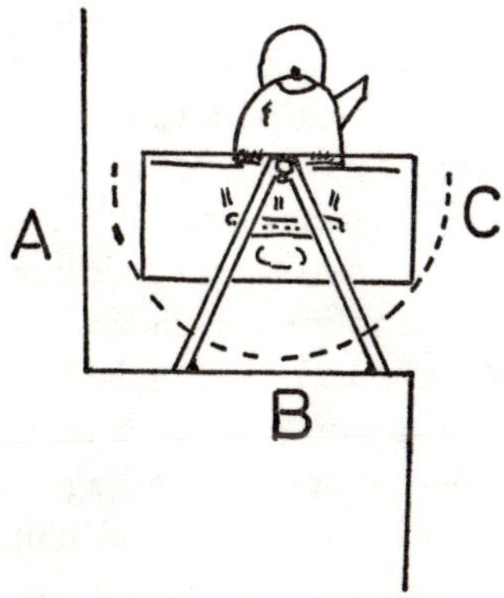

Abb. 8. Damit der Kocher frei schwingen kann, muß er weit genug entfernt von der Bordwand stehen. Der Kocher schwingt in Punkt C in den Durchgang zur Kajüte hinein. Jeder Becher und jede Konservendose, die in die Ecke zwischen A und B gefallen sind, werden den Kocher blockieren.

Schiffslängsachse schwingen. An und für sich erlaubt die Aufhängung einem Kocher, einen vollen Looping zu machen, aber meist ist der Platz dahinter nicht groß genug für eine volle Drehung. Ein Winkel von 30° reicht nicht aus, denn, so unglaubwürdig es erscheint: auch im Hafen legt sich das Boot mehr weg als diesem Winkel entspricht, und die Folge ist, daß der Kocher voller heißer Töpfe anstößt. Ganz abgesehen davon, daß es dann erst eine Stunde später warmes Essen gibt, braucht man

schließlich Riesentöpfe heißen Wassers, um all das geronnene Fett wieder zu entfernen — sofern man überhaupt herankommen kann.
Wenn der Kocher nach innenbords schwingt, ist er unter Umständen ein gutes Stück weg von seiner normalen Lage, was ihm nichts ausmacht, aber einem sorglosen Passanten dafür um so mehr. Die Länge der Gasleitung muß sorgfältig errechnet werden, damit sie am Endpunkt des Pendels nicht unter Spannung kommt. Bei ruhigem Wetter braucht man die Kardangelenke nicht, einige Kocher können im Hafen arretiert werden, so daß ein schwerer Topf auf einer Seite den Kocher nicht aus der Waagerechten drückt.

DIE VERPFLEGUNG

Es gibt heutzutage eine ganze Menge Fertiggerichte, die leicht warm zu machen sind und ausgezeichnet schmecken. Man sollte versuchen, jederzeit einen Speisezettel einzuhalten, der aus einem warmen Frühstück und Abendessen und einer kalten Mittagsmahlzeit besteht, dazwischen bei Tage und bei Nacht kleine Stärkungen und heiße Getränke. Dabei sollte man zu fettreiche Kost vermeiden und auch solche Fertiggerichte, die viel Frischwasser, lange Kochzeit und intensives Rühren erfordern. Es gibt Trockengerichte, die während des Kochens etwa 20 Minuten lang gerührt werden müssen, das ist bei schlechtem Wetter nicht möglich und auch bei gutem Wetter ziemlich langweilig. Auf kleinen Booten gibt es nur wenig Geschirr, man beschränke sich daher auf einfache Mahlzeiten anstelle von solchen, die mehrere Gänge und zahlreiche kleine Zutaten erfordern. Im Hafen kann man natürlich etwas Ausgefalleneres versuchen, aber in See ist es besser, man bleibt bei einfachen Gerichten, die leicht herzustellen, leicht zu essen und schnell aufzuräumen sind.
Es lohnt, über den Speisezettel Mahlzeit für Mahlzeit nachzudenken. Fruchtsaft oder Cornflakes sind ein guter Auftakt zum Frühstück, allerdings braucht man für letztere frische Milch. Wenn nach einem Tag die frische Milch aufhört, kann man Dosenmilch nehmen, die sich gut hält. Der kleine Nebengeschmack stört viele Leute überhaupt nicht, und Kinder finden Dosenmilch wundervoll. Es gibt auch Haferflocken, die nicht gekocht zu werden brauchen, sondern bloß mit heißem Wasser, Milch und Zucker angerührt werden und eine warme, kraftspendende Mahlzeit ergeben. Man kann sie auch in Tassen anrichten. Sie sind vor allem bei schlechtem Wetter ein in wenigen Minuten herstellbares Gericht und um so energiereicher, je mehr Zucker zugefügt wurde. Gekochte oder Rühreier sind solchen aus der Bratpfanne vorzuziehen, nämlich

leichter zu machen und appetitlicher, auch führen sie weniger leicht zu einem Ausbruch von Seekrankheit. Eine Scheibe Fleisch, frisch oder aus der Dose, gibt der Sache mehr Geschmack. Man kann Toast sehr gut auf einer Asbestplatte mit darüber liegenden Metallstäben machen, ein solcher Toaster kostet so gut wie nichts und erhöht den Lebensstandard an Bord ganz beträchtlich. Marmelade ist sehr zäh und klebrig. Bei schlechtem Wetter finde ich Fruchtsaft, Haferflocken und gekochte Eier am besten, man kann das alles aus einer Tasse essen, notfalls aus der gleichen Tasse — es ist einfach, aber trotzdem kräftig und hält die Besatzung ein paar Stunden lang in Gang.

Mittags ziehe ich persönlich eine kalte Mahlzeit vor; es ist einfacher. Ißt man nur eine warme Mahlzeit am Tag, so sollte man dies abends tun, bevor die kalten Nachtwachen beginnen. Bei einem kurzen Seetörn dürfte es kein Problem sein, kaltes Fleisch aufzubewahren. In den ersten beiden Tagen kann man eine gekochte Keule, kalte Würstchen oder einen fertigen Fleischpudding mitnehmen, anschließend macht man eine Dose auf. Im Sommer stehen Salate zur Verfügung; will man etwas Warmes essen, kann man Kartoffeln kochen. Auch mit einer heißen Suppe kann man anfangen oder hinterher etwas Heißes trinken. Sehr schön ist auch ein Abschluß mit Käse oder Obst. Bei einem kurzen Schlag oder wenn das Wetter einen unsicheren Eindruck macht, kann man vor dem Auslaufen ein Picknick zusammenstellen, denn vielfach bleibt eine Besatzung bei einem Tagestörn gern an Deck.

Das Abendessen ist die Hauptmahlzeit. Es ist auch die Vorbereitung auf die Nacht, deshalb empfiehlt sich warme und energiereiche Kost. Auf vielen Booten greift man dazu auf ein Stew zurück, das ohne Frage einfach zu servieren und nahrhaft ist. Man kann es zu Hause oder im Hafen vorkochen und braucht es nur heißzumachen. Indessen kann man nicht ewig von Stew leben und braucht dazwischen ein paar Abwechslungen. Fleischpasteten aus der Dose ergeben ein gutes Abendessen, viele Fertiggerichte, wie Spaghetti und Curryreis, sind einfach und nahrhaft, auch Leber mit Speck, Schnitzel oder Karbonaden. Es gibt auch Trockenpulver für Knödel und Kartoffelbrei. Gemüse darf ebensowenig fehlen wie ein Nachtisch, wenn die Besatzung gut verpflegt sein will. Natürlich muß bei den wichtigen Gerichten stets ein Nachschlag möglich sein. Einen guten Abschluß des Abendessens bieten Käse und Obst und vielleicht ein Stück Schokolade, um den letzten Winkel zu füllen und die Besatzung satt aufstehen zu lassen. In einem Boot auf See muß die Besatzung essen, wann immer sie nur kann, denn unter Umständen

braucht sie plötzlich ihre Energiereserven. Wer weiß außerdem, wann die Seekrankheit zuschlägt und jegliches Essen zu einer Anstrengung anstatt zu einem Vergnügen macht.
Für die Mannschaft an Deck sollten jederzeit einfache Snacks verfügbar sein, wie Schokolade, Zwieback, Kekse, Obst, Backpflaumen oder Käse. Sehr oft kann jemand schon dadurch bei Kräften bleiben, daß er an Deck eine Kleinigkeit kaut, während er unter Deck kein Essen sehen kann. Nachts gibt es verschiedene heiße Getränke — Kaffee, Kakao, Tee und für kalte Nächte auch Suppe. Bei schlechtem Wetter sollte außerdem unten etwas bereitstehen, damit man schnell eine Kleinigkeit zu sich nimmt, bevor man in die Koje kriecht. Vielleicht ist sogar neben der Koje der rechte Platz, denn hier liegt womöglich die einzige Chance, daß der Magen etwas Nahrhaftes bekommt, ohne daß es gleich wiederkommt. Ich pflegte früher nach unten zu stürzen, ein paar Zwiebackstücke und etwas Käse zu nehmen und in meinen Schlafsack zu fallen. Nach ungefähr fünf Minuten schien das Boot aufzuhören, sich wild herumzudrehen, mein Magen wurde wieder friedlich, und ich war in der Lage, mein Mahl mit Genuß zu zerkauen. Zum Schluß aß ich ein paar Stücke Malzzucker, die ich immer griffbereit hatte. Ich nehme an, daß mich dies bei Kräften hielt, wenn ich es nicht über mich brachte, die halberstarrte breiige Masse des Abendessens auch nur anzusehen.

DIE NAVIGATION

Sehr oft werden die Voraussetzungen, die für einwandfreies Navigieren notwendig sind, vernachlässigt, obwohl davon die Sicherheit des Bootes oder Tod und Leben der Besatzung abhängen. Es wäre sehr kurzsichtig, wollte man bei den navigatorischen Hilfsmitteln sparen. Wir brauchen eine flache, trockene Fläche, wo wir eine Karte ausbreiten können, um in ihr zu arbeiten, dazu einen Platz, wo wir Bücher und Instrumente verstauen können, und einen sicheren Winkel für die elektronischen Geräte, vom einfachen Transistorempfänger für Wetterberichte bis zu komplizierten Instrumenten.
Auf einer Reihe kleiner Yachten gibt es einen festen Kartentisch, manchmal über dem Fußende einer Koje oder über der Kochnische, auf anderen begnügt man sich mit einem Klapptisch oder einem Reißbrett, an das die Karte angepinnt ist. Man muß sich darüber klar sein, daß Navigation etwas anderes ist, als im Auto eine Karte zu studieren. Natürlich muß man auf die Karte blicken, um sich über die Lage von Land und Seezeichen zu informieren. Wichtiger ist indessen, die Karte als ein

Zeichenblatt anzusehen, auf dem Kompaßpeilungen präzise eingezeichnet werden können, um einen Schiffsort zu ermitteln. Der Tisch muß daher eben, fest und starr sein.

Abb. 9. Ein Kartentisch kann aus einem klappbaren Brett gemacht werden, das über eine Koje heruntergeschlagen wird. Bücher und andere Sachen lassen sich in einem Netz an der Bordwand verstauen. Die Ketten lassen sich der Lage des Bootes entsprechend einhaken.

Es ist weniger schwierig, Stauraum für Bücher und Seekarten zu finden. Ein überall und immer trockenes Bord, z. B. eines in der oberen Ecke der Kajüte, genügt für die Bücher, während Seekarten sich sehr schön in einem Fach verstauen lassen, das unter dem Kajütdach angebracht ist. Ein guter Platz für Seekarten ist unter der Matratze einer Koje, aber nur dann, wenn die Matratze auf einem Holzboden aufliegt. Man kann Bücher und vieles andere Zeug auch in einem Netz verstauen, das seitlich unter dem Kajütdach angebracht ist.

Eine Karte braucht man bei jedem Wetter, bei Tag und bei Nacht, daher muß neben der Beleuchtung auch das Überliegen des Bootes berücksichtigt werden. Um Lage auszugleichen, sind Tische oft so konstruiert, daß man sie mit Hilfe von Ketten oder Stropps horizontal stellen kann. Bei einem festen Tisch braucht man sehr starke und kräftige Schlingerleisten, weil man diese unweigerlich als Handgriff benutzt.

Der Navigator braucht beide Hände für die Arbeit in der Karte, er muß sich daher beim Weglegen des Bootes oder beim Rollen festkeilen können. Wenn er in Lee steht, fällt ihm das nicht schwer, aber wenn das Boot stark von ihm wegliegt, dann braucht er eine Bergsteigerausbildung, um sich zu halten wie eine Fliege an der Decke. Auf einigen Booten hat man einen Gurt, in den sich der Navigator hineinlehnen kann, ganz ähnlich wie der Gurt für den Koch, der diesen in Reichweite des Herdes hält. Auf anderen Schiffen gibt es einen kleinen Sitz für den Navigator. Es ist halt ein schwieriges Problem. Größer noch ist das Problem, Karten und Bücher trockenzuhalten. Das Wasser kommt aus drei Ecken: aus Ritzen im Boot und von dem Gischt, der durch die Luken eindringt, ferner von Tropfen, die von der Kleidung des Navigators fallen und von den nassen Händen.

Jeder Wasserquelle muß man getrennt zu Leibe gehen. Um Gischt und Tropfen abzuwehren, die aus dem Luk auf die Karte kommen, ist zwischen Luk und Kartentisch ein Vorhang von Nutzen*. Das Wasser muß

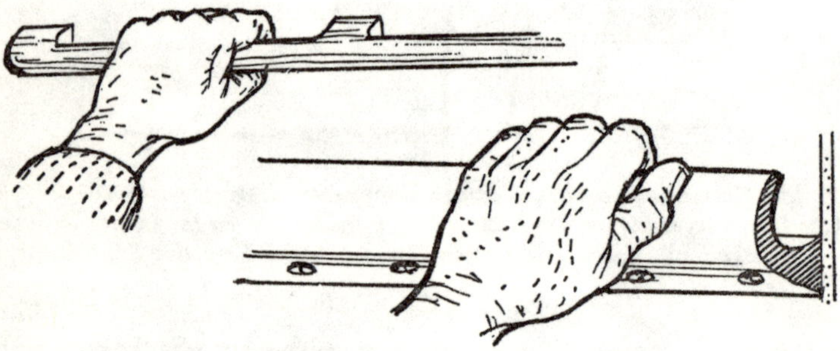

Abb. 10. Handläufe sind besser, wenn man sie mit der ganzen Hand fassen kann und nicht nur mit den Fingerspitzen. Bei derartigen Handläufen werden die Finger bei bestimmten Winkeln eingeklemmt – Vorsicht!

von ihm aber so ablaufen können, daß es bei keiner Lage des Bootes auf die Karte kommt. Wassertropfen von der Kleidung vermeidet man, wenn man den Südwester oder die Mütze absetzt, bevor man sich über die Karte beugt. Auch ein auf die Karte gelegtes Handtuch fängt den größten Teil der Feuchtigkeit auf, man braucht es auf jeden Fall, um vorher die Hände abzutrocknen. Steht der Kartentisch an einer feuchten Stelle, dann sollte man die Karte stets bei Nichtgebrauch wegstauen. Es gibt Plastiktaschen für Seekarten, in denen die Karten tatsächlich trocken bleiben. Aber man braucht Fettstifte, um darauf zu schreiben,

* Anm. d. Ü.: Noch besser ist ein Spritzverdeck (s. S. 20).

und das ist für die Navigation nicht genau genug. Trotzdem sind sie dann gut, wenn man die Karte mit ins Cockpit nimmt, weil man sie ständig vor Augen haben möchte.

HYGIENE

Es gibt Leute, die sich an Bord gern von den an Land üblichen Gewohnheiten freimachen und sich keine besondere Mühe mit dem Waschen geben; andere sind auch an Bord genau so aus dem Ei gepellt wie an Land. Nun, in jedem Fall müssen wir uns reinigen können, bevor wir an Land gehen, wenn wir uns zum Essen hinsetzen sowie nach Dreckarbeit, und auch das Zähneputzen ist bekanntlich nicht ganz unwichtig. Bei warmem Wetter ist man zwar nach einem Bad oder einer Dusche mit einer Pütz voll Wasser an Oberdeck wieder frisch, aber bei Salzwasser bleibt der Körper etwas klebrig. Es ist mithin wünschenswert, daß eine Waschgelegenheit mit Süßwasser zur Verfügung steht. Süßwasser ist auf kleinen Booten zwar immer knapp, aber schon mit einem kleinen Plastikbecher voll Wasser läßt sich viel machen*.

Handpumpen sind sowohl in der Kombüse wie in der Toilette vorzuziehen, denn elektrische Pumpen führen zu Wasserverschwendung. Wenn es mühsam ist, Wasser zu pumpen, wird bestimmt viel weniger verbraucht. Kleine Seekreuzer haben meist eine Handpumpe und ein kleines Waschbecken im Vorschiff, daneben eine Plastikschüssel, die in der Kombüse gefüllt werden kann und zum Waschen irgendwo hingestellt wird. Waschzeug und Zahnbürsten müssen griffbereit sein, aber nicht irgendwo, wo sie unter Umständen stören. Ein Schwammbeutel, der neben dem Klo aufgehängt wird, ist wahrscheinlich die beste Lösung. Kleine Fächer hinter dem Waschbecken, eins für jedes Besatzungsmitglied, sind auch in Ordnung, aber sie sind schwer sauber zu halten und außerdem selten von richtiger Größe. Bei schlechtem Wetter auf See ist ein Schwammbeutel mit einem feuchten Lappen oder Schwamm eine gute Sache — es macht sehr viel aus, wenn man sich gelegentlich damit über Gesicht und Hände wischen kann.

Bei der salzigen Luft ist es auf kleinen Booten schwer, in See etwas zu trocknen. Wenn ein Handtuch einmal naß ist, dann sollte man es an Deck an die Luft hängen, wenn immer eine Gelegenheit dazu gegeben ist; ein, zwei Stunden Sonne und etwas Wind trocknen selbst ein durch und durch nasses Handtuch.

Auf den meisten kleinen Seekreuzern gibt es ein Pumpklo, das nach

* Anm. d. Ü.: Als Dusche empfiehlt sich eine Plastik-Gießkanne.

See hin entleert wird. Bei schwerem Wetter kann sein Gebrauch eine ziemlich aufregende Sache sein, aber der Körper muß seine Abbaustoffe loswerden; sie begünstigen unter anderem Seekrankheit. Es gibt ein gutes Motto: Laß' nie eine Chance aus! Denn bei ruhigem Wetter kann man in aller Ruhe dafür sorgen, daß alles in Ordnung ist, wenn es anfängt zu brisen. Man braucht sich dann nicht den schrecklichen Strapazen aussetzen, aufs Töpfchen zu gehen und sich dabei mit allen Vieren festzuhalten.

Pumpklos arbeiten immer dann einwandfrei, wenn sie so bedient werden wie ihre Konstruktion es vorsieht, d. h. die verschiedenen Pumpen und Hähne richtig bedient werden. Erstaunlicherweise setzt das Gehirn vieler Menschen aus, wenn sie vor dieser einfachen mechanischen Aufgabe stehen; sie überlasten dann die Rohre und Ventile und lassen womöglich Dreck in die Bilge laufen. Das ist gänzlich überflüssig, es läßt sich auch leicht vermeiden, wenn man die Sache denen, die das Boot nicht kennen, vor Gebrauch erklärt. Hähne sollten erkennen lassen, wann sie offen und wann geschlossen sind.

TROCKEN BLEIBEN

Es macht keinen großen Spaß, in einem Boot zu leben, das unten quatschnaß ist und in dem man sich ständig anstrengen muß, es halbwegs trocken zu halten. Das Wasser kommt auf viererlei Weise hinein: durch den Bootskörper, oberhalb wie unterhalb der Wasserlinie, durch offene Luken und Bullaugen, durch die Besatzung, die naß nach unten kommt, und durch Kondensation. Moderne Boote, vor allem GFK-Boote, lecken nicht annähernd so wie ältere Typen. Aber bei Holzbooten, deren Spanten und Stringer wechselnden Belastungen ausgesetzt sind, ist ein gewisses Maß an Wasserdurchtritt durch den Rumpf und das Deck unvermeidlich. Man kann dieses Einsickern von Wasser am besten unter Kontrolle halten, indem man durch regelmäßiges Lenzen das Wasser dorthin zurückbefördert, wo es herkam, in den Ozean. Und dadurch, daß man kleine Leckagen dorthin lenkt, wo sie am wenigsten Ärger machen. Aus Plastiktüten, alten Seekarten und Tesafilm lassen sich kleine Zelte konstruieren, die die Tropfen daran hindern, schlafenden Leuten ins Gesicht zu fallen. Etwas Wasser aus der Bilge kann auch an den Seiten hochschwappen, wenn das Boot überliegt oder in der See arbeitet. Die normalen Schubladen sind selten vor diesem Schmutzwasser sicher, und da es einen ekelhaften Dreck zurückläßt, steckt man Sachen, die in solchen Schubfächern aufgehoben werden, am besten in Plastikbeutel. Um für Lüftung zu sorgen, muß man sehr oft wenigstens ein Bullauge offen halten, nur besteht dabei immer die Gefahr, daß eine aus der Reihe tanzende See dadurch einsteigt. Viel Aufmerksamkeit und blitzschnelles Handeln sind notwendig, wenn man dies vermeiden will. Die größte Quelle der Feuchtigkeit unter Deck ist aber wahrscheinlich die Wache, die mit nassem Ölzeug von oben kommt und alles mit Wasser vollspritzt. In einem kleinen Boot ist es sehr schwer, sich außerhalb des Wohnraums auszuziehen, trotzdem muß man es versuchen, denn sonst sind alsbald alle Kojen, das ganze Zeug und die Freiwache durchnäßt. Es sollte ein eisernes Gesetz sein, daß jeder, der von oben kommt, zunächst einmal sein Ölzeug auszieht und sein Haar und seine Hände an einem Handtuch trockenreibt, bevor er in den Salon kommt. Es ist nicht einfach, aber notwendig. In manchen Booten kann die Wache durch das Vorluk kommen und in der Vorpiek die nassen Klamotten ausziehen, denn dort ist es wahrscheinlich so oder so schon naß. Wenn nasses Ölzeug angezogen werden muß, bevor man an Deck geht, dann außerhalb des Wohnraums.

Die feuchte, klamme Luft im Salon eines kleinen Bootes, dessen Luken geschlossen sind, verursacht sehr bald Kondensation von Wasser an der Kajütsdecke; auch der Atem der Besatzung trägt dazu bei. Bald, sehr bald, wird das Kondenswasser anfangen, von oben herunterzutropfen, und allen an Bord das Leben schwermachen. Die beste Methode, damit fertigzuwerden, besteht darin, alle Stunde mit einem Chamoisleder die feuchten Stellen abzuwischen. Ein solches Ledertuch ist vielleicht das wichtigste Requisit an Bord. Es trocknet nicht nur die Schotten und die Decke, sondern auch das Deck, die Besatzung und alles, was man sich vorstellen kann. Es ist eine fabelhafte Sache. Ich selbst nehme immer eines mit. Ein Ledertuch ist z. B. in Cowes * sehr nützlich, um ein Boot in vollem Glanz erstrahlen zu lassen. Morgens bei Dämmerung sieht man immer Besatzungen, die alle lackierten Teile damit überreiben. Ich glaube sogar, daß einige Eigner Bootsmannspullover haben, damit sie so vor dem Frühstück einen Mann vor dem Mast darstellen können; ihre weißen Hosen und Clubmützen sind für später, wenn die „Times" angekommen ist.

Ich bin ehrlich genug, um zu sagen, daß ich nie in einem Boot gesegelt bin, daß unter Deck länger als zwei oder drei Tage trocken blieb. Immerhin waren einige trockener als andere, und das hatte einen gewaltigen Einfluß auf die Moral der Besatzung. Wer in einer nassen Kajüte lebt,

* Anm. d. Ü.: Ort auf der Isle of Wight, wo die berühmtesten englischen Regatten ausgetragen werden.

wo das Wasser von den Wänden tropft, wird kalt und lustlos sein und schlecht schlafen. Er wird dann weniger gut den Anforderungen der Arbeit an Deck gerecht werden, die doch alle Energie erfordert, deren er fähig ist.

STAURAUM

In unserem Haus an Land gibt es Truhen, Schränke und Schubladen, so daß die unzähligen Sachen, die wir haben, so verstaut werden können, daß die Wohnräume aufgeräumt und ordentlich aussehen. Wir sind daran gewöhnt, viel Raum um uns herum zu haben; nicht so sehr in Kubikmetern meßbaren Raum, sondern Raum, der frei ist von Hindernissen. Gleichermaßen sollten wir in kleinen Booten unsere Siebensachen wegstauen, damit der freie Raum im Boot nicht mit hier und da verstreutem Kram volliegt. Dieser Raum ist dann nicht nur für unser körperliches Selbst verfügbar, sondern es ist dann auch unseren Augen leichter möglich, in der Länge und Breite darüber hinzuschweifen. Der Unterschied zwischen Haus und Boot ist nur graduell; an Land steht sehr viel mehr Platz zur Verfügung, und ein Haus hat außerdem den Vorteil, daß es auf einem soliden Fundament steht. Wenn man im Hause etwas umherliegen läßt, dann wird es nicht unerwartet in hohem Bogen auf die Erde fliegen oder ohne Vorankündigung in der feuchten und unappetitlichen Bilge verschwinden.

Das alles läuft darauf hinaus, daß man in einem Boot viel Stauraum haben muß — und ihn auch ausnutzt. Die schweren und großen Ausrüstungsstücke haben notwendigerweise einen festen Platz, denn sie beeinflussen die Trimmlage. Es ist in erster Linie der kleine persönliche Krimskrams, der ein Boot unordentlich macht. Sehr oft liegen in einem Boot Kleidungsstücke, Kameras, Haarbürsten oder Zigaretten umher und nehmen den Platz weg, der zum Navigieren oder Kochen gebraucht wird. Ich bin dafür, daß jedes Besatzungsmitglied ein kleines offenes Schapp bekommt für die Sachen, die man dauernd braucht; aber auch, daß von dieser Ordnungshilfe Gebrauch gemacht wird. Es hat den auf der Hand liegenden Vorteil, daß jeder immer weiß, wo er seine Sachen findet, vor allem aber, daß das Boot immer einen aufgeräumten Eindruck macht. Für größere Kleidungsstücke, wie Pullover, kann man unter Umständen eine Koje mit hochgeschlagenen Kojenbrettern bereitstellen, oder man bringt unter einem Teil der Kajütdecke ein Netz an. Mit etwas Überlegung kann das Innere eines Bootes zum Nutzen aller Leute an Bord so sein, daß man sich darin auch bewegen kann.

3. Kapitel

Die Ausrüstung

Dieses Kapitel handelt von den Extras, all jenen Kleinigkeiten und Ausrüstungsstücken, die für den ordnungsgemäßen Betrieb eines Bootes zwar notwendig, aber selten im Grundpreis enthalten sind. „Notwendig" ist vielleicht nicht ganz das richtige Wort, denn man kann sicher ohne einen Teil der hier besprochenen Dinge auskommen, andere dagegen sind unerläßlich. Ob man sie braucht, hängt natürlich in erster Linie von den Umständen ab. Neue Boote werden mit einem bestimmten Inventar verkauft, das manchmal unentbehrliche Dinge wie Anker, Sicherheitsgurte oder Pumpen enthält, manchmal aber auch nicht. Ein gebrauchtes Boot ist im allgemeinen besser ausgerüstet als ein neues Boot, wie es von der Werft verkauft wird. Hierin liegt auch die Erklärung dafür, daß ein gebrauchtes Boot — was zunächst absurd erscheint — oft teurer ist als ein neues. Wenn man ein neues Boot kauft, ist es ganz außerordentlich wichtig, genau festzustellen, was im Grundpreis enthalten ist, und dann die lebenswichtigen „Extras" in einem Kostenvoranschlag zusammenzustellen. Es kann leicht passieren, daß man bei der dafür erforderlichen Summe eine unangenehme Überraschung erlebt.

MOTOR

Es gibt Segler, die einen Motor nicht sehen können, geschweige hören oder riechen; andere würden nie aus dem Hafen herausfahren, wenn ihre Maschine nicht einwandfrei funktioniert. Der vernünftige Kompromiß liegt in der Mitte. Hierbei wird der Motor akzeptiert, weil er ohne jede Frage eine Erleichterung darstellt, ohne ihn jedoch die Oberhand gewinnen zu lassen. Ein Motor bewirkt, daß ein kleines Segelboot unabhängiger wird. Man kann mit ihm enge und überfüllte Häfen auch bei leichten oder ungünstigen Winden anlaufen oder aus ihnen auslaufen; man kommt damit noch rechtzeitig zur günstigen Tide; man kann ganz allgemein mehr nach Zeitplan segeln. Gegenargumente sind, daß Motorer kostbaren Platz wegnehmen und unter Umständen die Segeleigenschaften eines Bootes ungünstig beeinflussen.

Motoren machen auch Lärm und erfordern die Mitnahme von Brennstoff, was wiederum bedeutet, daß wir den Geruch und die Feuer- und Explosionsgefahr in Kauf nehmen müssen. Die meisten Leute sind dazu bereit, denn die Vorteile überwiegen bei weitem. Es sollte aber ganz klar sein, was ein Motor nicht leisten kann: den Rumpf eines Segelbootes bei Sturmwinden gegen den Wind voranzutreiben. Zumindest sind die allermeisten Motoren, die in kleine Boote eingebaut werden, nicht stark genug dafür. Man sollte sich also nie auf den Motor verlassen, um ein Segelboot in einem Sturm von einer Leeküste freizuhalten; er kann das nicht, basta. Etwas anderes ist es, wenn es sich um einen Motorsegler mit einer entsprechend starken Maschine handelt, denn dann steht Kraft genug zur Verfügung. Der typische kleine Motor, den wir in den meisten Westentaschenseekreuzern finden, ist dafür nicht gedacht. Er ist ein Hilfsmotor, nichts anderes.

Das Motorthema kann variiert werden: Innenmotor oder Außenborder, Benzin oder Diesel. Wenn man es sich aussuchen kann, sollte man lange über den Typ der Maschine, die eingebaut wird, nachdenken. Zunächst einmal ist es so, daß von Größe, Preis und Brennstoffverbrauch die Leistung abhängt. Es gibt auch eine Grenze für die Motorgröße bei kleinen Booten, einmal wegen des Raumbedarfs und zweitens hinsichtlich der Wirkung des Gewichtes auf die Trimmlage. Die Bootsform entscheidet darüber, wie tief man beim Einbau des Motors gehen kann. Es kommt vor, daß der Motor geneigt werden muß, damit der Propellerschaft an der richtigen Stelle des Stevens austritt. Ein nicht waagerecht liegender Motor ist unerwünscht, denn man verliert an Leistung für den Vortrieb, weil ein Teil der Kraft dafür verbraucht wird, das Heck des Bootes anzuheben. Es gibt auch einen Grenzwert, über den man nicht gehen darf, weil der Motor bei stärkerer Neigung nicht mehr richtig arbeitet.

Beim Brennstoff hat man die Wahl zwischen Benzin und Diesel; Diesel ist weniger leicht entflammbar, Benzin liefert pro Liter mehr Leistung. Otto-Motoren benötigen eine elektrische Anlage, die leicht ausfällt, wenn sie nicht sehr sorgfältig gepflegt wird. Motoren können von Hand oder elektrisch gestartet werden. Elektrisches Starten beansprucht die Batterie sehr stark und es ist daher erforderlich, daß man über eine Auflademöglichkeit verfügt. Ohne Zweifel ist ein Selbststarter sehr angenehm. Will man vermeiden, daß die Batterien von den Lichtquellen an Bord leergelutscht sind, bevor der Hilfsmotor an die Reihe kommt, so kann man zwei Batterien vorsehen, von denen eine nur als Anlaßbatterie für den Motor dient.

ELEKTRIZITÄT

Die meisten Boote verwenden sowohl zur Beleuchtung wie zum Starten des Motors Elektrizität. Das bedeutet, daß eine Batterie an Bord sein muß. Die gebräuchlichsten Typen sind Blei-Schwefelsäure- oder Eisen-Nickel-Akkumulatoren. Die ersteren sind weitaus zahlreicher vertreten. Batterien können an Land aufgeladen werden, da sie aber schwer sind, ist damit ein erhebliches Transportproblem verbunden. Es ist daher bei weitem das beste, einen Dynamo mit dem Motor zu koppeln oder ein tragbares Ladeaggregat mitzuführen. Diese machen allerdings viel Lärm und sind bei Leuten, die auf Ruhe Wert legen, unbeliebt. Trotzdem aber sind diese Geräte, solange sie mit Rücksicht gegenüber den Mitmenschen verwendet werden, von unschätzbarem Dienst. Die Kapazität einer Batterie, abhängig von Größe und Gewicht, bedingt die Leistung, die sie abgeben kann, bevor sie erneut aufgeladen werden muß.

Die elektrischen Lampen, die in kleinen Booten Verwendung finden, brauchen allerdings meist so wenig Strom, daß man sie einige Stunden brennen lassen kann, bevor die Batterie leer ist. Trotzdem ist es wichtig, so viel Strom zu sparen wie möglich. Die Beleuchtung im Inneren des Bootes tritt zurück gegenüber den Positionslichtern, die die ganze Nacht hindurch gezeigt werden müssen. Positionslichter beanspruchen die Batteriekapazität in hohem Maße. Auch der Kompaß braucht Strom, so daß während der Dunkelheit drei oder vier Lichtquellen brennen und die Batterie entleeren, auch wenn die Salingslampen gar nicht benutzt werden.

Batterien mögen es nicht, wenn sie in Salzwasser eintauchen. Wenn also Gefahr besteht, daß die Bilge vollaufen kann, sollten die Batterien woanders verstaut werden. Ihr Gewicht macht sie allerdings zu einem höchst unerwünschten Trimmballast, wenn sie zu hoch gesetzt werden; es muß mithin ein schwieriger Kompromiß gefunden werden. Denkbar wäre, die Batterien in einem wasserdichten Gehäuse in der Bilge unterzubringen, aber da die Leitungen irgendwo herausgeführt werden müssen, ist das alles nicht so einfach *.

* Anm. d. Ü.: Es muß auch ein Abzug für die beim Laden entstehenden Gase vorgesehen sein!

LICHTER UND LEUCHTEN

Die Seestraßenordnung verpflichtet uns, nachts bestimmte Positionslichter zu führen, wir kommen später darauf noch zurück. Wir dürfen andererseits keine Lichter führen, die mit Positionslichtern verwechselt werden oder die das Erkennen der Positionslichter durch andere Fahrzeuge erschweren könnten. Abgesehen von den Positionslichtern müssen wir drei Arten von Lichtquellen in Betracht ziehen: die Kompaßbeleuchtung, die Lichtquellen an Deck und unter Deck. Von der Kompaßbeleuchtung sprechen wir im Kapitel über Navigation, sie braucht wenig Strom und ist daher kein besonderes Problem.

Salingslampen, die unter den Salings so angebracht sind, daß sie das gesamte Deck beleuchten, sind im allgemeinen mit sehr starken Glühlampen ausgerüstet. Sie sollen das Deck so hell beleuchten, daß man auch in der schwärzesten Nacht etwas klarieren kann, wobei die Besatzung sich sicher bewegen muß. Ihr Nachteil ist, daß alle Mann an Bord eine Zeitlang geblendet werden. Niemand kann dann mehr sehen, was außerhalb des Lichtkegels vor sich geht, und es dauert auch nach dem Ausschalten einige Minuten, bis sich die Augen wieder an die Dunkelheit gewöhnt haben. Salingslampen brauchen viel Strom, ich bin eigentlich gegen ihren Gebrauch, mit Ausnahme der allerschwärzesten Nacht; selbst dann kann man meist ganz gut sehen, wenn sich die Augen richtig adaptiert haben. Man kann vielleicht sagen: wenn die Besatzung das Boot gut kennt, dann braucht sie kein Licht; wenn nicht, ist es zweckmäßig, von den Salingslampen Gebrauch zu machen, die Entscheidung liegt beim Skipper.

Unter Deck brauchen die Beleuchtungskörper für den Salon, die Kombüse und die Navigationsecke nicht oft eingeschaltet zu werden. In der Kajüte versucht man zu schlafen, Licht stört da nur; wenn man sich anziehen oder in die Koje gehen will, genügt ein ganz schwaches Licht, damit man nicht die falschen Seestiefel erwischt. Helles Licht würde die Akkomodation des Auges zerstören und bewirken, daß man nach Betreten des Decks etwa zehn Minuten lang nichts sehen könnte. Auch die Kombüse kann ruhig dunkel bleiben, bis das sanfte Licht der Gasflamme die Kaffeetassen sichtbar macht.

Arbeit in der Karte erfordert nur ganz wenig Licht, eine rot bemalte Glühlampe erfüllt den Zweck *. Eine Taschenlampe, deren Birne man mit Nagellack angefärbt hat, reicht im allgemeinen für den Navigator aus, denn es ist vor allen Dingen wichtig, daß er seine Nachtsicht behält,

* Anm. d. Ü.: Langwelliges (rotes) Licht beeinträchtigt die Dunkeladaptation des Auges nicht.

wenn er zwischen Deck und Karte hin und her springt. Unser Auge besitzt ganz erstaunliche Fähigkeiten hinsichtlich der Anpassung an verschiedene Helligkeit, es kann sich auf grelles Sonnenlicht am Mittag ebenso einstellen wie auf pechschwarze Nacht. Andererseits braucht das Auge für die Adaption Zeit, es kann sich nicht besonders schnell auf andere Bedingungen umstellen. Daraus folgert, daß wir dem Auge nicht zuviel zumuten dürfen. Bei Nacht sollten wir versuchen, unter Deck stets in ganz stark abgedunkelter Beleuchtung zu bleiben, so daß wir sofort alles sehen können, wenn wir in die Dunkelheit an Deck zurückkehren.

Auf vielen Booten benutzt man zur Beleuchtung Petroleum, Taschenlampen oder Gas. Elektrizität ist bequem, aber nicht die einzige Möglichkeit. Auf alle Fälle sollte ein Ersatz verfügbar sein. Batterien erleiden Kurzschlüsse oder werden leer; die Besatzung läßt das Licht brennen und vergeudet die verfügbare Strommenge. Man vergesse nie, daß man stets und immer eine Reserve behalten muß für das, was am allerwichtigsten ist: das Starten der Hilfsmaschine und die Positionslampen.

PUMPEN

Ich habe mir sagen lassen, daß die modernen GFK-Boote kaum Pumpen brauchen, denn Rumpf und Aufbauten können nicht lecken, das Kajüt-

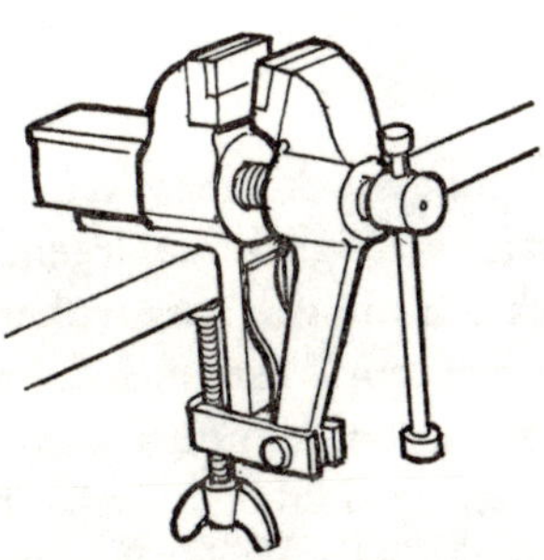

Abb. 11. Ein kleiner tragbarer Schraubstock ist eine höchst brauchbare, wenn nicht sogar lebenswichtige Ergänzung der Werkzeugkiste.

dach ist durch und durch aus Glasfaser, und nirgendwo kann Wasser eindringen. Das ist alles ganz schön, aber es kann auch dazu führen, daß man sich in falscher Sicherheit wiegt. Braucht man die Pumpe in einer Notlage plötzlich, dann ist sie vielleicht lange nicht überprüft worden. Es gibt nämlich Notlagen: Boote können auf treibende Baumstämme aufprallen und leckschlagen, Monsterseen können durch den Kajütsniedergang einsteigen, Fenster können eingeschlagen werden, und Beschläge können sich lösen.

Die modernen Membranpumpen sind ausgezeichnet. Sie bewältigen in kurzer Zeit sehr viel Wasser. Sie schaffen neben dem Wasser in der Bilge auch Unrat, Käserinden, den Schlips des Eigners und wer weiß was sonst noch. Trotzdem gibt es ein paar Einschränkungen. Man muß an den Pumpengriff herankommen können, und die Einlaß- und Auslaßöffnungen müssen halbwegs frei sein. Man sollte auch sehr gut überlegen, wo man die Pumpe hinsetzt. Die Bilge erscheint vielleicht besonders geeignet, aber wenn man sie braucht, steht dieser Platz vielleicht unter Wasser; auch die Backskisten unter den Cockpitsitzen sind nur scheinbar gut — oder will man einer überkommenden See einen besonders kurzen Weg in die Bilge öffnen, genau dann, wenn man um sein Leben pumpen muß? Die beste Lösung scheint mir zu sein, die Pumpe unter dem Cockpit oder in der Cockpitbackskiste anzubringen und den Arm durch eine Öffnung ragen zu lassen, die mit einer Gummimanschette abgedichtet ist. Die Pumpe kann dann von Deck aus benutzt werden, ohne daß man Gefahr läuft, daß noch mehr Wasser ins Boot kommt. Der Ausfluß der Pumpe kann durch die Bordwand geführt werden, aber in diesem Fall muß ein Absperrschieber vorhanden sein, damit kein Wasser von außen eindringen kann. Man kann auch einen Schlauch am Ausfluß der Pumpe über Bord hängen, dabei wird aber ebenfalls eine Öffnung zwischen Pumpe und überkommendem Wasser geschaffen, mithin kann auch dies gefährlich sein.

ANKER

Der Anker ist ein überaus wichtiges Ausrüstungsstück eines kleinen Bootes, denn in verhältnismäßig flachem Wasser ermöglicht er, irgendwo zu bleiben, um die Lage zu peilen oder auch nur um sich auszuruhen. Dies ist bei schlechtem Wetter oder Nebel von größtem Wert; auch dann, wenn die Besatzung erschöpft ist, ganz abgesehen von dem normaleren Gebrauch des Ankers am Abend nach Erreichen des Hafens. Darüberhinaus ist der Anker unter Umständen das einzige Mittel, das Boot zu retten, wenn der Gezeitenstrom oder eine Meeresströmung es auf eine Untiefe hin versetzt.

Es gibt im wesentlichen drei Arten von Ankern: den Admiralitätsanker, ferner den Pflugscharanker und den Leichtgewichtanker, z. B. Danforth-Anker, der zwei breite Blätter besitzt und einen Stock am gleichen Ende. Admiralitätsanker und Pflugscharanker sind schlechter zu stauen als der Danforth, weil sie dreidimensional sind, allerdings läßt sich der Admiralitätsanker flach zusammenlegen. Wenn man einen Anker auswählt, ist der Platz dafür ein wichtiger Gesichtspunkt, denn in einem kleinen Boot ist wenig Platz vorhanden und es ist wünschenswert, einen so schweren und unhandigen Gegenstand wie einen Anker unter Deck zu stauen*. Einmal, damit das Vordeck leer bleibt, und auch um das Gewicht möglichst tief ins Boot zu verlagern. Die Art des Ankers ist entscheidender als sein Gewicht, trotzdem ist es die Sache wert, einen großen schweren Anker zu besitzen, wenn man nachts gut schlafen will. Eine Menge Leute haben sich in den letzten Jahren den Kopf zerbrochen, um die Ankerkonstruktionen zu verbessern, und von Danforth sagt man, daß er mehr Haltekraft hat als andere. Ich hege da gelinde Zweifel, obwohl auch ich den Danforth-Anker anderen Ankern vorziehe.

Die Haltekraft eines Ankers hängt davon ab, ob er horizontal zum Meeresboden gezogen wird. Dieser horizontale Zug ist abhängig von Länge und Gewicht der Kette oder Trosse, an die der Anker angesteckt ist. Bei einer schweren Kette genügt eine kürzere Länge, da der Kettendurchhang vom Gewicht abhängt. Eine leichte Perlontrosse, die viele Vorteile hat, weil sie so mühelos zu handhaben ist, muß bei gleicher Wassertiefe sehr viel länger sein. Häufig kombiniert man zwei oder drei Faden Kette (3,60 m bis 5,40 m) als Vorlauf zwischen Anker und Trosse, einmal, um durch das Gewicht der Kette den Zug horizontal zu gestalten, aber auch, um zu verhindern, daß die Trosse an Muscheln und Steinen des Grundes verschleißt. Man kann auch ein Gewicht an der Trosse anbringen, etwa auf halbem Wege zwischen Anker und Schiff. Wenn der Anker auf dem Grund liegt, wird er wechselnden Zugkräften ausgesetzt sein, weil die Gezeitenströme kentern und das Boot um den Anker schwojt. Normalerweise tritt der Wechsel im Zug allmählich auf, aber es besteht immer die Gefahr, daß der Anker ausbricht oder die Kette Teile des Ankers erfaßt, die aus dem Boden herausragen. Bei steigender Tide wird der Winkel zwischen der Kette und dem Boden allmählich größer, daher sollte die Länge der Kette nach dem höchsten Wasserstand berechnet werden, und zwar sechsmal die Wassertiefe. Allerdings spielen auch das Wetter, das Gewicht der Kette oder Trosse und die Beschaffenheit des Bodens eine große Rolle.

Um einmal die Verminderung der Haltekraft zu illustrieren, die aus einer von der Horizontalen abweichenden Zugrichtung resultiert, zeigt die Tabelle I die Verminderung bei nur geringfügig anderen Winkeln. Die Tabelle II zeigt, wie die Haltekraft eines bestimmten Ankers von der Bodenbeschaffenheit abhängt.

* Anm. d. Ü.: Ausnahme: * Danforth-Anker am Bugkorb.

Ich habe das Gefühl, Anker werden auf kleinen Booten weniger häufig benutzt, als es der Fall sein sollte. Es gibt eigentlich sehr oft eine Gelegenheit, wo das Fallenlassen eines Ankers dafür sorgen würde, daß wir Zeit zum Überlegen gewinnen, Ruhe schöpfen könnten und in

Tabelle I:
Verminderung der Haltekraft eines Ankers bei von der Horizontalen abweichendem Zug

Zugwinkel gegenüber der Horizontalen (in Graden)	% der maximalen Haltekraft
5	80
10	60
15	40

Tabelle II:
Vergleich der Haltekraft in verschiedenen Böden. Die Zahlen gelten für große Anker, aber im entsprechenden Verhältnis auch für kleinere Anker

Bodenbeschaffenheit	Haltekraft in t
Weicher Schlick	15
Sand und Schiefer	32
Sandschiefer und Lehm	47
Blauer Ton	25

schwierigen Lagen sicher wären. Aber weil wir so oft an Brücken liegen oder an festen Murings festmachen, neigen wir dazu, die Kunst des Ankerns zu vernachlässigen, so daß wir dann, wenn es erforderlich wird, weder die notwendige Übung noch das Zutrauen zu uns selbst haben.

FESTMACHER

Über den Gebrauch und die Bezeichnungen der Festmacher sprechen wir noch an anderer Stelle, aber es gibt ein paar allgemeine Gesichtspunkte, über die es sich lohnt, ein Wort zu verlieren. Sehr oft werden abgelegte Leinen als Festmacher verwendet, vielleicht ein Fall oder ein paar Schoten. Sie beginnen ihr Leben als Festmacher, nachdem sie bereits verbraucht sind. Das ist schlechte Seemannschaft, denn wir müssen Festmachern ebenso vertrauen wie Fallen und anderem Gut. Vielleicht sogar noch mehr, denn ein Boot wird oft sehr lange unbeaufsichtigt gelassen, und es hängt allein von den Festmachern ab, daß es sich nicht losreißt und von dannen treibt. In der Zeit, in der Fallen und Schoten in Gebrauch sind, ist dagegen immer jemand an Deck. Um allen Gefahrsituationen aus dem Wege zu gehen, müssen Festmacher in einwandfreiem Zustand sein, das heißt, sie müssen ständig auf Zeichen von Schamfilen, Abnutzung und Fäulnis untersucht werden. Beim Verstauen sind Festmacher sorgfältig aufzuhängen, damit Luft um sie herum zirkulieren und sie trocknen kann. Ein gelegentliches Bad in Süßwasser entfernt alles Salz, das Feuchtigkeit anzieht und zwischen den Fasern wie Schmirgel wirkt. Perlon- und Nylon-Festmacher werden von ultraviolettem Licht angegriffen, sie sollten daher möglichst im Schatten aufbewahrt werden.

VERHOLLEINEN

Eine Verholleine kann sehr nützlich sein, wenn man eine schwere Trosse ausbringen muß. Eine solche Leine ist nichts anderes als eine etwa 30 m lange, an einem Ende mit einem Gewicht versehene Leine, meistens einem Wurfleinenknoten. Die Leine wird aufgeschossen und aus der Schulter heraus geworfen. Sie wird ziemlich weit fliegen, wenn sie sorgfältig aufgeschossen ist und die Törns frei laufen. Eine dreiviertelzöllige Leine (20 mm) nimmt bereits recht erhebliche Kräfte auf, noch bevor eine schwerere Trosse damit verfahren ist. Das Geheimnis besteht darin, die Belastung ganz langsam aufzufangen. Ein paar Tonnen Schiffskörper, die sich mit einem Knoten bewegen, erfordern gewaltige Kraft, wenn man sie innerhalb von einem Fuß (30 cm) stoppen will. Aber wenn man langsam abbremst, wobei die Leine um eine Klampe oder Winsch geführt wird, kann dasselbe Boot ganz leicht etwa auf 3 m zum Halten gebracht werden, wobei die Leine nicht einmal besonders beansprucht wird.

Eine andere Möglichkeit ist die Wurfleine, eine sehr leichte Flaggleine mit einem beschwerten Ende. Man kann dies über dem Kopf kreisen lassen oder wie einen Ball werfen, ein gutes Stück läßt sich so überbrücken. Am besten schießt man die Leine in einem Eimer auf, statt sie in Törns in der Hand zu halten.

DAS LOT

Viele kleine Boote verfügen heutzutage über ausgezeichnete Echolote, aber für diejenigen, die sich eine solche Anlage nicht leisten können oder

deren Gerät kaputtgegangen ist, ist das bewährte Bleilot an einer Lotleine ein unentbehrliches Stück der Ausrüstung. Das Lot muß schwer sein, damit es die Leine schnell auf den Grund zieht, aber es ist gänzlich überflüssig, zwanzig Faden (37 m) einer haarigen Leine daran zu befestigen. Die Wassertiefe wird uns in zwei Situationen besonders interessieren. In tiefem Wasser, weit entfernt vom Land, um unseren Standort zu kontrollieren, wobei stets Zeit genug ist, das Lot auszubringen, unter Umständen auch dabei zu stoppen, um eine einwandfreie Messung zu bekommen. Oder aber auf flachem Wasser, wo wir sehr schnell wissen müssen, ob die Tiefe abnimmt. Dabei wird es sich selten um mehr als drei Faden (ca. 5 m) handeln.
Hierfür kann man eine kurze Lotleine verwenden, die sich leicht handhaben läßt. Auf tiefem Wasser kann man diese Leine verlängern. Wir müssen anstreben, das Loten möglichst einfach zu machen, damit wir schnell und präzise wissen, wieviel Wasser wir unter dem Kiel haben. Anstelle des Lots benutzt man auf manchen Booten eine an einem Ende beschwerte und markierte Bambusstange von etwa drei Meter Länge, mit der man sehr einfach und gut die Tiefe peilen kann. Bei Nichtgebrauch haltert man sie längs der Wanten.

WASSER

Süßwasser ist lebenswichtig, und zwar in viel höherem Maße als Nahrung. In kleinen Booten muß man eine Menge mitführen, die zum Trinken und Kochen ausreicht, auch zum Waschen, jedenfalls bei Leuten, die darauf nicht verzichten mögen. Man kann gewaltig Wasser sparen, wenn man nur Whisky trinkt, in Seewasser kocht und den Dreck dranläßt, aber selbst dann braucht man mindestens zwei Liter pro Kopf und Tag. Weibliche Wesen brauchen offensichtlich mehr — sollen wir uns darüber beklagen? Mithin braucht man etwa 100 Liter, und die meisten kleinen Seekreuzer verfügen über einen Einbautank und eine Pumpe, um das Wasser in die Kombüse zu pumpen, unter Umständen auch in die Toilette. Es ist ganz gut, wenn das Pumpen nicht allzu einfach ist, damit die Leute nicht zuviel Wasser verbrauchen. Man kann auch das Wasser in Kanistern mitnehmen, die in der Nähe der Kombüse verstaut werden; die Pumpe kann dann direkt aus den Kanistern saugen. Dies Verfahren ist nicht schlecht, weil das Wasser in Kanistern an Bord gebracht werden kann, aber es hat den Nachteil, daß das schwere Wasser ziemlich hoch im Boot als Ballast wirkt.
In Marinas und ähnlichen gepflegten Anlagen gibt es Hähne und

Schläuche, um die Tanks von Land aus zu füllen, aber in anderen Häfen braucht man meist tragbare Behälter, um das Wasser vom Hahn in der Kneipe heranzuschleppen. Das bedeutet Schwerstarbeit, wenn nicht geeignete Kanister verfügbar sind. Ganz allgemein kann man sagen, daß Wasser an Bord etwas sehr Wertvolles ist, und die Besatzung muß lernen, manchmal durch entsprechende Erziehung, damit sparsam umzugehen. Zu Hause, an Land, vergeuden wir Unmassen von Wasser. Da wir in einem Lande leben, in dem es viel Regen gibt, spielt das keine Rolle. An Bord ist das etwas ganz anderes. Natürlich kann man ohne weiteres Regenwasser auffangen, wenn man zu faul ist, mit einem Kanister an Land zu gehen. Das am Großsegel herunterlaufende Wasser schüttet nur so vom unteren Ende des Baums, und es macht keine Mühe, dort eine Dose mit einem Schlauch aufzuhängen; das Wasser ist von einwandfreier Qualität. Wir haben auf diese Weise an einem typisch englischen Sonntag einmal in kürzester Zeit rund 60 Liter aufgefangen.

SCHLINGERLEISTEN

Wer noch nicht mit dem Boot draußen war, während es ordentlich weglag, und dabei erlebt hat, wie der schön verstaute Krimskrams in der Gegend umherflog, kann sich nicht vorstellen, daß Schlingerleisten wirklich groß sein müssen; hoch und breit. An Land hat man davon keine Ahnung und denkt, ein 10 mm hoher Streifen aus 5 mm Sperrholz genüge. Er genügt nicht. Schlingerleisten, die dazu da sind, Teekannen auf Tischen zu halten, Parallellineale auf Kartentischen und Zeug aller Art auf Borden, müssen unter der Voraussetzung konstruiert werden, daß ein Boot mit 45 Grad gegen die Vertikale geneigt ist, sich mit drei „g" auf und nieder bewegt und daß 16 Schimpansen aus Marmor die Schlingerleisten zum Festhalten benutzen. Das ist keineswegs eine Übertreibung, es ist die reine Wahrheit. Es erklärt, warum in Booten so viele vorspringende Ecken und Teile des Innenausbaus, die unvermeidlich von der Besatzung zum Festhalten benutzt werden, der ständigen Belastung nicht standgehalten haben.

Wenn ein Boot nicht für die Situationen, denen es einmal ausgesetzt sein wird, ausgerüstet und konstruiert worden ist, kann die Sache unter Deck höchst unerfreulich werden. Ein Familienkreuzer verbringt vielleicht 95 Prozent seiner Zeit als schwimmende Wohnung in glattem Wasser und ist dann vermutlich den Anforderungen voll und ganz gewachsen, aber in den restlichen 5 Prozent wird er höchst unschönen Bedingungen ausgesetzt sein, und wenn dann nicht alles dafür vorbereitet ist, wird es ziemlich schrecklich. Boote, die in der Lage sein sollen, den Kanal zu überqueren, müssen mit gelegentlichem Schlechtwetter rechnen und auf das Schlimmste vorbereitet sein. Ist das nicht der Fall, dann wird die Besatzung zum Schluß von den ganz unnötigerweise unerträglichen Verhältnissen an Bord völlig deprimiert sein und keinen Spaß mehr an dem Seetörn haben.

WERKZEUG

Es kann nicht viele Eigner geben, die in der Lage sind, eine Werft mit allen Arbeiten an Bord zu beauftragen, daher gibt es auf den meisten Booten eine ganze Menge Werkzeug, mit dem die Überholungsarbeiten zu Beginn der Segelsaison ausgeführt werden können. Trotzdem werden Werkzeuge nicht als Teil der Ausrüstung einer Yacht angesehen, wie z. B. Rettungsmittel und Rotfackeln. Werden sie aber gebraucht, dann sind sie unter Umständen genauso wichtig. Auf See muß eine Besatzung in der Lage sein, alle denkbaren Reparaturen auszuführen, vom Aufstellen eines Notmastes bis zur Reparatur des Radios, vom Nähen eines Segels bis zum Gängigmachen eines Pumpklos. Auch wenn die wenigsten von uns Handwerker sind, ist es zumindest wichtig, gute Werkzeuge zu haben.

Werkzeuge sind fast immer zu klein, nicht ausreichend und den Anforderungen schneller Reparaturen auf See nicht gewachsen. Wenn Not am Mann ist, müssen Reparaturen vor allem schnell vorgenommen werden, dazu braucht man insbesondere kräftige Sägen, schwere Hämmer, Bohrer und starke Nägel. Das sorgsame Einpassen von Flickstücken kommt später. Zunächst einmal ist es viel wichtiger, dem eindringenden Wasser Einhalt zu gebieten, das eingeschlagene Fenster abzudichten, die Seite eines Aufbaus zu richten. Zum Teufel mit Millimetermessungen und Feinarbeit — ran an die Sache, und schnell! Um eine ausreichende Schnellreparatur ausführen zu können, braucht man die entsprechenden Werkzeuge. Zweihundert oder dreihundert Mark, die dafür angelegt sind, dazu ein bißchen Pflege und Inordnunghalten können im Falle der Not Tausende oder sogar Zehntausende ersparen.

BOOTSMANNSSCHAFT

Eine genauso große Rolle wie das Werkzeug für die Instandsetzung des Rumpfes spielt der Büdel des Bootsmanns für Segel und Rigg. Schamfilen beansprucht vor allen Dingen die Segel und das laufende Gut, überall da, wo Reibung auftritt. Viel läßt sich vermeiden durch Aufmerksamkeit der Deckwache, aber auch dadurch, daß man das, was man zur Reparatur braucht, zur Hand hat. Dazu gehört zunächst einmal alles, was man zum Flicken der Segel und zur Instandhaltung des laufenden Guts braucht: Segelgarn aus Perlon, Klebeband, Schiemannsgarn, Bienenwachs, Segelnadeln, Segeltuchflicken gleicher Art und Stärke wie die Segel, Takelgarn. Man braucht eine ganze Menge verschiedener Arten und Stärken, denn eine vernünftige Reparatur ist nur möglich, wenn das richtige Material verfügbar ist. Aber das Material ist nur ein Teil des Problems, die Besatzung muß auch fähig sein, die Reparatur auszuführen. Man lernt das am besten durch Erfahrung. Tatsächlich gehört zu den Dingen, die beim Kleinbootsegeln Spaß machen, auch, das Rigg in erstklassigem Zustand zu halten. Ein verkommenes Boot ist nicht nur seiner Aufgabe nicht gewachsen, sondern beleidigt auch das Auge. Stolz auf den Zustand des eigenen Bootes ist ein Schritt auf dem Wege zur Befriedigung, die eine seemännisch einwandfreie Handhabung geben kann.

ERSATZTEILE

Unsere Ausrüstung auf einem Segelboot wird immer komplizierter und eine Reparatur mit Bordmitteln häufig unmöglich, wenn man nicht die richtigen Ersatzteile zur Verfügung hat. Die Liste dieser Teile reicht von den richtigen Batterien und Glühlampen bis zu den Nadeln, mit denen man die Düse des Primuskochers durchstößt, von der Membrane für die Pumpe bis zum Handgriff für die Winsch. Es ist gar nicht so einfach, eine Liste der notwendigen Ersatzteile anzulegen, denn man muß einen Kompromiß schließen zwischen verfügbarem Platz und Geld und dem Wunsch, im entscheidenden Augenblick nicht verloren zu sein.
Ich persönlich habe die Erfahrung gemacht, daß zu den notwendigen Ersatzteilen ein kompletter Steuerkompaß gehört — u. U. kann man einen Handkompaß in selbstgemachte Kardanringe hängen —, dazu eine Reservepinne, Schothornkauschen für eine große Genua, Scheiben für Fallen, Positionslampen und Taschenlampen. Es gibt keine absolut gültige Liste, immerhin kann man es bei etwas Überlegung erreichen, daß im Notfall das richtige Teil oder wenigstens etwas fast ebenso gutes greifbar ist. Am wichtigsten ist vielleicht, daß sich die Besatzung Gedanken darüber gemacht hat, was brechen oder ausfallen kann, und sich auf die Folgen eingestellt hat. Nur zu häufig hat eine Besatzung leider unbegründetes Vertrauen in die Fähigkeit ihres Riggs, den schweren Beanspruchungen auf See zu widerstehen.

4. Kapitel

Sicherheit auf See

Viel zu oft bleiben Menschen auf See, verschollen und ertrunken, viel zu oft, als daß wir die Probleme der Sicherheit auf kleinen Booten nicht sehr ernst nehmen müssen. Es ist unerläßlich, sich dieses Problems mit größter Aufmerksamkeit anzunehmen. Jemanden verlieren, der über Bord gegangen ist — das ist die äußerste Konsequenz, von der es kein Zurück gibt. Man kann seinen Mast verlieren, ja das Schiff, man kann stranden oder sein Ziel verfehlen, immer noch kann man aus seinem Fehler lernen, es kommt ein neuer Tag. Ein Mann verloren — alles ist plötzlich anders. Er ist weg und tot. Das ist endgültig.

Natürlich ertrinkt nicht jeder, der über Bord geht, aber wenn das Boot draußen auf See ist und das Wetter schlecht, dann stehen seine Chancen nicht gut. Die Hauptsache ist daher, gar nicht erst über Bord zu gehen; geschieht es dennoch, muß man in der Lage sein, weiter zu atmen. Im Bemühen, den Tod durch Ertrinken zu vermeiden, hat man eine ganze Menge Hilfsmittel entwickelt; einmal, um schon das Überbordfallen zu verhindern, andererseits, damit man im Wasser an der Oberfläche bleibt. Über einiges sprechen wir in den folgenden Abschnitten.

Ertrinken ist keineswegs die einzige Möglichkeit, in einem kleinen Boot ums Leben zu kommen. Auf einer Yacht mit sechs Kojen, einem typischen schnellen Seekreuzer, der während der Cowes-Woche im Solent lag, wurde sowohl Wasser wie Benzin in ähnlichen Plastikkanistern aufbewahrt. Die Kanister sahen gleich aus und hatten die gleiche Farbe, allerdings waren sie deutlich bezeichnet. Der Schlauch der Wasserpumpe wurde einfach in den jeweiligen Kanister gesteckt — ganz simpel. Als ein Mann der Besatzung ziemlich spät nachts zurückkam und eine Tasse heißen Kaffee machen wollte, war der Kanister gerade leer geworden. Er holte also einen neuen Kanister, steckte den Schlauch hinein und füllte den Wasserkessel. Als die Flammen aus dem Ausguß schossen, wurde ihm klar, daß er den Kessel mit Benzin gefüllt hatte. Er hatte Glück, zwar war das Boot etwas angesengt, aber niemand wurde verletzt. Ohne Glück hätte die Sache anders ausgehen können — sehr viel anders.

Sir Alec Rose hat berichtet*, wie die Auspuffgase seines Ladeaggregats ihn unter Deck bewußtlos machten, ziemlich lange sogar. Dies hätte tötlich sein können, wenn der Motor weiter gelaufen wäre, während er bewußtlos war. In gleicher Weise kann Flaschengas bei schadhafter Installation mit der Luft im Schiff explosible Gemische bilden, es genügt ein Funke oder ein Streichholz, um das Boot wie mit Dynamit in die Luft zu sprengen. Dennoch findet man auf vielen Booten, alten und neuen, Gasflaschen an Stellen, wo entweichendes Gas in die Bilge fließen kann und wo die Verbindung zu den Kochern unbewehrt und ungeschützt ist. Besonders auf Segelbooten ist das oftmals gefährlich, weil ihre Kocher häufig drehbar aufgehängt sind und die Verbindungen daher biegsam sein müssen. Dabei gibt es metallbewehrten biegsamen Gasschlauch, der kräftig und gasdicht ist **.

MANN ÜBER BORD

Es gibt eine ganze Reihe von Vorkehrungen, die verhindern sollen, daß jemand über Bord fällt und ertrinkt: Strecktaue, Seerelings und Sicherheitsgurte; weiter Schwimmwesten, die den Körper an der Wasseroberfläche in einer Lage halten, die das Luftholen ermöglicht; schließlich Einrichtungen, die das Wiederauffinden erleichtern.

Sehr viel ist geschrieben worden über die richtigen Manöver, die bei Mann-über-Bord ausgeführt werden müssen. Einige der grundlegenden Dinge werden hier noch einmal abgehandelt.

Am sichersten ist es, gar nicht über Bord zu fallen. Selbst in kleinen Booten, deren Bewegung ungleichmäßig ist und deren Deck oft einen steilen Winkel bildet, ist das im allgemeinen möglich. Die Besatzung sollte immer an das alte Wort denken: „Eine Hand fürs Schiff, eine für sich selbst." Festhalten ist heute so wichtig wie vor 100 Jahren, als Seeleute in den Masten der Großsegler aufenterten. Tatsächlich sind die Bewegungen kleinerer Schiffe viel schneller und daher gefährlicher als bei großen Schiffen. Eine Rolle spielen der Decksbelag und die Schuhsohlen;

* Sir Alec Rose, „Mit Lively Lady allein um die Welt", Verlag Delius, Klasing & Co, Bielefeld.

** Anm. d. Ü.: Die Gefahren von Benzin und Gas und die Sicherheitsvorkehrungen werden eingehend erörtert in dem Buch „Sicherheit auf See" von Ulrich Mohr. Kleine Yachtbücherei, Band 22. Verlag Delius, Klasing & Co, Bielefeld.

ein schön lackiertes Deck sieht vielleicht gut aus, es wird aber bei Nässe glatt, man sollte daher geeignete Deckfarbe verwenden oder eine Handvoll Sand unter die Farbe mischen. Besondere Seestiefel oder Segelschuhe

Abb. 12. Der Mann im Wasser, der sein Boot hinter dem Horizont verschwinden sieht, ist in einer außerordentlich gefährdeten Situation. Nur erstklassige Organisation und viel Übung in Verbindung mit sofortigen und richtigen Maßnahmen von seiten der Mannschaft an Deck kann ihn retten.

mit rutschfesten Sohlen sind heute weit verbreitet; wer sie nicht hat, sollte daran denken, daß Gummischuhe mit abgenutzten Sohlenflächen auf einer nassen glatten Fläche nicht fassen.

Trotz allen Festhaltens und richtiger Fußbekleidung wird früher oder später jemand ausrutschen, und dafür braucht man einen Sicherheitsgurt – einfache Bänder um die Brust, aus starkem Gewebe mit einem Karabinerhaken daran, mit dem man sich an einem passenden Want oder Auge festhaken kann. Bei richtigem Gebrauch sorgt ein Sicherheitsgurt dafür, daß jederzeit zwischen Boot und Mann eine feste Verbindung besteht, so daß es unmöglich ist, über Bord zu fallen und verlorenzugehen. Sicherheitsgurte sind allerdings zwecklos, wenn sie nicht getragen oder eingepickt werden, daher muß ihr Gebrauch vom Schiffsführer bei jedem schlechten Wetter zur Pflicht gemacht werden. Insbesondere auch nachts, wenn das Boot nicht sofort wenden kann, um einen Mann wieder aufzunehmen. Die meisten Sicherheitsgurte haben zwei Haken; wenn der eine losgenommen wird, um woanders eingepickt zu werden, bleibt der andere fest. Diese Methode ist sehr viel sicherer, als mit nur einem Haken über Deck zu gehen. Auf manchen Booten fährt man einen Drahtstander, der mittschiffs längs Deck läuft, so daß der Karabiner an dem Stander entlangrutscht, während der Träger sich be-

wegt. Allerdings stört ein solcher Stander häufig, es kommt auf das Deck an.
Ein Sicherheitsgurt verhindert nicht notwendigerweise jedes Überbordfallen, weil die immerhin rund 1,50 m lange Leine natürlich nicht davor schützt, hinauszufallen und mitgeschleift zu werden. Man pickt die Gurte daher besser an der Luvseite und nicht in Lee ein. Die Gurte sind so konstruiert, daß der Träger mit dem Kopf aus dem Wasser gezogen wird, so daß er atmen kann und nicht ertrinkt — jedenfalls nicht gleich.
Um an Bord sicher zu sein, braucht man eine Art von Reling, die rings um das Boot läuft und deren Aufgabe es ist, ein Überbordrutschen zu verhindern. Die Seereling besteht meist aus einem Bugkorb aus Metallrohr, vielfach auch einem ähnlichen Heckkorb und dazwischen Drahtstandern an den Seiten des Bootes. Sehr wichtig ist die Höhe der Reling und der Abstand zwischen den Standern, es geht ums Gleichgewicht zwischen Sicherheit und Imwegesein. Zu hohe Seerelings sehen außerdem unschön aus. Ein brauchbarer Kompromiß liegt bei etwas über zwei Fuß (61 cm). Ein zweiter Relingsstander ist wünschenswert, wenn der Zwischenraum größer ist als ein Fuß (30 cm). Eine hohe Reling ist besser, denn wenn sich das Boot weglegt, wird die Lage der Leereling niedriger, die der Leute an Bord dagegen höher, die relativen Positionen werden ungünstiger.
Eine Seereling ist nur so stark wie ihre Stander und Stützen; da die Drähte dicht über dem Wasser liegen und häufig untertauchen, neigen sie zu schneller Korrosion. Es ist schwierig, den Zustand der Drähte zu erkennen, denn sie sind meist mit einer Plastikumhüllung versehen, um Schamfilen auszuschalten und damit sie besser zu greifen sind. Die Ummantelung muß weggeschnitten werden, um das Spleißen zu ermöglichen, sie schützt also nur bedingt gegen Seewasser. Relingsstützen werden in Mitleidenschaft gezogen, weil sie wie Hebel wirken, wenn sich jemand an ihnen herumschwingt. Die Bolzen, die sie halten, werden überaus stark beansprucht. Die Relingsstützen müssen also stark genug sein, um die Belastungen aufzunehmen, für die sie gedacht sind, d. h. daß sich ein schwerer, großer Mann gegen sie wirft, der zuvor bereits über das ganze Deck geschleudert worden ist. Wenn die Stützen das aushalten, ist alles in Ordnung; wenn nicht, sind sie eine Vorspiegelung von Sicherheit und in Wirklichkeit sogar gefährlich.
Die Schwimmwesten, die auf dem Markt angeboten werden, sind unterschiedlich in Art und Form. Es gibt Normvorschriften darüber, die sich

mit ihrer Konstruktion und den Mindestanforderungen befassen. Für uns ist wichtig, daß es zwei grundlegend verschiedene Typen gibt, aufblasbare und nicht aufblasbare Westen. Nicht aufblasbare Schwimmwesten sind voluminös, sie sind mit schwimmfähigen Stoffen gefüllt, wie Kapok oder Styropor, in kleinen Booten sind sie unhandlich und platzraubend, ich würde von ihnen abraten. Aufblasbare Schwimmwesten sind weitaus besser, da sie keinen Platz einnehmen und angenehm zu tragen sind, andererseits sind sie in höherem Maße Beschädigungen ausgesetzt und besitzen dann keinen Auftrieb mehr. Aufblasbare Schwimmwesten kön-

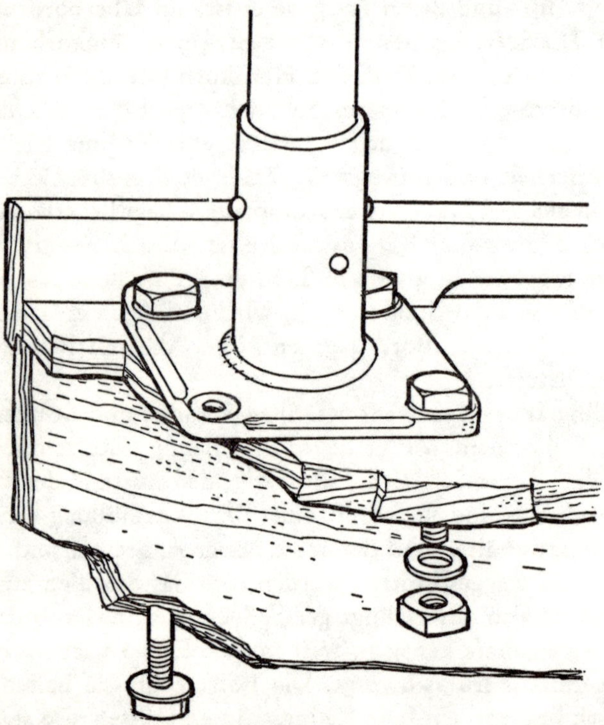

Abb. 13. Die Kräfte, die auf die Halterung einer Relingsstütze einwirken, sind sehr groß, wenn an dem Ende der Stütze eine Hebelkraft ansetzt. Starke durchgehende Bolzen sind erforderlich, um die Beanspruchung aufzunehmen.

nen durch ein Mundstück gefüllt werden oder aber auch aus einer kleinen Preßgasflasche. Unter Umständen ist es unmöglich, die Schwimmweste aufzublasen, z. B. wenn der Träger über Bord gefallen ist, viel-

leicht bewußtlos. Es ist daher angebracht, daß jederzeit ein gewisser Auftrieb vorhanden ist. Man kann das am besten erreichen, wenn man die Schwimmweste stets zu einem Viertel gefüllt trägt. Geht der Träger damit über Bord, wird er von der Schwimmweste zumindest getragen, er hat eine Chance, die Weste mit dem Mund zu füllen oder die Gasflasche zu öffnen, wenn er wieder bei vollem Bewußtsein ist; wenn nicht, geht er zumindest nicht unter. Dies ist ein Kompromiß zwischen der Unbequemlichkeit, die mit dem Tragen einer voll aufgeblasenen Schwimmweste verbunden ist, und dem Risiko, über Bord zu fallen.
Um überhaupt wirksam zu sein, muß eine Schwimmweste den Träger in der richtigen Lage halten, d. h. mit dem Mund über Wasser. Ist das nicht der Fall, muß er seine Kräfte zum Teil dafür verausgaben, den Kopf aus dem Wasser herauszuhalten, mit der Zeit wird er ermüden und ertrinken. Verliert er das Bewußtsein, wird der Kopf vornüberfallen, und er wird in kürzester Zeit ersticken. Um in der richtigen Lage Auftrieb zu geben, muß der größere Teil des Auftriebs an der Brust ansetzen, damit der Körper in die Rückenlage gedreht wird, und zudem soviel am Nacken, daß der Mund jederzeit oberhalb des Wassers bleibt. Es lohnt sich, die Schwimmwesten darauf zu prüfen, ob sie diese Bedingungen erfüllen — sowohl nach dem Kauf wie bei ihrer monatlichen Überprüfung. Wir würden nicht im Traum daran denken, eine Aqualunge anzulegen, wenn wir nicht ganz sicher sind, daß genug Luft in ihr ist. Wir wären ebenso töricht, würden wir uns auf Schwimmwesten verlassen, die dem Träger nicht jederzeit das ungehinderte Atmen gewährleisten *.

SICHERHEITSGURTE

Um fest mit dem Boot verbunden zu bleiben, verwenden wir Sicherheitsgurte mit Schulterriemen, die dem Körper angepaßt sind und an denen eine Perlonleine von etwa 2 m Länge angebracht ist. In der Mitte und am Ende der Leine sind Karabinerhaken eingespleißt. Die Leine muß vorn in der Mitte am Sicherheitsgurt befestigt sein, damit der Träger, wenn er doch über Bord fällt, mit dem Kopf über Wasser mitgeschleppt wird. Die zwei Karabinerhaken haben den Zweck, daß immer einer am Boot befestigt ist, wenn der Träger den anderen umhakt. Der Gurt muß einstellbar sein, damit er bequem über Kleidung oder Ölzeug getragen werden kann. Da im Ernstfall sicher keine Zeit verfügbar ist,

* Anm. d. Ü.: Siehe auch den Test der Zeitschrift „boote" Nr. 5/70 und 6/70, Verlag Delius, Klasing & Co, Bielefeld.

ihn passend zu machen, sollte dies schon vor dem Auslaufen geschehen, damit er jederzeit einsatzbereit ist. Es besteht immer die Gefahr, daß die Freiwache, wenn sie in einer Notsituation an Deck stürzt, vergißt, ihre Gurte anzulegen. Wenn sie aber stets griffbereit sind und auch passen, besteht zumindest eine gewisse Aussicht darauf, daß sie auch gebraucht werden.

Die Belastung, die ein Sicherheitsgurt aufnehmen muß, wenn ein schwerer Mann über Deck geschleudert wird, ist erheblich. Es bedarf deshalb einiger Überlegung, an welcher Stelle das Ende der Leine am besten eingehakt wird. Der Mast, eine Schotführung oder ein Wantenspanner sind in Ordnung. Die Relingsstander sind dagegen weit weniger geeignet, seitlich wirkende Belastungen aufzunehmen, obwohl genau das an sich ihr Zweck ist. Am besten ist ein Haltepunkt in Luv des Trägers, da er dann beim Ausrutschen abwärts fällt. Ist der Gurt unterhalb befestigt, legt er zweimal die Länge der Gurtleine zurück, bevor sein Fall gestoppt wird. Ist die Leine zu lang, wird der Mann über Bord gehen und, wenn am Boot befestigt, mitgeschleift. Dies ist in jedem Fall unerfreulich, vor allem dann, wenn er mit dem Kopf nach unten geschleppt wird und Mühe hat, den Mund über Wasser zu halten. Dazu kommt, daß die See ihn gegen die Bordwand schlägt, so daß dem Betreffenden der ganze Tag verdorben wird.

Wenn jemand über Bord fällt und am Gurt mitgeschleift wird, muß die Geschwindigkeit des Bootes möglichst schnell vermindert werden. Gleichzeitig ist zu versuchen, ihn von der Bordwand freizuhalten, damit er sich nicht verletzt. Aller Wahrscheinlichkeit nach wird er immer dann, wenn das Boot wegliegt, in Lee in Deckshöhe schwimmen. Man sieht, Sicherheitsgurte sind ausgezeichnet, aber nur dann, wenn sie richtig benutzt werden. Man sollte ihren Gebrauch üben und sich mit ihnen vertraut machen.

RETTUNGSRINGE

Wenn ein Mann über Bord fällt, weil ihn die Relingsstander nicht aufgefangen haben, oder weil er vergaß, seinen Sicherheitsgurt und zudem seine Schwimmweste anzulegen, dann müssen wir ihm zu Hilfe kommen, bevor er achteraus hinter der Kimm verschwindet. Er braucht eine Auftriebshilfe bis zu dem Zeitpunkt, an dem er aufgepickt werden kann, deshalb werfen wir ihm einen Rettungsring zu, der zugleich Markierung ist. Rettungsringe sind traditionell rund, mit Kork gefüllt und hübsch anzusehen, aber sie haben den Nachteil, daß sie einen Mann nicht

1. Es gibt Fahrtenboote in allen nur erdenklichen Größen und Ausführungen.

2. Liegeplätze sind überall knapp. Hier hat man einen nicht mehr benutzten Kanal zum Yachthafen gemacht, obwohl man nur bei bestimmten, von der Tide abhängigen Zeiten ein- und auslaufen kann.

3. Das Liegen mit dem Heck an der Pier bietet sehr viel mehr Booten Platz, wenn nur ein kurzes Stück Hafenmole verfügbar ist.

4. Baggerlöcher sind, wenn der Tidenhub nicht allzu groß ist, ein guter Liegeplatz zum Vermuren an einer Boje.

automatisch über Wasser halten; er muß Energie aufwenden, um sich im Ring zu halten. Die Ringe sind überdies recht hart, und wenn sie zu genau auf den im Wasser Treibenden gezielt werden, können sie ihn ohne weiteres k.o. boxen. Weil sie aber so attraktiv aussehen, sind sie nach wie vor überall anzutreffen.

Man sollte sich einmal klarmachen, welche Anforderungen an einen sogenannten Rettungsring zu stellen sind. Zunächst einmal muß er ausreichenden Auftrieb geben, dann muß man ohne Mühe hineinkommen können, und ist man einmal darin, muß der Körper in der richtigen Lage gehalten werden, ohne daß weitere Anstrengungen erforderlich sind. Endlich muß er leicht sein, einfach zu handhaben und zu werfen. Natürlich spielen auch noch andere Überlegungen eine Rolle, wie der Preis, die gute Erkennbarkeit im Wasser und die Eigenschaft, nicht zu schnell abzutreiben. Alle diese Anforderungen werden von hufeisenförmigen Rettungs-„Ringen" erfüllt, die daher den alten runden Rettungsringen bei weitem vorzuziehen sind; diese sollten nur noch an schmukken Fallreeps und in Clubbars zu finden sein.

Um bei den verschiedensten Wetterbedingungen, bei Dunkelheit und bei Tage wie auch bei Seegang brauchbar zu sein, müssen Rettungsringe mit Hilfsmitteln ausgerüstet sein, die ihr Auffinden erleichtern. Sie wenden sich an das Auge und das Ohr; was am zweckmäßigsten ist, hängt von den jeweiligen Umständen ab. Damit der Mann im Wasser leicht auszumachen ist, benutzen wir für Schwimmwesten, Rettungsringe und Kleidung grelle Farben, gelegentlich auch Farbbeutel, um die See um ihn herum anzufärben. Orange und Rot sind kräftige Farben, die gut sichtbar sind, vor allem im Kontrast zu Gelb und Weiß. Ein heller Farbfleck zieht sicher das Auge an, wenn er zufällig im Visier des Suchenden auftaucht, aber bei Seegang oder in einiger Entfernung wird er oft gerade dann hinter einer Welle verborgen sein, wenn das Auge darüberstreift. In diesem Fall hat eine Flagge, die hochgehalten wird, oder eine Markierungsboje mit Stange eine bessere Chance, gesehen zu werden. Wirksame Markierungsbojen sind allerdings schwer herzustellen, denn um bei schwerer See oder viel Wind eine Flaggenstange aufrechtzuhalten, braucht man viel Ballast und dafür wieder viel Auftrieb und damit wieder eine große und unhandige Boje. Die Folge ist, daß meist an der Größe der Boje gespart wird, um das Verstauen zu erleichtern, und daß die Flagge bei Starkwinden platt auf dem Wasser liegt. Will man diese Markierungen benutzen, sollte man sie unter realistischen Bedingungen prüfen, bevor man sich auf sie verläßt.

LICHTER

Grelle Farben und Flaggenmarkierungen sind bei Tage sehr schön, aber sobald die Sonne untergegangen ist, sind sie wertlos. Nachts müssen wir Lichtzeichen verwenden. Um von der Wasseroberfläche aus sichtbar zu sein, muß ein Licht schon sehr stark sein, auch bei noch so geringen Entfernungen. Die an Schwimmwesten befestigten Leuchten, die von einer kleinen Batterie oder einer Seewasserzelle versorgt werden, sind notgedrungen ohne viel Kraft, sie sind daher nur innerhalb eines kleinen Radius zu sehen, um so mehr, wenn die See rauh ist. Es gehört schon viel Glück dazu, ein solches Licht auf einige Entfernung auszumachen, was die Notwendigkeit unterstreicht, das Boot so zu manövrieren, daß es sich möglichst wenig von der Stelle entfernt, wo der Mann über Bord ging. Ein helleres Licht braucht mehr Energie, es ist aber auch möglich, die verfügbare Energie in Form von kurzen Blitzen einzusetzen, wobei ein sehr helles Licht während einer sehr kurzen Zeit abgegeben wird. Ein Ausguck wird ein Blitzlicht eher sehen als ein feststehendes Licht. Selbst wenn das Blitzlicht auf der Wasseroberfläche schwimmt, kann es unter Umständen sehr weit gesehen werden, da es einen Schein am Himmel bewirkt und von niedrig hängenden Wolken reflektiert wird. Große und starke Blitzleuchten hat man auf manchen Rennyachten, leider sind sie recht teuer.

LAUTSIGNALE

Schwimmwesten sind häufig serienmäßig mit einer Pfeife ausgerüstet, so daß der Mann im Wasser die Aufmerksamkeit auf sich lenken kann. Tief im Wasser liegend ist er nahezu unsichtbar, sowohl bei Tage wie bei Nacht, während von ihm aus gesehen das Boot riesengroß gegen den Himmel ragt. Innerhalb seines sehr begrenzten Horizontes ist das Boot gut zu sehen. Es kann aber passieren, daß der Mann im Wasser zwar das Boot vorbeifahren sieht, die Leute an Bord ihn aber nicht ausmachen. In einem solchen Augenblick muß er schnell und deutlich die Aufmerksamkeit auf sich lenken können. Eine Pfeife ist dafür ein einfaches Mittel, wenn auch bei schlechtem Wetter der Geräuschpegel eines fahrenden Bootes recht hoch ist.

DAS AUFFINDEN DES ÜBERBORDGEGANGENEN

Es gibt mehr als eine Methode, ein Boot zu manövrieren, wenn ein Mann über Bord gefallen ist; die empfohlenen Verfahren reichen vom schulmäßigen „Sofort halsen“ bis zum „Je nach Lage, wenn es passiert“.

Die meisten Ratschläge sind mehr oder weniger sinnvoll, — kompliziert wird die Sache dadurch, daß kein Fall dem anderen gleicht. Es gibt einfach keine Regel, die jeder Situation gerecht wird. Am allerwichtigsten ist, daß der Wachhabende die Lage richtig einschätzt und sich für ein entsprechendes Manöver entscheidet, und zwar vorher, nicht erst, wenn der Mann bereits über Bord gegangen ist, weil es dann dafür meist zu spät ist.

Welches Manöver man unternimmt, das hängt im wesentlichen von drei Faktoren ab: ob es Nacht ist oder hell, was das Wetter macht und wie manövrierfähig das Boot mit den gerade stehenden Segeln ist. Wir sahen schon, daß es wünschenswert ist, so nahe wie möglich an dem Punkt zu bleiben, wo der Mann über Bord fiel; es erscheint also auf den ersten Blick vernünftig, sofort die Fahrt aus dem Boot zu nehmen und im Kielwasser zurückzulaufen. Das ist in der Theorie wunderschön und sicher auch manchmal möglich, aber wie soll man ein Boot zum Stehen bringen, wenn der Spinnaker ausgebracht ist? Man kann nicht halsen und man kann nicht in den Wind gehen, jedes dieser Manöver dürfte mit unschönem Resultat enden. Wenn das Boot aber erst einmal durch überstürzte Aktionen manövrierunfähig geworden ist, dann ist es unter Umständen unmöglich, überhaupt zu dem Mann zurückzugelangen. Es ist also notwendig, erst einmal das Boot voll manövrierfähig zu machen und dann zurückzulaufen. Während es manövrierfähig gemacht wird, muß man versuchen, möglichst dicht bei dem Mann zu bleiben, und es

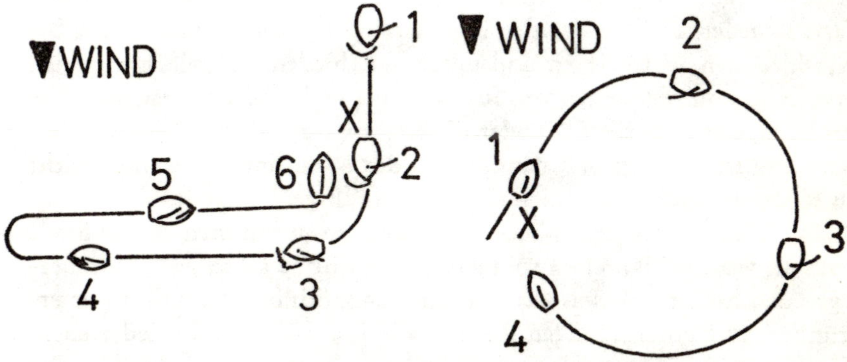

Abb. 14. Segelt man mit achterlichem Wind, dann luvt man an, bis man halben Wind hat und sorgt dafür, daß das Boot völlig manövrierklar gemacht wird. Dann geht man über Stag und segelt auf Gegenkurs zurück, bis man den Mann erreicht hat. Beim Kreuzen halst man sofort und kehrt auf dem anderen Bug zurück zu der Stelle, wo der Mann über Bord ging.

muß dafür gesorgt werden, daß man genau auf dem vorher gelaufenen Kurs zurücklaufen kann.
Ich für meine Person sehe das Problem von zwei Ausgangslagen: vor dem Wind oder gegen den Wind, d. h. platt vor dem Laken oder mit raumem Wind einerseits und bei dem Wind oder auf Kreuzkursen andererseits. Segelt man vor dem Wind, geht man auf dem gleichen Bug auf halben Wind, bis das Boot voll manövrierfähig ist, mit geborgenem Spinnaker und alle Mann an Deck klar zum Manöver. Selbst wenn man platt vor dem Wind läuft, kann man ohne großes Risiko das Boot auf einen Querwindkurs bringen, obwohl der Spinnaker dann vom Wind angehoben wird — was im übrigen dazu beiträgt, die Fahrt aus dem Schiff zu nehmen. Genaues Zeitnehmen ermöglicht präzises Zurücklaufen auf Gegenkurs; bei sorgfältigem Steuern sollte es möglich sein, das Boot genau an die Stelle zu bringen, wo der Mann über Bord gegangen ist. Man muß aber daran denken, daß ein Boot mit dem scheinbaren Wind segelt, man darf also nicht einfach mit 90 ° zum Wind auf beiden Kursen segeln, sondern muß sich auf den Kompaßkurs stützen, der unter Umständen noch um die Abtrift zu berichtigen ist. Segelt man am Wind, dann gibt es keine Probleme mit dem Spinnaker oder der Bullentalje, und man kann sofort halsen, denn das Boot ist manövrierfähig und wird durch sofortiges Halsen dicht beim Mann bleiben, indem es einen Kreis beschreibt, der eben in Lee vom Mann endet.
Wie gesagt, das sind meine persönlichen Ansichten über die richtigen Manöver, aber ich glaube nicht, daß man dabei allzu dogmatisch sein darf. In jeder Yacht sollte der Eigner seine eigenen Vorstellungen bei verschiedenen Wetterlagen und unter verschiedener Segelführung ausprobieren und feststellen, was für ihn am zweckmäßigsten ist. Er sollte das üben, ohne auf die Boje oder die Attrappe zu achten, denn wirklich schwierig ist die Lage erst dann, wenn der Mann im Wasser noch nicht zu sehen ist, und gerade diese Situation muß geübt werden.
Das ist alles gut und schön, aber was tut man, wenn man zu der Stelle kommt, wo der Mann sein sollte, er aber nicht zu sehen ist? Man überlege zunächst einmal, was passiert sein kann. Schlimmstenfalls ist er ertrunken und untergegangen, so daß wir ihn nicht mehr wiedersehen. Aber vielleicht ist er auch ganz dicht beim Boot, und wir können ihn nur nicht sehen wegen der Wellen oder weil es dunkel ist. Vielleicht sind wir auch etwas von dem Punkt entfernt, wo er über Bord ging, weil wir beim Zurücklaufen einen Fehler begangen haben. Wenn er in der Nähe ist, aber nicht sichtbar, dann sieht vielleicht er uns und ruft oder pfeift

oder schwimmt auf uns zu. Wenn wir an der Stelle stoppen, die unserer Meinung nach die richtige ist, dann geben wir ihm eine Chance, seine Anwesenheit erkennen zu lassen, und uns, ihn besser zu sehen oder zu hören, während das Boot nicht von Gischt umsprüht ist oder wegliegt. Noch wichtiger ist vielleicht, daß wir nicht gleich den Mittelpunkt des Suchgebietes verlassen und nicht erneut unsere Position verlieren. Erst wenn man nach Stoppen und Warten den Mann nicht in Sicht bekommt, ist die Zeit gekommen, das Gebiet zu vierteln und jedes Gebiet einzeln abzusuchen. Das Suchgebiet hängt von der Sichtweite, der Zahl der Ausguckleute und vom Wetter ab. Es ist sehr schwer, in einem Segelboot ein Suchgebiet aufzuteilen, denn man hat keinerlei Anhaltspunkte, und der Koppelort müßte schon sehr gut sein. Das Boot treibt ab, der im Wasser schwimmende Körper aber nicht, und beide unterliegen Gezeitenstrom und anderen Strömungen. Es ist eine gute navigatorische Übung, ein Boot so zu segeln, daß es relativ zu einem Rettungsring im gleichen Gebiet bleibt. Soll man bei beschränkter Sicht ein Gebiet darumherum absuchen, so ist das schon sehr viel schwieriger, und wiederum eine Sache, die viel Übung erfordert.

Abb. 15. Einen Mann mit durchnäßter Kleidung, der womöglich bewußtlos ist, an Bord zurückzuholen, von einem arbeitenden und wegliegenden Deck aus – das ist alles andere als einfach.

DAS ANBORDNEHMEN

Bei Übung, einem schnellen Manöver und etwas Glück sollten wir mit dem Boot bei dem im Wasser treibenden Mann längsseits kommen; es erhebt sich dann das Problem, ihn an Bord zu bekommen. Alles spricht dafür, daß sein Zeug sich vollgesogen hat und daß er schwer und hilflos ist, vielleicht sogar bewußtlos. Wie schwer das Anbordnehmen ist, weiß man erst, wenn man es einmal versucht hat. Man mache sich einmal die Mühe, einen Mann im Ölzeug aus dem Wasser an Bord zu ziehen — man wird eine arge Überraschung erleben. In einer solchen Lage kann schweres Wetter sogar hilfreich sein, denn wenn das Boot rollt, dann wird das Deck auf die Höhe des Wasserspiegels wegtauchen, und der Körper kann unter Umständen so an Bord gezogen werden. Aber selbst dann ist es nicht einfach. Man kann den Körper auch anheben, indem man ein Fall und die Fallwinde am Mast benutzt — vor allem dann zweckmäßig, wenn er einen Sicherheitsgurt trägt —, oder ihn mit einem Jolltau an

Abb. 16. Eine Methode, um einen Mann an Bord zu holen, ist, eine Leine um ihn herum zu nehmen, ein Ende an Bord zu belegen und am anderen Ende zu holen. Im Idealfall wird an jedem Körperende eine Leine angebracht, um ihn horizontal hochzuhieven.

Bord hieven, indem man eine Leine um den Körper herumnimmt, den Tampen an der der Bordwand nächsten Seite belegt und an dem äußeren Tampen holt, wobei man ihn an Bord rollt. Hierbei werden aber die Relingsstützen im Wege sein.

Ich habe die mit „Mann über Bord" zusammenhängenden Probleme etwas ausführlicher behandelt, weil sie sorgfältig durchdacht und dann in der Praxis ausprobiert werden müssen. Es gibt kaum eiserne Regeln, aber ein paar Richtlinien, die die Erfolgsaussichten erhöhen. Auf jeden Fall muß man das Problem sehr ernst nehmen, denn ein Mensch hält es im Wasser, vor allem in kaltem Wasser, nicht lange aus. Selbst wenn der Körper schwimmt und atmen kann, stirbt der Betreffende schnell an Unterkühlung. Auch wenn das Wasser 17 ° warm ist — eine in Nordeuropa im Hochsommer normale Temperatur — tritt nach wenigen Stunden der Tod ein.

AN BORD

Ist der Mann glücklich an Bord, braucht er unter Umständen, um zu überleben, ärztliche Fürsorge. An erster Stelle steht die Notwendigkeit, die Atmung in Gang zu bringen. Heute wird die Mund-zu-Mund-Beatmung für die beste Methode gehalten, sie ist nicht schwer zu erlernen. Sobald der Mann wieder atmet, muß er erwärmt werden; er sollte abgetrocknet und frottiert und dann mit vielen Decken und Wärmflaschen ins Bett gesteckt werden. Alkohol ist nicht empfehlenswert, aber bei normaler Atmung kann heißer, süßer Tee sehr gut sein *.

EINIGE ALLGEMEINE ÜBERLEGUNGEN

Unsere Überlegungen drehten sich in erster Linie darum, wie man einen über Bord gefallenen Mann mit dem Boot, von dem er kam, aufnimmt. Dies ist nicht notwendigerweise der einzige Weg. Alles muß letztlich dahin führen, ihn am Leben zu erhalten; wenn er also im Wasser am Leben erhalten werden kann, ist es nicht so verzweifelt wichtig, ihn sofort zu finden. Die Piloten von Jagdflugzeugen, die über See fliegen, tragen Schutzanzüge und aufblasbare Dingis, so daß sie zumindest eine Reihe von Stunden schwimmfähig bleiben und vor Auskühlung geschützt sind. Vielleicht ist der logische Schritt von der aufblasbaren Schwimmweste auf Booten der zum tragbaren Rettungsfloß, in dem ein Mann überleben kann, vielleicht bis es hell wird oder das Wetter sich beruhigt hat. Ferner gehen wir immer von dem Prinzip aus, daß das

* Der Arzt sagt: unter keinen Umständen Alkohol. Siehe auch: Bandtlow, Medizin an Bord. Kl. Yachtbücherei Bd. 27. Klasing + Co, Bielefeld.

Boot nach dem Mann sucht, vielleicht wäre es sinnvoller, wenn der Mann das Boot lokalisiert. Auf dem Boot ist es nicht schwer, die Position durch akustische Signale oder Lichtsignale anzuzeigen, der nächste Schritt wäre der, daß der Mann über eine Möglichkeit verfügt, sich zum Boot hinzubewegen. Es gibt keinerlei Grund, weshalb wir in unseren Überlegungen am Überlieferten kleben sollten, ganz im Gegenteil, neuartige Gedanken wären von großem Wert.

RETTUNGSINSELN

Viele Yachten verfügen heutzutage über Rettungsinseln, die tatsächlich als Rettungsmittel ganz ausgezeichnet sind, denn sie bieten der Besatzung im Notfall eine schwimmende und wetterfeste Zuflucht, in der sie sehr lange Zeit überleben kann. Rettungsinseln werden im allgemeinen mit Hilfe einer Preßgasflasche aufgeblasen, ein Blasebalg dient zum Nachfüllen. Die meisten Modelle bleiben auch mit dem halben Auftriebsraum schwimmfähig. Das Dach ruht auf einem aufgeblasenen Schlauch, und der Raum in der Insel wird mit Menschen darin schnell warm, er schützt die Besatzung vor den Unbilden des Wetters draußen. Flöße haben eine unangenehme Eigenbewegung, die dazu angetan ist, schnell Seekrankheit zu erzeugen, so daß es wichtig ist, daß die Leute darin entsprechende Pillen einnehmen. Seekrank zu sein, schwächt und ist schlecht für die Moral, schlimmer noch, es entzieht dem Körper Flüssigkeit, die ohnehin knapp ist. Rettungsinseln sind zwar sehr robust, aber doch aus einem gummiartigen Material hergestellt, so daß sie sorgsam behandelt werden müssen, um keine Löcher zu bekommen. Die Hersteller unterhalten Servicezentren, in denen im Winter die wichtige Inspektion durchgeführt werden kann. Die Rettungsinsel liegt bei Sonne und Regen auf Deck, wird regelmäßig von Seewasser überspült und ist mit dem Boot in ständiger Bewegung, daher ist eine sorgfältige Überprüfung am Schluß der Saison wichtig, ja, eine Nachlässigkeit in dieser Beziehung ist gefährlich und sträflich.

RADAR-REFLEKTOREN

Kollisionen sind auf den viel befahrenen Schiffahrtswegen unserer Gewässer eine ernstzunehmende Gefahr, denn große Schiffe haben es schwer, kleine Fahrzeuge so rechtzeitig zu sehen, daß sie ihnen ausweichen können. Selbst wenn die Lichter eines kleinen Bootes auf die vorgeschriebene Entfernung sichtbar sind und auch gesehen werden, bleibt wenig Zeit zum Ausweichen. Fast alle Handelsschiffe verfügen heute über Radar, und wenn sie ein kleines Boot auf zwei oder drei Meilen als Radar-Kontakt ausmachen, dann verdoppelt sich die für ein Ausweichen verfügbare Zeit gegenüber einer optischen Sichtung. Aus diesem Grunde sind viele Yachten mit Radarreflektoren ausgerüstet, die ihr

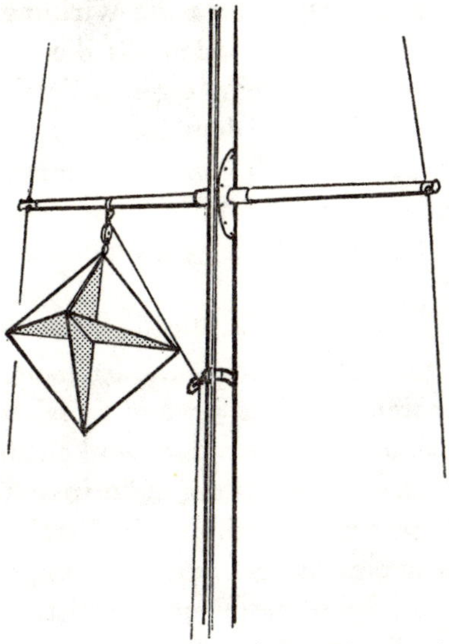

Abb. 17. Auf einem kleinen Boot wird ein halbwegs vernünftig dimensionierter Radarreflektor wahrscheinlich an den Stagen reiben oder am Mast und seinem eigenen Fall. Er muß sorgsam befestigt werden, trotzdem aber so hoch wie möglich angebracht werden.

Radarecho verstärken. Ein Radarreflektor ist, wie jemand gesagt hat, ein Haufen Ecken, die durch Aluminiumfolie voneinander getrennt sind; das ist nicht einmal eine schlechte Umschreibung. Der Reflektor wirft die Radarstrahlen gebündelt zurück, viel stärker als ein Rumpf aus Holz oder ein Segel. Er muß allerdings so hoch wie möglich angebracht sein, damit möglichst früh eine gerade Verbindung zwischen dem Reflektor und der Radarantenne zustandekommt. Manchmal ist es nicht einfach, den Reflektor so anzubringen, daß er von Segeln und Fallen freibleibt; man kann dies manchmal erreichen, indem man ihn in der Mitte der Saling aufheißt und nach unten gut beizeist. Radarreflektoren sind ziemlich sinnlos, wenn sie unter Deck verstaut werden, daher sollten sie nachts ebenso wie bei Nebel oder schlechter Sicht gesetzt werden *.

LEUCHTSIGNALE

Leuchtsignale gehören aus zwei Gründen in die Rubrik Sicherheitsausrüstung: rote Leuchtzeichen sind Notsignale, die anzeigen, daß ein

* Anm. d. Ü.: Fachleute warnen vorm Anbringen in der geschilderten Art und bestehen auf einer starren Anbringung im Masttopp, und zwar in der sogenannten „Yachtstellung". Siehe auch „Sicherheit auf See", Kleine Yachtbücherei, Band 22. Verlag Delius, Klasing & Co, Bielefeld.

Schiff Hilfe benötigt; weiße Leuchtzeichen sind von den Bestimmungen über die Verhütung von Zusammenstößen auf See zugelassen als Signale, die Aufmerksamkeit erregen sollen. Dies bedeutet mithin, daß rote Flackerfeuer, Sterne oder Raketen ausschließlich in Notfällen gezeigt werden dürfen. Weiße dagegen jederzeit, sie haben nicht die Wirkung, daß der Seenotdienst herbeieilt, sondern beruhigen allenfalls die Befürchtungen des Skippers, überrannt zu werden. Meine eigenen Erfahrungen gehen dahin, daß in dem einzigen Fall, in dem ich ein rotes Leuchtsignal zeigte, die Rettungsfahrzeuge innerhalb von Minuten ausliefen und wir in weniger als einer Stunde von der fünf Meilen entfernten Station Hilfe erhielten. Auch weiße Signale habe ich auf offener See mit einigem Erfolg angewendet.

Kleine Fahrzeuge führen nur eine begrenzte Zahl von Notsignalen mit sich, sie sollten daher nicht wahllos eingesetzt werden. Rotfeuer haben nur dann Sinn, wenn man Hilfe herbeirufen muß und jemand sie sehen kann; es kann daher klüger sein, sie bis zum Einbruch der Dunkelheit oder bis zu dem Zeitpunkt, in dem sich der Nebel lichtet, aufzusparen. Weiße Signalfeuer sind dagegen dazu bestimmt, kurzfristig in Gefahrsituationen angewendet zu werden; es hat nicht viel Sinn, sich ungesehen überfahren zu lassen, wenn das ganze Spind voll Feuerwerk ist.

Alles in allem gibt es eine ganze Menge Sicherheitsausrüstung, die uns viel Geld kostet. Die Firmen liefern uns ausgezeichnete Sachen, aber ich habe manchmal das Gefühl, daß wir, das heißt Skipper und Besatzungen, die Firmen hinsichtlich Anbringung, Unterhalt und Gebrauch dieser Dinge im Stich lassen. Der Eigner kann nicht dadurch Sicherheit auf See kaufen, daß er Geld für Sicherheitsausrüstungen ausgibt. Er erwirbt vielmehr nur die Möglichkeit, daß seine Besatzung das Boot mit mehr Sicherheit benutzen kann — sofern sie lernt, die Ausrüstung richtig anzuwenden und in gutem Zustand zu erhalten. Wenn eine Besatzung sich darin übt, eine lebende Person aus der See zu bergen, dann wird sie nicht nur ein engeres Verhältnis zu den Problemen bekommen, die mit der Ausrüstung und ihrem Gebrauch verbunden sind, sondern auch die Grenzen besser kennenlernen. Sie wird darüber hinaus ein ganz anderes Verhältnis zum Problem Sicherheit auf See bekommen. Wenn die Besatzung mit ihrer Ausrüstung vertraut und sich klar ist, wie wichtig sie ist, dann wird jeder Mann seinen Sicherheitsgurt und seine Schwimmweste auch tragen, statt sie unter Deck verrotten zu lassen, während draußen Menschen ertrinken.

5. Kapitel

Die Besatzung

Erfolg oder Mißerfolg eines Seetörns hängen mehr von der Besatzung als von jedem anderen Faktor ab. „Schiffe sind eine Sache, es kommt auf die Männer darin an“, das ist ein Zitat, das heute so gültig ist wie vor der Zeit der Dampschiffahrt. Es muß daher das Hauptanliegen des Skippers sein, bei der Auswahl und Ausbildung seiner Besatzung sehr viel Sorgfalt aufzuwenden. Die Besatzung ist an Bord, um den Befehlen des Skippers entsprechend die Manöver auszuführen. Es ist unumgänglich, vor allem in schwierigen Situationen, daß dieses eherne Gesetz jederzeit anerkannt wird und die Anweisungen des Schiffsführers sofort und in vollem Umfang befolgt werden. Wenn es darauf ankommt, führt eine parlamentarische Debatte zu nichts. Nur ein Team, das unter den Befehlen eines Anführers zusammenarbeitet, kann erwarten, daß die richtigen Dinge schnell und wirksam getan werden. Es ist durchaus richtig und angemessen, daß der Skipper seiner Besatzung dies am Anfang klipp und klar sagt, damit jedes Besatzungsmitglied genau weiß, was von ihm erwartet wird.

DER SKIPPER

Die Bereitschaft der Besatzung, dem Skipper zu folgen, ist nur e i n Punkt, wichtiger ist noch, daß der Skipper die Besatzung führt, das heißt, daß er die Initiative ergreift, Entscheidungen trifft und Anordnungen erläßt, um diese Entscheidungen in die Tat umzusetzen. Tut er das nicht, ist ein Chaos die Folge, denn andere geborene Führer unter seiner Besatzung werden aller Voraussicht nach die Führung ergreifen; und zwei Führer, die womöglich gegeneinanderarbeiten, können nie Erfolg haben. Das heißt natürlich nicht, daß der Schiffsführer immer auch die richtige Antwort auf ein Problem weiß, beziehungsweise den besten Weg, ein

Ziel zu erreichen. Ich bin der Ansicht, der Schiffsführer sollte die Probleme mit der Besatzung besprechen, vor allem mit den älteren Mitgliedern, und dann erst seine Entscheidung treffen, und er muß dann eindeutig klarmachen, was er will und was jeder zu tun hat.

Ein Schiffsführer sollte, soweit das sein Alter und seine physischen Kräfte zulassen, alle Aufgaben an Bord beherrschen. Aber wenn es darauf ankommt, sollte er sich zurückhalten und lieber Anweisungen geben, als sich selbst in das Gewühl zu stürzen und mit dem Marlspieker in der Hand auf dem Vordeck phantastische seemännische Taten zu vollbringen. Das ist vielmehr Sache der Besatzung. Ein kleines Boot ist auf See eine potentielle Gefahrenquelle, daher ist es unerläßlich, daß der Skipper seine Besatzung fest im Griff hat, um das Schiff sicher zu segeln. Dies heißt nicht, daß es so sein müßte, als ob Captain Bligh von der „Bounty" das Kommando hätte, aber wenn die Zeit kommt, Befehle zu geben oder zu befolgen, darf es keine Verzögerung geben. Vielfach tritt innerhalb von Sekunden ein Wechsel ein zwischen einer gelockerten, wenn auch aufmerksamen Atmosphäre zu gespanntester Aufmerksamkeit, zum Beispiel wenn plötzlich Nebel einsetzt, wenn ein Schiffahrtsweg gekreuzt wird oder wenn in beengtem Revier manövriert werden muß. Die Besatzung wird sehr viel lieber Teil einer disziplinierten, aufeinander eingespielten Organisation sein als auf einem Boot, wo die Zügel schleifen, und sie wird dann auch ihr Bestes geben. Vor allem wird es nicht lange dauern, bis sich ein guter Crewgeist entwickelt, der wiederum sehr zur Freude an einem Seetörn beiträgt.

DIE GRÖSSE DER BESATZUNG

Die Größe der Besatzung hängt von der Größe des Bootes ab; andererseits bestimmen und begrenzen Leistungsfähigkeit und Erfahrung der Besatzung die Länge eines Törns, der gefahrlos unternommen werden kann. Eine umfangreiche Besatzung aus erfahrenen und kräftigen Männern wird den Skipper in die Lage versetzen, loszufahren, keine Angst davor zu haben, bei jeder Art von Bedingungen auf See zu bleiben und erst nach Tagen auf See sein Ziel zu erreichen.

Eine Familie hingegen, die aus einem Mann, seiner Frau und mehreren kleinen Kindern besteht, ist bei der Wahl ihrer Ziele sehr stark eingeschränkt, da sie nicht in der Lage ist, viele Stunden bei Schlechtwetter draußen zu bleiben. Sie muß daher stets einen Hafen an der Hand haben, der innerhalb einer gewissen Zeitspanne erreicht werden kann. Unter diesen Umständen segelt sie zum Beispiel von Yarmouth auf der Insel

Wight mit dem Ziel Poole. Wenn dabei auffrischender Wind von vorn einsetzt, wird sie eventuell gezwungen sein umzukehren, anstatt gegen den zunehmenden Wind lange Zeit anzukreuzen und dann bei Nacht einzulaufen. Inzwischen steht aber vielleicht durch den gegen den Strom wehenden Wind im Needles-Kanal eine höchst ungemütliche See, die das Einlaufen in den Solent schwierig macht, bis der Strom kentert. In einer solchen Lage macht ein erfahrener Mann mehr in der Besatzung einen gewaltigen Unterschied bei der Entscheidung, sicher weiterzusegeln oder gezwungen zu sein, in den Hafen zurückzukehren.

Nun ist Umkehren nie eine Schande, wenn das Wetter sich verschlechtert, und ein Skipper mit einer schwachen Besatzung würde töricht handeln, wenn er in einem solchen Fall stur weitersegelt. Im übrigen können kurze Etappen zwischen zwei Häfen und entsprechend langes Liegen vor Anker sehr viel Spaß machen, genau soviel wie das Gefühl der Befriedigung, das sich nach einem planmäßig durchgeführten harten Törn einstellt.

Wenn auf einem kleinen Seekreuzer zwei erfahrene Hände zur Besatzung gehören, kann das Boot bei fast jedem Wetter über Nacht in See bleiben, aber eine zweite Nacht wird übermüdete Männer am Ruder finden und ist potentiell gefährlich. Auch kann Seekrankheit die Einsatzfähigkeit der Besatzung ganz erheblich einschränken, und die ersten Tage eines Seetörns müssen so geplant werden, daß dies berücksichtigt wird.

Es macht sehr viel Freude, mit der Familie zu segeln — Eheleute und ein paar Kinder —, und es hat auch den Vorzug, daß kein Außenstehender dabei zu sein braucht. Wenn die Besatzung auf diese Weise eingeschränkt wird, ist auch mehr Platz an Bord. Solange der Reiseplan nicht zuviel Ehrgeiz verlangt, spricht viel fürs Segeln mit der Familie. Für einen Familienvater sind bequemes Segeln, kurze Etappen, Ausnutzen der Gezeiten und das Ausruhen im Hafen bei starkem Wind keine großen Opfer. Er legt wahrscheinlich mehr Wert darauf, seine Kinder langsam an die Freuden des Fahrtensegelns zu gewöhnen, als Rekordreisen zu machen.

DIE AUFGABEN DER BESATZUNG

Will man ein Boot für einen Seetörn klarmachen, so gehört dazu eine ganze Menge Überlegung, das Beschaffen von Ausrüstung und Verpflegung sowie das Überprüfen des Schiffes und seiner Einrichtungen. Diese Aufgabe wird sehr erleichtert, wenn jedes Besatzungsmitglied für bestimmte Aufgaben verantwortlich gemacht wird. Dies erleichtert nicht nur dem Skipper die Sache, sondern es bewirkt auch, daß jedes Mitglied der Besatzung einen Teil der Verantwortung für das Gelingen der Reise trägt. Einer kann zum Beispiel für Mast, Segel und Takelage verantwortlich sein, ein anderer für die Hilfsmaschine, Brennstoff, Gas und Wasser, ein dritter könnte der Proviantmeister sein, wenn auch nicht notwendigerweise der Koch. Zur Stunde Null kann der Skipper dann aus dem Dingi an Bord steigen, sich überzeugen, daß Bill den Proviant an Bord hat, Tom bitten, den Motor anzulassen und sich, während er der See zusteuert, von Joe ein Butterbrot geben lassen. Solcherart sind die Freuden des Fahrtensegelns.

Tabelle III:
Typische Aufteilung der Pflichten bei einer vierköpfigen Besatzung

A.	Schiffsführer. Navigation. Wachführer einer Wache. Signalwesen.
B.	Steuermann. Alle Ausrüstung über Deck. Takelage und Segel. Wachführer der zweiten Wache.
C.	Proviant. Wasser. Gas. Getränke. Alle Ausrüstung der Wohnräume. Zweiter Mann einer Wache.
D.	Alle mechanischen Einrichtungen. Pumpen, Winschen, Motor, Brennstoff, Ersatzteile, Elektrizität, WC. Zweiter Mann einer Wache.

KOCHEN UND SAUBERMACHEN

Ich muß noch denjenigen treffen, der auf einem kleinen Boot wirklich gern kocht. Viele, die ich kenne, können gut Spiegeleier mit Speck braten und hinterlassen dabei einen Berg von fettigem und schmutzigem Geschirr, aber niemand hatte Lust, das lange Zeit zu tun. Das gleiche gilt für das Saubermachen. Dennoch müssen diese Dinge getan werden, denn ein Seetörn ist eine Qual, wenn die Mahlzeiten spät, kalt oder unappetitlich auf den Tisch kommen oder das Schiff schmutzig ist, weil niemand Lust hat, sauberzumachen. Manche Besatzungsmitglieder sind schnell verärgert, wenn sie das Gefühl haben, daß sie zuviel Schmutzarbeit tun, während andere immer dann nach Tonnen Ausschau halten, wenn gerade aufgewaschen werden muß. Unter solchen Umständen ist die Bordmoral sehr schnell untergraben.

Es wäre natürlich ideal, eine Besatzung an Bord zu nehmen, deren Mitglieder sich dauernd streiten, wer die nächste Mahlzeit zubereiten und

abbacken darf. Aber solche Idealisten sind dünn gesät. Man kann auch für jede Mahlzeit eine Person einteilen, die für jedes Detail verantwortlich ist — Zubereitung, Kochen, Aufklaren. Bei einem Seetörn mit fünf Mann Besatzung waren wir übereingekommen, daß jeden Tag einer Smutje sein sollte, an diesem Tag hatte dieser alles unten zu tun, einschließlich eines wirklich guten Reinschiffs, bevor die Reihe an den Nächsten kam. Das ging auch ganz gut, denn jeder von uns hatte den gleichen Teil an der ekelhaften Arbeit, aber trotzdem schien einer immer gerade an den Tagen mit schlechtem Wetter Koch zu sein.
Wie man das Problem auch löst, man sollte es vor Beginn der Reise besprechen und klären. Schiebt man das auf, weil es so schwierig ist, dann kommen die Schwierigkeiten nur etwas später auf einen zu. Wer mit seiner Familie segelt, sollte seiner Frau Urlaub vom Herd geben, schließlich ist es auch ihr Urlaub!

WACHEN

Sobald man mehr als ein paar Stunden auf See bleibt, braucht man irgendein System der Wacheinteilung. Wie viele Wachen man einteilen kann, hängt von der Zahl der Besatzungsmitglieder ab, manchmal drei, meist zwei. Vom Wetter dagegen hängt ab, wieviel Mann an Deck gebraucht werden und wie lange sie dort bleiben können. An sich sind lange Wachen wünschenswert, damit die Freiwache zu einem wirklich erholsamen Schlaf kommt, aber bei schlechtem oder kaltem Wetter ist ein Mann nach ein paar Stunden nicht mehr voll einsatzfähig. Man wird das vor allem in den ersten Nächten eines Seetörns feststellen, wenn die Besatzung noch nicht an das Leben auf See und den unterbrochenen Schlaf gewöhnt ist.
Man muß jedenfalls gegeneinander abwägen: lange Wachen an Deck mit der Gefahr nachlässigen Ausgucks und schlechten Steuerns, verbunden mit langen Schlafperioden der Freiwache, gegen kurze Wachen mit der dadurch bedingten häufigen Unterbrechung des Schlafs. Kurze Wachen verschwenden eine Menge Zeit, weil die Besatzung sich mehrmals am Tag aus- und anziehen muß. Drei Wachen sind die beste Kombination, kurze Wachen und halbwegs vernünftiger Schlaf, aber drei Wachen lassen sich mit der zur Verfügung stehenden Besatzung meist nicht durchführen. Man hat mehrere Methoden ausprobiert, ein System mit zwei Wachen aufzustellen, wobei die Marinemethode mit vier Stunden Wache und vier Stunden wachfrei am üblichsten ist. Die Hundewache kann dabei aufgeteilt werden, wenn man die Wachen von Tag zu Tag ver-

schieben will. Es ist dies ein recht brauchbares und erprobtes System, aber wenn nur ein Mann pro Wache verfügbar ist, dann muß er lange ohne Pause an Deck sein — bei schlechtem Wetter zu lange. Bei zwei Mann pro Wache könnte man die Nacht in zwei Wachen von je sechs Stunden aufteilen, mit Wachwechsel um zwei Uhr morgens. Ich selbst habe Atlantikrennen mitgemacht, bei denen dieses System angewandt wurde, und zwar wochenlang. Tagsüber, wenn alles einfacher ist, kann man die Wachen auf einen Mann reduzieren, so daß die Besatzung während der sicheren Stunden bei Tageslicht Schlaf nachholen kann und die Aufmerksamkeit auf die dunklen Stunden konzentriert wird. Ein anderes System, vor allem für Boote mit drei Mann für Wachen, besteht darin, einen Mann zwei Stunden an Deck Wache gehen zu lassen, während der zweite im Törn unter Deck in Bereitschaft ist. Auf diese Weise sind zwei Mann verfügbar, wenn es nötig sein sollte, trotzdem hat jeder die Möglichkeit, zwischen seinen zwei Stunden Wache vier Stunden Schlaf zu finden.

Tabelle IV: Wachsysteme

Vier Mann		Drei Mann		
			Auf Wache	In Bereitschaft
02.00—08.00	C und D	02.00—05.00	A	B
08.00—09.30	A	05.00—08.00	B	C
09.30—11.00	B	08.00—11.00	C	A
11.00—12.30	C	11.00—14.00	A	B
12.30—14.00	D	14.00—17.00	B	C
14.00—15.30	A	17.00—20.00	C	A
15.30—17.00	B	20.00—23.00	A	
17.00—18.30	C	23.00—02.00	B	C
18.30—20.00	D			
20.00—02.00	A und B			

Da die meisten von uns ein Leben mit dem Rhythmus führen, bei Nacht zu schlafen und bei Tag zu arbeiten, werden wir es nicht leicht finden, uns an solch ein System von Wachen zu gewöhnen, so daß uns die ersten Tage eines Seetörns wahrscheinlich sehr stark ermüden werden. In der ersten Nacht auf See sitzt man meist an Deck, um das Erlebnis zu genießen, bis es sehr spät geworden ist. Plötzlich

5. Das Festmachen zwischen Bug- und Heckbojen, manchmal in Gruppen von zahlreichen Booten, ist für kurze Zeit möglich, aber auf die Dauer unbequem und unbefriedigend.

6. Will man sein Boot ständig seeklar haben, so muß man laufend reparieren und instand setzen.

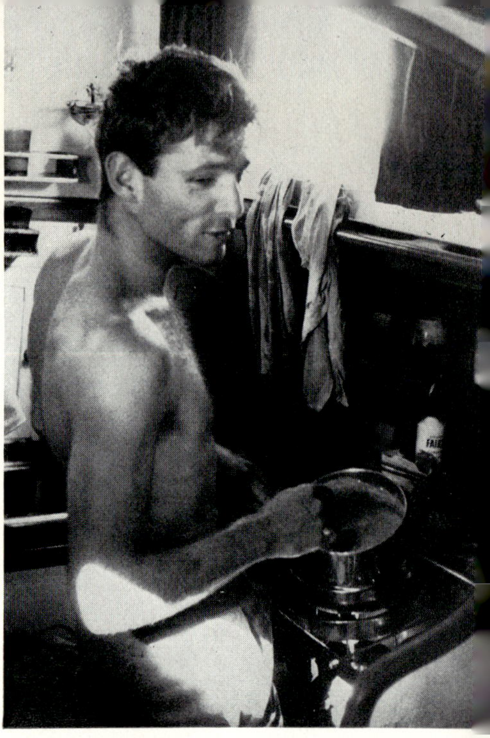

7. Winschen und andere bewegliche Teile leiden sehr unter Seewasser und salziger Luft.

8. Das Kochen ist an Bord meist nicht besonders beliebt. Teilt man sich die Arbeit, so kann man sich damit abfinden.

9. Ein Sicherheitsgurt ist bei schlechtem Wetter lebenswichtig, um nicht über Bord zu gehen.

ist die Mittelwache an der Reihe, die natürlich, da sie vor ihrer Wache nicht zum Schlafen gekommen ist, um vier Uhr sehr müde sein wird. Auf See ist es vernünftig, viel zu schlafen; vor allem bei schlechtem Wetter, da die Besatzung unter Umständen innerhalb kürzester Frist gebraucht wird und dann sehr schwer arbeiten muß. Wenn die Besatzung erschöpft ist, kann man nicht anhalten bis sie sich ausgeruht hat; ist man einmal auf See, muß weiter gesegelt werden, bis ein Hafen erreicht ist.

DIE AUSBILDUNG DER BESATZUNG

Bevor man ein Boot seetüchtig machen kann, muß die Besatzung in bestimmten grundlegenden Dingen ausgebildet werden. Man sieht das am besten, wenn man von den möglichen Gefahren ausgeht, die ein Schiff bedrohen: Feuer, Grundberührung, Mann über Bord, Bruch im stehenden und laufenden Gut, Kollision. Alle diese Dinge werden im Kapitel 13 getrennt abgehandelt, aber die Besatzung muß lernen, welche Aufgaben sie in den verschiedenen Notfällen hat, und sie muß von Anfang an wissen, wo die Ausrüstung für Notfälle verstaut ist.

Bevor man ablegt, sollte man die Besatzung eingehend vertraut machen mit den Plätzen, an denen Feuerlöscher, Notsignale, Werkzeuge, Ausrüstungsteile und Pumpen untergebracht sind, und man sollte sicherstellen, daß jeder Mann weiß, wie sie funktionieren. Vielleicht erscheint dies als Zeitverschwendung, das ist aber nicht der Fall. Nachdem die Besatzung auf die gefährlichsten Notfälle vorbereitet ist, muß sie darin ausgebildet werden, mit dem Boot zu segeln und die verschiedenen Kombinationen von Segeln anzuwenden; dazu gehört auch, der Wetterlage entsprechend Segel zu kürzen oder zu setzen. Die Besatzung muß auch lernen, die Maschine zu bedienen, desgleichen Anker und Dingi sowie alle sonstige Ausrüstung.

Dort, wo die gleiche Besatzung regelmäßig im selben Boot segelt, mögen solche Übungen unnötig erscheinen, aber wenn neue Besatzungsmitglieder dazukommen oder Fremde zum ersten Mal zusammen segeln, dann ist eine Periode eingehenden Drills erforderlich. Vielleicht kann sich die Besatzung an einem Wochenende vor dem Beginn des Seetörns treffen, das spart kostbare Zeit und ermöglicht auch, vorher eine ganze Menge Stauarbeit zu erledigen. Kein Boot sollte auslaufen, wenn über Nacht gesegelt werden muß, ohne daß zumindest ein gewisser Grunddrill ausgeführt wurde, auch wenn dieser noch so einfach ist, denn ohne solchen Drill ist ein Boot nicht für die möglichen Notsituationen auf See gerüstet. Ganz abgesehen davon erleichtert es eine solche Grundausbildung dem einzelnen, eigene Schwächen zu erkennen und Mängel in seinem Verantwortungsbereich ausfindig zu machen und zu korrigieren.

Tabelle V: Rahmenprogramm für einen Ausbildungstag

08.00—10.00	Ausrüstung überprüfen und verstauen. Persönliche Rettungsmittel anprobieren.
10.00	Segeln.
10.30—12.30	Alle Segel langsam setzen und bergen.
12.30—13.30	Zum Mittagessen ankern.
13.30—14.30	Reffen und ausreffen. Schwerwettersegel setzen.
14.30—16.00	Leichtwettersegel und Spinnaker überprüfen.
16.00—16.30	Teepause unterwegs.
16.30—17.30	Einzelne Verantwortlichkeiten überprüfen — Navigationsausrüstung, Ersatzteile und Werkzeug, Notsignale.
17.30—18.30	Jede Wache übt Mann über Bord, ferner Manöver mit dem Boot unter Segeln und mit Motor.
19.00	Ankern für die Nacht. Dingi aussetzen. Abendessen. Fehler beseitigen.
Nach Einbruch der Dunkelheit	Alle Beleuchtungseinrichtungen überprüfen.

Während man mit der Besatzung übt, kann man besonders gut Mängel aufdecken und beseitigen. Setzt man z. B. die Segel nacheinander, hat man Gelegenheit, die Rutscher, Schäkel, Nähte und Taschen für die Segellatten zu überprüfen und dabei sicherzustellen, daß die Holepunkte für die Schoten richtig eingestellt sind. Jeder Mangel, sei er noch so klein, sollte in einem Mängelbuch vermerkt werden, damit man später weiß, was zu tun ist. Beim Üben sollte man nicht hetzen, im Gegenteil zahlt es sich bei der ersten Handhabung der Segel aus, so langsam vorzugehen, daß jeder einzelne jedes Ausrüstungsstück in Ruhe ansehen und sich überlegen kann, wo es hingehört und wie es funktioniert. Bei jedem Stück, das nach der Übung zurückkommt, kann man das Verstauen überprüfen und deutliche Bezeichnungen vornehmen, das Tauwerk kann sauber aufgeschossen werden, klar zum nächsten Gebrauch, und die Segel können ordentlich eingesackt werden — Kopf zuerst, Hals zuletzt. Wenn ein solcher Tag um ist, werden Schiff und Besatzung klar sein, und der Seetörn kann beginnen. Jeder Mann wird das sichere Vertrauen haben, jeder Lage gewachsen zu sein. Einen Vorschlag für ein solches Programm zeigt die Tabelle V. Es ist nicht übermäßig anstrengend, es erleichtert das Einfügen in das Bordleben und gibt jedem eine ganze Nacht Schlaf vor dem Start am nächsten Morgen.

AN DECK

Der Skipper wird im allgemeinen die Führung des Bootes und die Verantwortung für seine Sicherheit einem Mann der Deckwache übertragen, dem Wachführer. Die Verantwortung, die ein Wachführer trägt, ist

Tabelle VI: Anweisungen für den Wachführer

1. Auf Wache ist der Wachführer für folgendes verantwortlich, es sei denn, ich habe die Führung des Bootes selbst übernommen:
   a) Die Sicherheit des Bootes und der Besatzung in jeder Beziehung — in puncto Navigation, Schwerwetter, Gefahren von seiten anderer Schiffe und Fahrzeuge, Manöver und Gebrauch von Brennstoff und Gas.
   b) Eine lückenlose Fortschreibung von Koppelkursen und Ausnutzung von Peilmöglichkeiten zur Bestimmung des Schiffsorts.
   c) Auswechseln der Segel je nach Wetterlage.
   d) Sicherstellen, daß die Besatzung die den Umständen angemessenen Sicherheitseinrichtungen benutzt.
   e) Laufende Kontrolle des Bootes auf Schamfilen, Abnutzung. Bilge-Wasser, seefestes Zurren der Ausrüstung.

2. Bitte den Skipper wahrschauen:
   a) Wenn Schiffe oder Boote innerhalb einer halben Meile passieren werden.
   b) Wenn das Wetter sich verschlechtert oder die Sicht auf weniger als eine Meile zurückgeht.
   c) Wenn Unklarheiten hinsichtlich der Navigation bestehen.
   d) Wenn das Gefühl aufkommt, mit dem Boot und seiner Besatzung stimme irgend etwas nicht.

erheblich. Auf manchen Booten sind die Pflichten des Wachführers im Logbuch niedergelegt, auf anderen bleibt es bei einer mündlichen Unterweisung, manchmal auch bei dem Wissen darum, daß der andere weiß,

worauf es ankommt. Ich persönlich bin der Auffassung, daß sie klipp und klar schriftlich fixiert sein sollten.
In ähnlicher Weise sollten auch die Fälle schriftlich fixiert sein, in denen der Skipper oder der Navigator zu rufen sind sowie die Standard-Manöver in Notfällen. Dies wird zumindest dazu führen, daß der Skipper eine Reihe möglicher Vorkommnisse durchdenkt und Lösungen austüftelt, die Zeit ist daher nicht vergeudet. Wenn solche klaren Anweisungen nicht existieren, kann es passieren, daß der müde Skipper sich für ein paar Minuten aufs Ohr legt und sechs Stunden später in stockdunkler Nacht und bei brausendem Sturm aufwacht.
Auf Deck, genau wie unter Deck, ist Sicherheit Forderung Nummer 1, daher muß ein sorgfältiger Ausguck gehalten werden, um anderen Schiffen rechtzeitig aus dem Weg zu gehen, wenn dies notwendig ist. Andere Gefahrsituationen sind oft wetterabhängig, daher muß jeder Wetterbericht festgehalten und das Barometer stündlich abgelesen werden. Auch ist ständig auf den Himmel zu achten, damit Vorboten für Wind oder Nebel rechtzeitig erkannt werden. Das Schamfilen des laufenden Guts ist ein ständiges Problem, daher muß die Takelage darauf überprüft werden, wo Schoten oder Fallen sich an stehendem Gut reiben. Ein ständiges Augenmerk auf alle Teile des Bootes, Zurrings, Schotführungen und ähnliches zahlt sich später in Form von Reparatur-Ersparnissen aus. Unter Deck muß die Wache das Wasser in der Bilge beobachten und wegpumpen, sobald es notwendig ist, auch ist die Halterung aller Ausrüstungsteile zu überwachen. In puncto Navigation muß stündlich das Log abgelesen werden, Kurs und andere Dinge sind im Logbuch einzutragen, und es muß Ausguck gehalten werden nach Feuern und Seezeichen. In Küstennähe muß im allgemeinen ständig durch Kreuzpeilungen der Schiffsort ermittelt werden, dazwischen ist die Auswirkung der Versetzung durch Gezeitenströme festzustellen. Die Deckwache hat immer alle Hände voll zu tun, ganz abgesehen vom Rudergehen, Segeltrimmen und Kartoffelschälen für das Abendessen.

DER EINZELNE

Eine Besatzung besteht aus Einzelwesen, und die Stärke der Gemeinschaft hängt ab von der Stärke jedes einzelnen Mitglieds. Soll eine starke Gemeinschaft entstehen, so muß jeder einzelne bereit sein, für die gemeinsame Sache sein Bestes zu geben. Das Segeln in kleinen Booten trägt ganz wesentlich dazu bei, Selbstlosigkeit zu entwickeln. Es ist unmöglich, die Eigenschaften eines idealen Mitgliedes der Besatzung zu definieren, denn in einer guten Besatzung gleicht der eine die Schwächen des anderen aus, und dabei entsteht insgesamt ein brauchbares Team. Zu viele Fachleute sind von übel; in jeder Crew ist ganz bestimmt Platz für jemanden, der weniger erfahren ist. Natürlich muß der Anfänger willens sein, sich für das Boot voll und ganz einzusetzen und sich etwas sagen zu lassen. Er muß versuchen, trotz aller Schrecken des Segelns nicht seinen Humor zu verlieren, aufgeschlossen und vergnügt zu sein. Wenn er dazu noch etwas vom Segeln versteht, um so besser, dann haben wir einen Fund gemacht. Als blutiger Anfänger braucht man aber durchaus nicht niedergeschlagen zu sein; irgendwo ist Platz für jeden, und man wird ja lernen.

Ein Mangel unserer seglerischen Organisation ist es, daß man so schwer eine Gelegenheit zum Mitsegeln findet. Skipper brauchen Besatzungen, und Besatzungen brauchen Boote, aber es kann lange dauern, bis beides unter einen Hut gebracht ist. Zum Teil liegt es daran, daß Schiffsführer, meiner Ansicht nach ganz zu recht, höchst ungern einen Mann nehmen, den sie nicht kennen oder den sie noch nicht auf seine Eignung prüfen konnten. Während andererseits Leute, die gern als Besatzung fahren würden, noch keine Gelegenheit hatten, Skippern zu zeigen, was für tüchtige Kerle sie sind. Die Besatzung, nicht die Eigner!

Ein Mitsegler mit Ambitionen muß langsam das Vertrauen eines Eigners gewinnen, am besten durch Vermittlung eines gemeinsamen Freundes oder dadurch, daß er einem Club beitritt und sich damit in ähnlichen Kreisen bewegt wie Eigner. Er kann auch in der Yachtpresse annoncieren oder sich auch einfach dadurch anbieten, daß er eifrig und verfügbar ist. Der Weg dahin ist schwierig, und viele junge Leute finden lange Zeit nicht den Platz, den sie verdienen, bis sie plötzlich in die richtigen Kreise geraten und auf einmal mit Angeboten überhäuft werden. Ein Eigner empfiehlt sie dem anderen, die Mitsegler können mit besonderen Erfahrungen aufwarten, und auf einmal ist alles furchtbar einfach. Leider sind sie bis dahin meist verheiratet und haben dann keine Zeit mehr zum Segeln.

Ein Mitsegler muß sich darüber klar sein, daß die erste Gelegenheit, die sich ihm bietet, vielleicht seine einzige Chance ist und daß er nach dem beurteilt werden wird, was er leistet, und entweder als aussichtsreich abgestempelt wird oder als Ballast.

Vielleicht ist es ganz natürlich, einmal zu vermerken, was man bei der ersten Mitsegelgelegenheit nicht tun sollte, wobei dieses Verzeichnis natürlich nicht umfassend sein kann. Man versuche nicht, den Eigner mit Erfahrungen zu beeindrucken. Er ist sicher hundertmal so weit gesegelt und hat dabei viele Stürme abgewettert. Man sage ihm nie, wie er mit seinem eigenen Boot umzugehen hat, — wahrscheinlich kann er es besser. Und wenn nicht, so wird es ihm sehr nützlich sein, wenn er angesichts seiner frischen Besatzung Mist macht. Wenn dann irgendwelche furchtbaren Dinge passieren, so sieht man einfach weg, es sei denn, der Fehler wird unübersehbar, zum Beispiel wenn es „Alle Mann von Bord" heißt. In einem solchen Fall habe man Mitgefühl mit dem Eigner — er wird klein und häßlich sein und das nächste Mal sehr viel besser handeln. Man komme auch nicht mit einer Tonne Zeug in einem Kabinenkoffer an Bord eines Sieben-Meter-Schiffes; eine elegante Ausstaffierung wird nur dann geschätzt, wenn das Zeug in eine Schublade von 30 mal 30 mal 30 Zentimeter paßt, auf einem kleinen Boot ist kein Platz für Koffer. Abschließend: man drücke sich nicht um einen angemessenen Anteil an solchen Arbeiten wie Kochen, Aufwaschen, Bilgelenzen, denn auch die weniger erfreulichen Arbeiten müssen getan werden, und wenn sie gerecht auf die ganze Besatzung verteilt werden, wird das Leben an Bord sehr viel leichter sein. Wer nach dem zweiten Seetörn allein unten steht und nach jeder Mahlzeit den Aufwasch macht, steige aus und versuche sein Glück woanders. Verschiedene Boote werden in verschiedener Weise organisiert, und in den ersten Tagen sollte man zunächst den Mund halten und sehen, was auf einen zukommt.

Von der Besatzung eines kleinen Bootes erwartet man, daß sie in Erscheinung tritt, wenn die Pflege- und Instandsetzungsarbeiten getan werden, und beim Malen, Stauen, Aufklaren usw. hilft, damit der Eigner sein Boot unterhalten kann, ohne ein Vermögen auszugeben. Nur wenige Eigner können es sich leisten, die gesamte Überholung von einer Werft erledigen zu lassen, daher werden der Eigner und seine Freunde im Frühjahr eifrig bei der Arbeit sein, um das Boot für die Saison instandzusetzen. Wer dabei willig mithilft, dürfte zumindest eine gute Chance haben, seine Koje für die Saison zu bekommen oder zumindest für einen Probetörn eingeladen zu werden.

PERSÖNLICHE AUSRÜSTUNG

Auf einem kleinen Boot ist kein Platz für unnötiges Zeug, daher bekommt meistens jedes Mitglied der Besatzung ein kleines eigenes Schapp, um darin seine persönliche Habe zu verstauen. Daraus folgt, daß man nur wirklich unentbehrliche Sachen mitnehmen kann und seine Wünsche in dieser Beziehung ganz erheblich zusammenstreichen muß. Das

braucht nicht allzu drückend zu sein, wenn man von dem ausgeht, was wirklich notwendig ist, und nicht, was man gerne bei sich hätte.
Der größte Teil der Zeit, die man in einem kleinen Boot zubringt, besteht aus Arbeit an der frischen Luft, häufig recht feuchter Luft, und es

Tabelle VII: Persönliche Ausrüstung für einen einwöchigen Seetörn

2 vollständige Sätze Arbeitskleidung - Hose, Hemd, Unterwäsche, Schuhe und Socken. Komplettes Zeug für Landgang - Jacke und Hose, Hemd, Schlips. Seestiefel - nach Möglichkeit kurze. Ölzeug. Waschzeug mit Nagelschere usw. Handtücher zum Einstecken in den Kragen. Messer. Zange. Sonnenbrille. Weißer Sonnenhut. Plastikbeutel und Gummiband. Kleiderbügel. Beutel für Landgangspäckchen. Seekrankheitspillen. Beutel für Geld, Autoschlüssel usw.
Eventuell, je nach Art des Bootes und Ziel des Törns: Schwimmweste. Sicherheitsgurt. Schlafsack. Paß.
Anmerkung: Alles Zeug in weicher Reisetasche oder Seesack. Bitte keine Koffer. Ölzeug, Stiefel usw. bitte mit Namenszeichen versehen. Sie müssen Ihr Zeug in einem Schapp von 30 x 30 x 30 cm unterbringen.

gibt wenig Gelegenheit, sich in Schale zu werfen. Meistens nimmt man nur einen guten Anzug mit, um gegebenenfalls einmal an Land essen zu können, etwa einen Blazer, Flanellhosen, ein Hemd und einen Schlips. Auch von einem kleinen Boot braucht man durchaus nicht wie ein Vagabund an Land zu gehen. Im Ausland sollten wir versuchen, so gepflegt wie möglich auszusehen, und großes Waschen und ein Wechsel der Kleidung tut der Besatzung nach ein paar Tagen auf See nur gut. Wenn man Kleiderbügel und einen Plastikkleidersack mitgenommen hat, kann man das ganze Landgangpäckchen im Beutel aufhängen, so daß es trocken und sauber bleibt und einsatzbereit ist, wenn man schließlich in den Hafen kommt.

Für die Arbeit an Bord braucht man mindestens zweimal komplettes Zeug, das im übrigen ziemlich alt und unschick sein kann; wichtig ist, daß es warm ist, denn die See ist selbst im Sommer kalt; andererseits sollte es möglich sein, mittags die Kleidung zu reduzieren, so daß sie leicht und luftig ist.

ÖLZEUG

Auf See trocken zu bleiben, ist gar nicht so einfach, denn das Wasser fällt als Regen vom Himmel, kommt als Gischt aus der See und manchmal als ein massiver grüner Wasserfall aus einem Brecher. An Deck kommt Wasser über und läuft in den Ärmeln empor, die Sitze im Cockpit werden überschwemmt und die Leute dort sitzen im Wasser, dazu kommt, daß die Bewegung des Bootes dafür sorgt, daß es ständig an den unmöglichsten Stellen tropft. Wasser wird außerdem bald kalt, was die Sache nicht besser macht. Eine Lösung besteht darin, den ganzen Körper in eine Art Ölhaut einzuhüllen, und das wäre sehr schön, wenn man sich nicht ständig bewegen müßte. Leider muß die Besatzung aber den größten Teil ihrer Zeit an Deck damit zubringen, von achtern nach vorn zu laufen und umgekehrt, an Leinen zu holen, Winschen zu drehen, und ganz allgemein pausenlos herumzuturnen. Ölzeug hat eine solche Behandlung nicht gern. Körperliche Arbeit verursacht noch eine andere Form von Feuchtigkeit — die vom Körper verdunstete Feuchtigkeit schlägt sich auf der Innenseite der Kleidung nieder, daher sollte das Ölzeug bzw. die Schutzkleidung Ventilationsöffnungen haben.

Es gibt Schutzkleidung für jede Art des Segelns und von verschieden guter Eignung. Wenn man ein Ölzeug auswählt, sollte man sich klar sein, wofür man es braucht. Beim Fahrtensegeln soll es dafür sorgen, daß der Träger gegen Regen und Sprühwasser geschützt ist, und zwar stundenlang, ganz gleich, ob man herumturnt oder ruhig sitzt. In einem kleinen Boot, das vielfach heftige Bewegungen ausführt, muß es leicht anzuziehen und ausreichend ventiliert sein, damit der Träger nicht darin schwitzt. Das alles zusammen ist nur schwer zu vereinigen. Ölzeug unterliegt sehr stark den persönlichen Ansichten des Besitzers — soll es einteilig sein oder zweiteilig? Kapuze oder Südwester? Kittel oder aufknöpfbar? Leicht und gut zum Bewegen oder kräftiger und damit auch schwerer? Selbst die Farbe bietet persönlichen Neigungen und Abnei-

Abb. 18. Ölzeug ist lebenswichtig. Man beachte die Sturmmanschetten, die Gummizüge unter den Stiefeln, um die Hosenbeine unten zu halten, den Südwester, der gut über den Nacken reicht, das Handtuch um den Hals unter dem Ölzeugkragen.

gungen Platz. Es ist daher eine schwierige und zeitraubende Sache, sich eine allen Wünschen gerecht werdende Schutzkleidung auszusuchen; man muß mit erfahrenen Seglern sprechen und sich das Angebot sehr sorgfältig ansehen, bevor man seine Auswahl trifft.

Richtig oder falsch — meine persönliche Neigung gilt einem gelben, zweiteiligen Ölzeug aus schwerem Tuch, so wie es die Fischer tragen, mit Innenfutter, damit die Feuchtigkeit nicht kondensiert. Ein Futter wirkt wie eine Hohlziegelwand oder wie ein Doppelfenster. Ich hasse Kapuzen und Kittel, daher habe ich eine Jacke mit doppelt geknöpfter Brust, einem hochklappbaren Kragen und einen Südwester. Die Ärmel haben Gummizüge im Futter, so daß sie an den Handgelenken abschließen. An den Hosenbeinen habe ich starkes Gummiband angenäht und ein zweites Stück unter der Fußsohle, damit die Hosenbeine über die kurzen Seestiefeln heruntergezogen werden. Nichts ist schlimmer, als wenn Wasser auf der Innenseite des Ölzeugs in die Seestiefel läuft. Die Hosen müssen eine sehr hohe Taille haben, um die Mitte des Rumpfes zu schützen, und sie werden am besten mit elastischen Hosenträgern versehen. Unelastische Träger behindern starke Bewegungen oder reißen aus. Ölzeug mit Metallspangen sollte man mit Mißtrauen ansehen, denn Metall hat auf See keine lange Lebensdauer, und die Produkte der chemischen Korrosion ruinieren das Material der Schutzkleidung. Ölzeug ist eine teure Angelegenheit, es muß gut behandelt werden, wenn es halten soll. Bei Nichtgebrauch sollte es zum Trocknen aufgehängt werden, nach einem Seetörn wird es vorher möglichst in Süßwasser gewaschen und an frischer Luft getrocknet. Ölzeug, das lange in Falten liegt, neigt dazu, zu brechen. Jede Gelegenheit sollte ausgenutzt werden, auf See das Ölzeug zu trocknen, denn auch das beste Zeug wird nach einiger Zeit feucht, und sei es auch nur, weil es mit anderem Zeug in einem Schapp zusammengepfercht ist. Damit ich in einem Spind voll Ölzeug nicht lange zu suchen brauche, markiere ich meines mit einem Filzschreiber auf der Innenseite des Rückens ebenso wie die Seestiefel.

ANDERE KLEINIGKEITEN

Außer der Kleidung nehme ich meistens eine Reihe anderer Dinge mit, die das Leben erleichtern. Zunächst einmal habe ich einen kleinen Leinenbeutel — ich glaube, er war ursprünglich als Segelhandtasche für eine Dame gedacht —, der ungefähr 15 cm lang ist. Hier hinein kommen alle Sachen, die ich aus meinen Taschen nehme, wenn ich an Bord gehe: Kleingeld, Autoschlüssel, Seekrankheitspillen, Nagelschere usw. Damit sind meine wichtigen persönlichen Kleinigkeiten in Sicherheit gebracht. Eine Nagelschere ist wichtig, um die Nägel kurz halten zu können. Weiche Nägel brechen auf See leicht, was sehr schmerzhaft werden kann. Hautcreme für die Hände ist ebenfalls von Nutzen, denn die ersten Tage des

Reißens an harten, nassen Leinen sind für die Hände nicht besonders zuträglich. Eine Auswahl an Kopfbedeckungen zu haben, erscheint zunächst recht überflüssig, ist aber sehr sinnvoll. Ein Südwester ist absolut notwendig und dazu eine wollene Mütze, die man darunter tragen kann, um den Kopf schön warm zu halten, selbst wenn sie etwas feucht sein sollte. Dann ein Sonnenhut — sehr gut bei glühend heißen Flautentagen, und in kalten Nächten trage ich gern eine lange wollene Skimütze mit Gesichtsausschnitt. Wenn ich hier einen Sonnenhut und eine Skimütze in einem Satz erwähne, dann glaube ich, daß nicht ich verrückt bin, sondern eher das Wetter! Schließlich tragen manche Leute gern eine Clubmütze, um recht zünftig auszusehen, und warum auch nicht? Sie nimmt wenig Platz ein, und man kann sie dazu benutzen, in einer Kneipe nach einer musikalischen Darbietung Geld einzusammeln. Vielleicht gelingt es mit ihr sogar, ohne Fahrkarte in die Eisenbahn zu gelangen.

6. Kapitel

Grundlagen der Navigation

Das Navigieren mit kleinen Booten in beengten Gewässern ist eine schwierige Aufgabe, die hohe Anforderungen stellt, denn ein winziger Fehler kann schnell zu größtem Unheil führen. Im Vergleich dazu ist die Navigation über den freien Ozean hinweg verhältnismäßig einfach, weil meist im Umkreis von vielen Meilen keine Gefahren drohen. Dicht unter Land gibt es dagegen zahlreiche Schwierigkeiten, mit denen man sich auseinandersetzen muß — starke Gezeitenströme, Mangel an Seeraum bei einem Wetterumschlag, vielfach starker Schiffsverkehr.

Ein kleiner Fahrtenkreuzer muß sehr häufig in Gewässern navigiert werden, die der Besatzung unbekannt sind, bei Tage und bei Nacht, in der Nähe von Untiefen, bei Nebel oder schlechtem Wetter, und immer muß es möglich sein, eine sichere Navigation zu gewährleisten. Der Skipper ist dafür verantwortlich, daß sein Boot für diesen Zweck ausreichend ausgerüstet und daß sein Navigator diesen Aufgaben gewachsen ist. Bis zu dem Zeitpunkt, an dem Boot und Besatzung diesen Anforderungen entsprechen, muß das jeweilige Fahrtziel auf das beschränkt bleiben, was sicher bewältigt werden kann.

HILFSMITTEL

Wir leben im Zeitalter der Satelliten, der Trägheitsnavigation, einer stecknadelkopfgenauen Präzision, die es fertigbringt, Menschen in den Raum zu schießen und den Hunderttausende von Meilen entfernten Mond zu treffen. Dennoch stützt sich der Seefahrer auf einem kleinen Boot im wesentlichen auf Kompaß und Seekarte, Lot und Log, wie in früheren Zeiten. In den letzten Jahren hat man große Fortschritte gemacht beim Bau elektronischer Geräte, die für kleine Boote bestimmt sind, aber die Prinzipien der Navigation bleiben die gleichen. Der Seemann muß mit Hilfe einer Koppelrechnung und verschiedener Arten von Peilungen jederzeit genau über seinen Schiffsort Bescheid wissen, um in der Lage zu sein, Untiefen zu meiden und sein Schiff sicher an seinen Bestimmungsort zu bringen. Die Elektronik gestattet es uns, Tiefen und Peilungen leichter zu messen, vielleicht sogar auch genauer, die Ergebnisse aber hängen nach wie vor von dem Menschen hinter dem Instrument ab. Im großen und ganzen ist Navigation die Kunst, die genaueste Information auszuwählen und die weniger genaue auszuscheiden; zwangsläufig ist damit eine Auswahl verbunden, die von der Zahl der Möglichkeiten abhängt. Der Navigator muß seine Erfahrung heranziehen, um die bestmögliche Lösung zu finden.

DIE SEEKARTE

Die Karte ist vermutlich das wichtigste Hilfsmittel, über das der Navigator verfügt, denn sie vereinigt auf einem Blatt die Darstellung aller Untiefen, aller Land- und Seezeichen, Leuchtfeuer und Tonnen in dem befahrenen Gebiet, zudem ist sie für ihn ein Koppelblatt, auf dem er seine Kurse absetzt. Die Herstellung einer Karte ist mit zahlreichen Problemen verbunden, denn sie muß die gekrümmte Erdoberfläche unverzerrt auf einem ebenen Stück Papier wiedergeben. Bei sehr kleinen Flächen z. B. Hafenplänen, können wir annehmen, die Erde sei flach, aber bei größeren Gebieten muß eine Form von Kartenprojektion angewandt werden, meistens wählt man für Seekarten die Mercator-Projektion.

Um die Mercator-Projektion zu begreifen, müssen wir uns darüber klarwerden, daß die geographische Länge, unser Maß für Ost und West, keine konstante Beziehung zur Entfernung hat. Am Äquator umfaßt ein Längengrad 60 Seemeilen von Ost nach West, auf 60 Grad nördlicher Breite ist der gleiche Längengrad nur noch 30 Meilen lang, und am Pol treffen sich die beiden Längengrade in einem Punkt, dort gibt es zwischen ihnen keine Entfernung mehr. Da wir nicht wollen, daß die Längengrade oder Meridiane sich an der Oberkante der Karte nach innen krümmen, zeichnen wir sie parallel und nehmen dafür in Kauf, daß der Maßstab sich ändert, je nachdem ob wir nach Norden oder Süden gehen. Wenn die Karte das Gebiet vom Äquator bis zu 60 Grad Nordbreite umfaßte, dann würde ein Längengrad an der Oberseite der Karte 30 Meilen breit sein, an der Unterkante aber 60 Meilen. Dennoch aber würde in beiden Fällen die Zahl der Millimeter gleich sein, mithin würde sich der Maßstab in dem Maße ändern, in dem sich die Breite änderte. Der Maßstab für Breite, ausgedrückt in Meilen pro Millimeter, muß dem

Maßstab für Länge entsprechen. Aus diesem Grunde nimmt der Maßstab an den Seitenkanten der Karte in dem Maße zu, in Millimeter pro Meile ausgedrückt, in dem wir von Süden nach Norden fortschreiten, um mit dem Längenmaßstab in Übereinstimmung zu bleiben. Die Länge eines Breitengrades auf der Erde ist immer gleich — 60 Seemeilen, eine Seemeile pro Minute. Die Breitenskala an der Seite der Karte ist daher ein Maßstab für die Entfernung, ein Maßstab, der in dem Maße wechselt, wie sich die Breite ändert, um mit der Längenskala Schritt zu halten. Der Maßstab ist daher nur an der Seite der Karte in Höhe des Ortes, von dem aus wir messen, richtig. Keinesfalls dürfen wir Entfernungen an der Ober- oder Unterkante der Karte messen, denn hier entspricht die Skala der Längengrade Meilen, die nur am Äquator richtig sind.

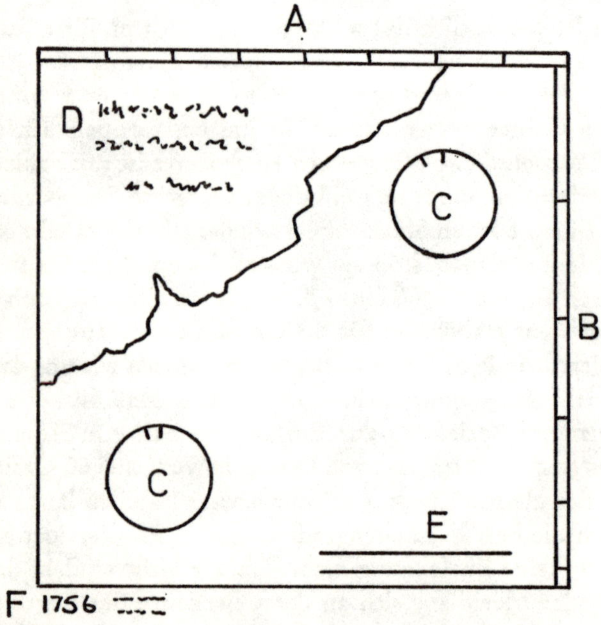

Abb. 19. Die Seekarte enthält einen Haufen wichtiger Informationen. A zeigt die Ost-West Längenskala, die über die ganze Breite der Karte konstant bleibt und nur ein Maß für die Länge ist. B zeigt die Breitenskala, die gleichzeitig eine Entfernungsskala ist. Die Entfernungsskala ist am oberen und unteren Ende der Karte verschieden. C zeigt die Kompaßrosen, die auf der Karte verteilt sind. In der Mitte der Rose ist die Mißweisung verzeichnet. Der Kartentitel (D) enthält Angaben über die Tiefenmaßstäbe – Faden, Fuß oder Meter – und verschiedene Bemerkungen und Warnungen. Manche Karten haben neben der Breitenskala noch einen eingezeichneten Maßstab (E). Die Kartennummer steht bei F mit den Daten der letzten Berichtigungen.

ARTEN VON SEEKARTEN

Seekarten sind seit Hunderten von Jahren von den verschiedensten Stellen herausgegeben worden; man kann wohl sagen, daß es genaue und dem letzten Stand entsprechende Karten von jedem Seegebiet der Welt gibt. Seit den Zeiten der ersten Vermessungen so bedeutender Navigatoren wie Cook und Flinders sind die Seekarten ständig verbessert worden, und in den wichtigsten Seegebieten kann man der Karte blindlings vertrauen, vorausgesetzt, daß sie auf dem letzten Stand gehalten wurde. Um dies zu erreichen, insbesondere in Gebieten wie der Themsemündung, wo die Sandbänke sich ständig verlagern, arbeiten Vermessungsschiffe vieler Nationen unentwegt daran, die Kartenunterlagen zu überprüfen. Die britische Admiralität unterhält eine Anzahl solcher Schiffe, die sowohl rund um die Küsten wie auch im Ausland tätig sind. Ihre Vermessungen sind Unterlage für die Publikationen des Hydrographischen Amtes, das zur Zeit rund 3500 Seekarten und zahlreiche andere Druckschriften herausgibt mit den Informationen, die von der Schiffahrt benötigt werden. Vermessungsschiffe sind nicht die einzige Quelle, denn die Hydrographen erhalten von vielen amtlichen Stellen Informationen: Trinity House*, Hafenbehörden, fremden hydrographischen Ämtern und — nicht zuletzt — von den Seefahrern selbst, die angehalten sind, neue Tatsachen oder Änderungen, auf die sie stoßen, zu melden.

GENAUIGKEIT

Die Genauigkeit einer Karte hängt davon ab, welche Vermessung ihr zugrunde liegt. Einsame Küsten sind wahrscheinlich weniger genau vermessen als zum Beispiel die Zugänge zum Londoner Hafen. Hinweise auf die Genauigkeit gibt auch das Datum der Vermessung, das im Titel der Karte angeführt ist, und die Anzahl der Tiefenangaben. Sind die Abstände dazwischen groß, ist die Vermessung vermutlich nicht sehr gründlich gewesen. Die Vermessung von Küsten, an denen Schiffe von einem Ort zum anderen entlangfahren, wird meist mit einem Maßstab von einer Seemeile pro Inch (25,4 mm) gemacht. Da ein Quadratinch (6,7 cm^2) nur 100 Lotungen auf der Karte zeigen kann (selbst das erscheint enorm viel), umfaßt jede Lotung ein Gebiet von 8 acres (fast 5000 m^2)! Es ist daher durchaus möglich, daß ziemlich große Gebiete flachen Wassers zwischen den Linien liegen, die durch Lotungen tatsächlich überprüft wurden. Die Wahrscheinlichkeit dafür ist größer in Gebieten,

* Anm. d. Ü. Die Londoner Zentralbehörde für die Handelsschiffahrt.

wo es Untiefen und Klippen gibt, als dort, wo der Meeresboden gleichmäßig zur Küste hin ansteigt.
Dies mag befremdlich erscheinen, es ist aber in Wirklichkeit nicht so schlimm. Das Hauptaugenmerk der Vermesser richtet sich auf die häufiger befahrenen Gebiete; die selten aufgesuchten Küsten werden späteren Vermessungen vorbehalten. Dies ist vernünftig, aber es folgt daraus, daß die Karten kleineren Maßstabs mit Verstand und Einsicht in ihren Grenzen benutzt werden sollten. Wenn Karten revidiert werden, dann meist zuerst die Karte im größten Maßstab. Dies ist ein guter Grund dafür, die Karte mit dem größten Maßstab zu benutzen, ganz abgesehen davon, daß sie das Gebiet mit mehr Einzelheiten zeigt.

KARTENVERLAGE*

Es gibt in England drei bedeutende Kartenhersteller: die Admiralität, Stanford's und Imray Laurie, Norie and Wilson. Die Admiralität produziert Seekarten für Kriegs- und Handelsschiffe, die anderen vorwiegend für die Sportschiffahrt, aber unter Zugrundelegung der Unterlagen der Admiralität. Alle Karten basieren mithin auf den gleichen, genauen Unterlagen. Wenn sie berichtigt werden, kann man sich auf alle Karten verlassen. Die Admiralität gibt sehr viel zahlreichere Karten einschließlich Hafenplänen heraus, und sie sind reicher an Informationen, obwohl das bedeutet, daß man eine größere Zahl von Karten kaufen, mitführen und berichtigen muß.

ADMIRALITÄTSKARTEN

Admiralitätskarten umfassen die ganze Welt; sie sind in einem alle Seegebiete enthaltenden Katalog aufgeführt. Für englische Navigatoren genügt die Heimatausgabe des Katalogs (NP 91), die 5 p. kostet. Die Heimatausgabe enthält die Nummer, das Seegebiet und den Preis (meist 50 p.) jeder veröffentlichten Karte aus dem Gebiet rund um die britischen Inseln samt der angrenzenden Festlandsküste. Umrißskizzen am Ende des Katalogs zeigen die Grenzen jeder Karte; die verschiedenen zugehörigen Bücher, wie Seehandbücher, Stromatlanten usw., sind ebenfalls aufgeführt. Die Admiralitätskarten sind ausgezeichnet, aber man braucht sehr viele. Wenn ein Seegebiet detailliert gezeigt werden soll, sind zum Beispiel 63 Karten für das Gebiet der Südküste von Dover bis zu den Scilly-Inseln erforderlich.

* Anm. d. Ü.: In Deutschland hat das Deutsche Hydrographische Institut das Seekartenmonopol. Die Karten werden von den amtlichen Vertriebsstellen verkauft. Das DHI hat z. Z. rd. 1000 Seekarten herausgegeben, eine große Anzahl erscheint ständig in berichtigten Ausgaben.

Als Versuch, dem Sportsegler einfachere Karten in die Hand zu geben, wurden vor einigen Jahren Admiralitätskarten für Sportschiffer eingeführt. Sie enthalten auf einem nur 13" x 8" (33 x 20 cm) großen Blatt verschiedene vielbesuchte Häfen in großem Maßstab. Auf der Rückseite enthalten sie nützliche navigatorische Informationen, sie sind dazu geschaffen, leicht gelesen, gebraucht und verstaut zu werden. Sie kosten im Höchstfall 25 p.

ANDERE KARTEN

Die Stanford-Karten umfassen die englische Südküste von Great Yarmouth bis Swansea. Es gibt Küstenkarten, die Hafenpläne enthalten, und Karten des Ärmelkanals mit Plänen der Festlandhäfen. Ein großes Gebiet ist auf nur wenigen Karten dargestellt, so daß die Kosten (ca. 78 p.) erträglich sind. Die farbigen Karten lassen sich bei Nichtgebrauch zusammenfalten und sind bedruckt mit nützlichen Informationen wie mißweisenden Kursen und Entfernungen zwischen Häfen. Die Stanford'schen Karten sind für Anfänger vermutlich einfacher im Gebrauch als die Admiralitätskarten.

Für Boote, die von einem zentralen Hafen aus kurze Fahrten unternehmen, gibt es noch andere Karten, die die Flüsse in Essex, das Mündungsgebiet der Themse, den Medway und Swale enthalten. Imray Laurie veröffentlicht eine „Y"- und eine „C"-Serie. Die „Y"s sind Hafen- und Küstenpläne im Maßstab von etwa ein Inch (25,4 mm) pro Seemeile, sie umfassen die Süd- und die Südostküste Großbritanniens. Die „C"s sind Küstenkarten, die sich dafür eignen, eine Reise zu planen und Seestrecken zurückzulegen. Ein Berichtigungsdienst dafür steht zur Verfügung. Die Kosten belaufen sich auf etwa 50 p. für die „Y"s und 85 p. für die „C"s.

KARTENBERICHTIGUNGEN

Seekarten sind nur dann brauchbar, wenn sie auf den letzten Stand gebracht sind. Wöchentlich erscheinen die „Nachrichten für Seefahrer" der Admiralität, eine Veröffentlichung, die Berichtigungen von Seekarten und Büchern neben anderen, für Seefahrer nützlichen Informationen enthält. Man kann sie bei Kartenvertriebsstellen einsehen oder sich wöchentlich liefern lassen. Einige Seglerzeitschriften veröffentlichen Nachrichten, die bestimmte Segelreviere betreffen. Seekarten sollten mit Tinte berichtigt und in der unteren linken Ecke mit der Nummer der Berichtigung versehen werden, so daß man überprüfen kann, auf welchem Stand die Karte ist.

SPEZIALKARTEN

Neben den Karten für die Sportschiffahrt werden viele andere Arten von der Admiralität veröffentlicht und im Kartenkatalog aufgeführt. Drei davon sind von besonderem Interesse für den Kleinboot-Schiffer: die Lehrkarten, die Funkortungskarten und die Karte mit Kartensymbolen. Lehrkarten sind Reproduktionen normaler Admiralitätskarten, die mit schwarzer Farbe auf ein dünnes, zähes Papier gedruckt sind, wobei viele Details weggelassen wurden. Sie umfassen die Küstengebiete rund um England und sind nützlich für Kartenaufgaben, Kursabsetzen, Entfernungsmessungen usw., sie dürfen jedoch nicht zur Navigation benutzt werden. Mit 3 p. (ca. 0,28 DM) sind sie mehr als ihr Geld wert. Funkpeilkarten zeigen die Lage der Funkfeuer mit ihren Peilzeichen usw. in verschiedenen Gebieten, z. B. der Nordsee, sie sind klein und handlich und kosten nur 5 p. (ca. 0,55 DM). Die Karte mit Kartensymbolen, die Nr. 5011, zeigt jedes Symbol, das in den Admiralitätskarten verwendet wird (und auch von den anderen Kartenherstellern), auch an der Wand sieht sie sehr gut aus. Die Fülle der Informationen auf einer Karte benötigt eine große Zahl von Symbolen, von einigen werden wir noch sprechen. Die gebräuchlichsten Zeichen muß man erlernen, sie alle zu behalten ist fast unmöglich. Ist die Karte 5011 an Bord, kann man selten gebrauchte Symbole nachsehen*.

NÜTZLICHE BÜCHER

Die Kartensymbole sind ebenfalls enthalten in zwei Büchern, die es beide wert sind, an Bord mitgeführt zu werden. Das erste ist *Reed's Nautical Almanach*, der jährlich erscheint und von Captain O. D. Watts redigiert wird. Er enthält so ziemlich alles, was ein Seefahrer wissen muß; Informationen über die Gezeiten, Sonne und Sterne, Zeiten der Morgen- und Abenddämmerung neben unzähligen Tatsachen und Ratschlägen für Seefahrer auf großen oder kleinen Booten, unter Dampf oder Segeln. Das zweite Buch ist weniger bekannt, es heißt *The Mariner's Handbook* und wird von der Admiralität herausgegeben. Es enthält unter anderem Informationen über Karten und Publikationen, Gezeiten und Betonnung sowie über das Wetter. Es kostet gebunden 85 p., daneben gibt es auch eine billigere kartonierte Ausgabe.

VERSTAUEN UND GEBRAUCH

Die Admiralitätskarten sollten eher flach als aufgerollt verstaut werden. Auf einem kleinen Boot ist das mit Schwierigkeiten verbunden, denn die

* Anm. d. Ü.: Entspricht der deutschen D 1.

Karten sind noch etwa 28 in. x 22 in. (71 x 56 cm) groß, wenn sie auf Mindestgröße zusammengefaltet werden. Sie müssen zugänglich, trokken und unzerknittert bleiben. Wenn ein fester Kartentisch vorhanden ist, dann bietet eine Schublade oder eine offene Lade darunter guten Stauraum. Andere Möglichkeiten sind gegeben unter einer Koje, wo sie aber vor dem Hin- und Herrollen des Schläfers geschützt werden müssen, auch in einem Fach unter dem Kajütdach, wo die einzigen Feinde

Abb. 20. Der Kartentisch kann fest sein oder klappbar. Er muß Stauraum für Bücher und Instrumente bieten.

Schwerkraft und Schwitzwasser sind. Man denke daran, daß Bilgewasser weit hinauf in die Seitenschubladen schwappen kann, wenn das Boot stark überliegt oder stark rollt.

Beim Gebrauch muß die Karte flach ausgebreitet sein, wie auch immer sie verstaut war, man braucht daher eine Art Kartentisch. Er sollte so groß sein, daß er wenigstens eine gefaltete Admiralitätskarte aufnehmen kann, er muß vor Feuchtigkeit geschützt werden und in irgendeiner Weise künstliches Licht erhalten. Im allergrößten Notfall läßt sich ein Zeichenbrett verwenden, aber ein Parallellineal, das über ein auf den Knien balanziertes Brett geführt wird, während das Boot wild rollt, wird keine allzu genauen Kreuzpeilungen ermöglichen. Es ist viel besser, man kann sich über den Tisch lehnen und es der Schwerkraft überlassen, die Sachen im Gleichgewicht zu halten. Es hat keinen Zweck, die Karte mit Reißnägeln anzuheften, denn das Parallellineal wird mit Sicherheit darauf Ärger machen.

Wenn die Karte im Cockpit gebraucht werden soll oder sonst an einer feuchten Stelle, kann man eine Kartentasche aus Plastik benutzen, die die Karte trocken hält, auf der man aber mit einem Fettstift Linien einzeichnen kann. Allerdings ist die Genauigkeit weniger gut, denn die Linien der Fettstifte sind zu breit, und es ist schwer, auf dem glatten Plastik mit dem Parallellineal zu arbeiten*. Nachts ist eine kleine Lampe mit biegsamem Rohr ideal, aber auch eine Taschenlampe genügt durchaus. Um die Leute an Deck nicht zu blenden oder die Schläfer nicht aufzuwecken, ziehe man rotes Licht vor**.

ZUKUNFTSAUSSICHTEN

Die Admiralitätskarten gehen mit der Zeit, die neuen Ausgaben werden bereits in farbiger Ausführung und mit Tiefenangaben in Metern produziert. Wir sehen uns also in ein, zwei Jahren der Schwierigkeit gegenüber, gleichzeitig Karten mit Angaben in Faden und in Metern verwenden zu müssen. Dies wird unvermeidlich sein, da es ganz offensichtlich unmöglich ist, alle Karten gleichzeitig zu ändern; solange der Benutzer einen Blick auf den Titel der Karte wirft, wo klar und deutlich gesagt wird, welche Maßeinheit für die Tiefenangaben gebraucht wird, kann nichts passieren.

GERÄTSCHAFTEN

Wir sahen schon, daß die Karte zwei Funktionen hat; sie liefert Informationen und ist zugleich unser Zeichenblatt. Um auf der Karte präzise Kurse und Peilungen eintragen zu können, benötigen wir ein paar ein-

* Anm. d. Ü.: Manche Leute empfehlen Fotokopien, Din A 4, überlappend, unter Klarsichtfolien.

** Anm. d. Ü.: Die rote Lampe hat vor allem den Zweck, die Adaptierung des Auges auf Dunkelheit nicht zu stören. Aus dem gleichen Grund tragen Röntgenärzte rote Brillen.

fache Zeichengeräte. Die Arbeit ist nicht kompliziert, man muß nur Linien in bestimmten Richtungen einzeichnen (Peilungen und Kurse), Entfernungen abmessen und einfache Berechnungen anstellen, z. B. des Hochwassers und des Sonnenaufgangs.

RICHTUNGEN

Richtungen werden in der Karte ganz allgemein dadurch gegeben, daß die Oberkante im Norden ist, speziell durch die Kompaßrosen, die über die Karte verteilt sind und genaue Richtungen über die 360 Kompaßgrade zeigen. Wir benutzen heutzutage im allgemeinen den 360°-Kreis, obwohl manche alte Karten Kompaßrosen aufweisen, die nach Strichen unterteilt sind. Steuerkompasse, die viel länger halten als Karten, sind noch sehr oft mit Strichen markiert. Mein Rat geht dahin, das alte Strichsystem vollkommen beiseitezulassen und nur mit dem 360°-System zu arbeiten. Vielleicht werde ich bald durch die Einführung irgendeines metrischen Systems ins Unrecht gesetzt. Im Augenblick sollte man bei den Graden und dem üblichen Kreis bleiben. Bei der Kartenarbeit besteht das Problem darin, eine genaue Richtung von der Kompaßrose zu einem Punkt auf der Karte zu übertragen, von dem aus eine Linie gezogen werden muß, die eine Peilung oder einen Kurs darstellt. Beziehungsweise umgekehrt, um den Kompaßkurs einer Linie zu bestimmen. Hierfür gibt es zwei Arten von Parallellinealen, das Lineal mit Walzen, das über die Karte rollt, und die beiden miteinander verbundenen Lineale, die mit mehreren Öffnungs- und Schließbewegungen über die Karte geführt werden. Jede Art hat ihre Anhänger. Die Rolllineale sind auf einer festen Unterlage vielleicht einfacher zu benutzen, während auf einem wild rollenden Boot ein Parallellineal mit Querleisten leichter gehalten und auf die Karte gedrückt werden kann *.
Eine andere Möglichkeit, Richtungen zu messen, bietet ein großer Protraktor, der entweder mit den Breitenkreisen oder den Meridianen, die auf der Karte ein Netz bilden, in Deckung gebracht wird. Schiebt man den Protraktor daran entlang, dann kann jede Linie mit einem seiner Strahlen in Deckung gebracht und der Kurs oder die Peilung relativ zu den Kardinalrichtungen abgelesen werden. Der Douglas-Protraktor arbeitet nach diesem Prinzip und hat viele Freunde. Wie auch immer die Lineale konstruiert sind, sie sollten durchsichtig sein, damit man die Karte darunter sehen kann.

* Anm. d. Ü. Anstelle des im traditionsbewußten England nach wie vor verwendeten Parallellineals, mit der Ablesung mißweisender Grade von einer Kompaßrose, ist in Deutschland das Arbeiten mit Kursdreiecken und rechtweisenden Graden üblich.

ENTFERNUNGEN

Um eine Entfernung zu messen, braucht man nur einen Stechzirkel, um die Kartendistanz auf diejenige Seite der Karte zu übertragen, an der die Meilen den Breiteneinheiten entsprechen. Zirkel, die mit einer Hand benutzt werden können, sind auf einem kleinen Boot am besten. Eine Spur Vaseline am Gelenk sorgt dafür, daß der Zirkel im entscheidenden Moment nicht klemmt. Auch ein gewöhnlicher Zirkel ist von Nutzen, um Sicherheitsabstände an Kaps abzusetzen oder Gezeitenaufgaben zu lösen; die Bleistiftstummel, die auf dem Kartentisch umherliegen und später in der Bilge landen, sind dafür gut zu verwenden.

BLEISTIFTE

Ich segelte einmal mit einem Eigner, der mit Kopierstiften in seinen Karten arbeitete. Ich fragte ihn, wie er die Linien wieder entferne vor der nächsten Reise. Er antwortete, er kaufe einfach neue Karten! Nun sind die meisten von uns nicht so wohlhabend und müssen die Karten immer wieder verwenden, wir brauchen daher weiche Bleistifte, und nicht zu wenige. Die Sorte HB ist richtig. Bleistifte neigen dazu, abzubrechen, in die Bilge zu fallen, in den Taschen der Besatzung zu verschwinden, fürs Notieren der Telefonnummern vorbeistreichender Vögel mißbraucht zu werden oder ganz einfach weg zu sein. Fängt man mit einem halben Dutzend angespitzter Bleistifte an, und hat man ein Dutzend in Reserve, dann dürfte das für den ersten Monat reichen. Auch weiche Radiergummis werden benötigt. Um die Karten in ordentlichem Zustand zu halten, reibe man sie am Ende der Reise ab und ordne sie klar zum neuen Gebrauch ein. Auf einer feuchten Karte darf man nicht radieren, weil die Oberfläche des Papiers zerstört wird und der Druck verschwindet.

ANDERE AUSRÜSTUNG

Es gibt alle möglichen raffinierten Apparate auf dem Markt, um dem Navigator seine Aufgaben zu erleichtern. Ich persönlich bin der Auffassung, daß auf einem kleinen Boot Einfachheit angebracht ist, und ich bin eigentlich nicht für Dinge, die über die Grundausrüstung hinausgehen. Bei schlechtem Wetter kann man am Kartentisch sowieso nicht allzu viele kluge Dinge tun, und der Navigator sieht sich alsbald auf seine Basis reduziert. Mit etwas Erfahrung mag sich eine Notwendigkeit für ein bestimmtes Gerät einstellen, aber im allgemeinen ist es besser, erst einmal abzuwarten. Erling Tambs, der in der Nordsee segelte, geriet einmal in Schwierigkeiten, als er ein bißchen dicht unter die holländische Küste geriet; er schrieb später, er hätte lieber ein Barometer als einen Kompaß gehabt. Man kann die Rangfolge so oder so ansehen, wenn ich als Navigator auf eine gutausgerüstete Yacht gehe, nehme ich persönlich als Sonderausrüstung nur ein paar Taschenlampen mit roter Birne mit (Nagellack geht sehr gut) und ein Notizbuch.

UNTERBRINGUNG

Die Werkzeuge des Navigators müssen so untergebracht werden, daß man sie jederzeit greifen kann, aber doch gesichert gegen noch so wildes Rollen. Parallellineale passen gut hinter Seitenbretter; Zirkel und Bleistifte sollten in tiefen Löchern stecken; Bücher halten sich am besten in Borden mit Schlingerleisten aus Gummistropps oder in oben offenen Kästen. Wenn Boote stark wegliegen, wird der Nutzen einer starken Schlingerleiste rund um den Kartentisch klar, alle Instrumente liegen dann in dem tiefen Winkel zwischen dem Tisch und der Schlingerleiste. Der Navigator muß in der Lage sein, sich über dem Tisch festhalten zu können, manchmal ist dafür ein Gurt angebracht. Linien kann man nur mit zwei Händen ziehen; je fester der Betreffende sich mit Füßen und Achtergestell festkeilen kann, desto genauer wird das Ergebnis sein.

DER KOMPASS

Im heimatlichen Gewässer oder in Landsicht können wir oft von Tonne zu Tonne oder von bekannter Landmarke zur nächsten steuern, wobei wir unsere Position dadurch überprüfen, daß wir einen Blick auf die Küste werfen. Einmal frei von Land ist das nicht mehr möglich, wir müssen statt dessen vom Abgangsort bis zum Bestimmungsort einen Kompaßkurs absetzen und bis zur Ankunft nach dem Kompaß steuern. In den meisten kleinen Booten wird das ein Magnetkompaß sein, denn ein Kreiselkompaß, der sich auf die wahre Nordrichtung einstellt, ist ein kompliziertes und kostspieliges Instrument, das viel Platz und elektrische Energie zu seinem Betrieb benötigt.
Der Magnetkompaß ist ein absolut verläßliches Instrument, solange er ordnungsgemäß kompensiert ist und mit Verstand benutzt wird. Man muß allerdings über ihn Bescheid wissen. Zunächst einmal beruht der Magnetkompaß hinsichtlich seiner richtungsweisenden Eigenschaft auf dem magnetischen Feld der Erde. Dieses Feld besteht aus einem Bündel von Kraftlinien, die wie die Meridiane die Erde umgeben und in den Polen zusammenlaufen. Leider korrespondieren die magnetischen Pole

nicht mit den geographischen Polen, sie liegen nicht nur an einer anderen Stelle, sondern bewegen sich auch langsam über die Erdoberfläche, was die Sache etwas erschwert. Die Kompaßrose, die im wesentlichen ein Magnet mit Gradzahlen ist, stellt sich auf die magnetischen Kraftlinien ein und zeigt daher auf den magnetischen Pol.

DIE MISSWEISUNG

Wir arbeiten im allgemeinen mit dem wahren Nord, weil wir ein unveränderliches Maß für die Richtung brauchen, das von der Position auf der Erde unabhängig ist. Wir müssen daher den Winkel zwischen der Rich-

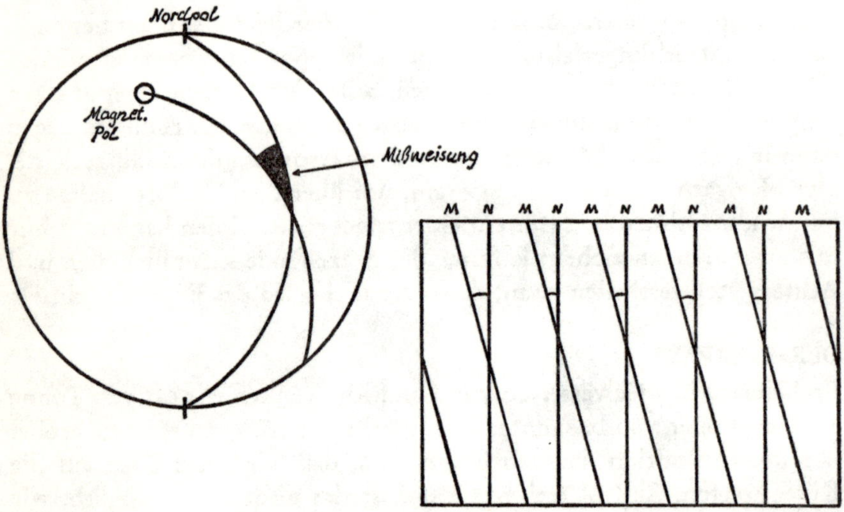

Abb. 21. Die Mißweisung ist der Winkel zwischen dem geographischen und dem magnetischen Nordpol. Auf der Karte zeigt das Nord eines Yachtkompasses nach Osten oder nach Westen vom wahren Nord.

tung auf den wahren und den magnetischen Nordpol kennen. Dieser Winkel heißt Mißweisung, er ändert sich sowohl mit der Zeit wie mit der eigenen Position auf der Erdoberfläche, sein Wert ist auf den Kompaßrosen in der Seekarte angegeben. Vielfach ist ein innerer Kompaßkreis auf den magnetischen Nordpol ausgerichtet zum Gebrauch für diejenigen, die gern ständig mit mißweisenden Kursen arbeiten. Um der Änderung der Mißweisung mit der Lageänderung des magnetischen Nordpols gerechtzuwerden, enthält die Kompaßrose ebenfalls den Wert der jährlichen Änderung, der meist nur wenige Minuten pro Jahr beträgt. Man kann daher stets mit der jeweils gültigen Mißweisung für die jeweilige Position auf der Erde rechnen.

DEVIATION

Unser Kompaß sollte theoretisch auf den magnetischen Nordpol zeigen, er tut es aber selten, weil es noch einen anderen Fehler gibt, den man Deviation nennt. Sie entsteht, wenn das Kraftlinienfeld in der Nähe des Kompasses durch größere Eisenstücke wie den Motor oder die Konservendosen mit Bohnen in der Kombüse verzerrt wird. Magnetische Kraftlinien fließen lieber durch Eisen, sie weichen daher von ihrer Lage ab, um sich in Eisen zu sammeln, das sie nahebei vorfinden. Da sie abweichen, zeigen sie nicht mehr auf den magnetischen Nordpol und der Kompaß wird entsprechend abgelenkt. Die Abweichung oder Deviation ändert sich mit dem Kurs, den das Schiff steuert, weil die relativen Positionen des Kompasses und des Eisens sich ändern. Die Eisenmasse der Maschine hat zum Beispiel keinen Einfluß, wenn die Kraftlinien von vorn nach achtern parallel zur Mittschiffslinie fließen. Ändern wir aber unseren Kurs um 90°, dann liegt die Maschine in einer ganz anderen Position relativ zum Kompaß, sie wird die Kraftlinien anziehen und dafür sorgen, daß der Kompaß vom magnetischen Nord abweicht.

KOMPENSIEREN

Die Mißweisung kann aus der Karte entnommen werden, die Deviation dagegen ist eine andere für jeden Kompaß, wir müssen daher den Fehler für jeden einzelnen Kompaß ermitteln. Das Kompensieren von Kompassen ist eine Aufgabe für Fachleute, die kleine Magneten im Kompaßgehäuse anbringen, um die gröbsten Fehlweisungen auszugleichen. Jeder aber kann die Deviation seines Kompasses ermitteln, es genügt dazu ein einfaches Kreisen in einer Deckpeilung. Wir wollen feststellen, um wieviele Grade der Steuerkompaß bei verschiedenen Kursen falsch anzeigt. Dazu ankern wir in einer aus der Karte genau bekannten Deckpeilung. Alles Gut an Bord sollte dabei so verstaut sein wie sonst immer in See. Das Boot wird dann herumgedreht, so daß für die wichtigsten Himmelsrichtungen die Peilung am Steuerkompaß ermittelt werden kann. Nach Korrektur für die Mißweisung ist die Differenz zwischen Kompaßpeilung und rechtweisender Peilung die Deviation. Ist sie groß, sagen wir über 5 Grad, rufe man einen Fachmann zur Hilfe, wenn nicht, drehe man erneut im Kreis herum, wobei man für jeweils 20 Grad Peilungen nimmt. Aus den Ergebnissen kann eine Deviationskurve gezeichnet werden, eine graphische Darstellung der Deviation für jeden anliegenden Kurs.

Da die Deviation für den anliegenden Kurs gemessen wird, muß der Kurs auf die Weise korrigiert werden, daß man mit dem Kompaßkurs, nicht mit dem rechtweisenden Kurs, in die Tabelle hineingeht. Entsprechend muß bei der Berichtigung einer Peilung die Deviation für den anliegenden Kompaßkurs, nicht die Peilung benutzt werden. Die Deviation ist nur gültig für den damit berichtigten Kompaß; wenn die Peilun-

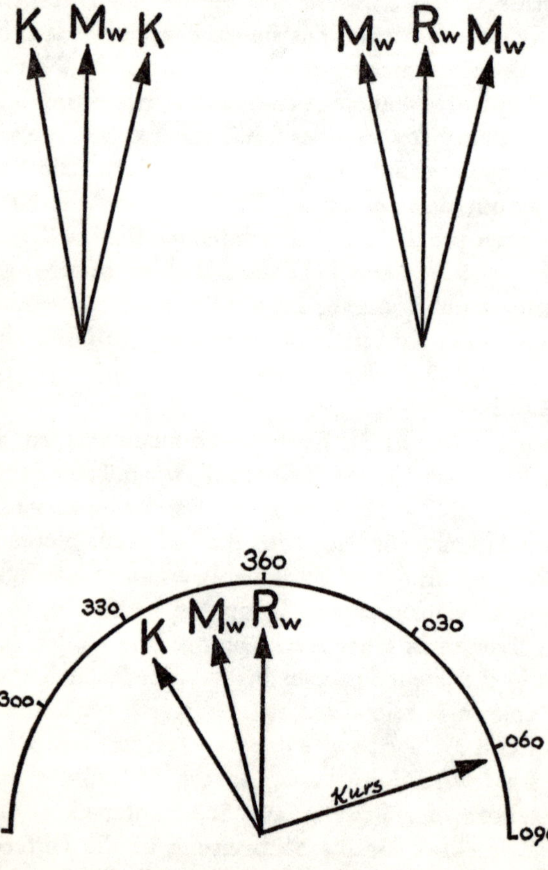

Abb. 22. Das magnetische Nord ist östlich oder westlich vom wahren (rechtweisenden) Nord. Um Kompaßkurse in rechtweisende Kurse zu verwandeln oder umgekehrt, hilft oft eine kleine Zeichnung, um sich die Sache klarer zu machen. Wir können hier zum Beispiel sehen, daß der Kompaßkurs größer sein wird als der mißweisende Kurs, der wiederum größer sein wird als der rechtweisende Kurs.

gen mit einem Handpeilkompaß genommen werden, ist die Deviation anders. Dies stellt ein Problem dar, denn der Handpeilkompaß wird an immer verschiedenen Orten benutzt, daher kann dafür eigentlich keine Deviationstabelle aufgestellt werden. Man hilft sich, indem man den Handpeilkompaß stets möglichst hoch hält, weit weg von den Einwirkungen von Metall im Boot, wobei man die Zange und das Messer in der Tasche nicht vergessen darf, ebensowenig wie die Brille, deren Metallgestell sehr dicht beim Kompaß sein kann.
Es gibt aber noch einen anderen möglichen Fehler, den Krängungsfehler. Es ist dies die Deviation, die dadurch hervorgerufen wird, daß beim Krängen der Kompaß seine Lage relativ zum Eisen im Boot ändert. Man kann wenig dagegen unternehmen, allenfalls kann man die Wirkung des Krängens beobachten, wenn sich eine Gelegenheit dazu ergibt, und sich vor dem Fehler hüten. Ich könnte mir denken, daß ein Herumschwingen in gekrängter Lage nützlich wäre, ich habe aber noch nie davon gehört. Eine weitere, häufige Fehlerquelle ist Metall in Kompaßhöhe, das vor dem Herumschwingen nicht da war, zum Beispiel ein handlich im Cockpit liegendes Werkzeug, eine Taschenlampe hinter dem Kompaßgehäuse oder ein Metallbecher.

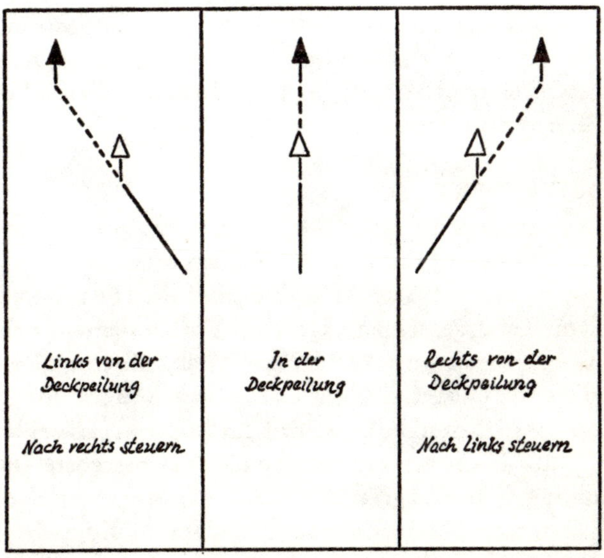

Abb. 23. Die Genauigkeit des Kompasses kann in einer Deckpeilung nachgeprüft werden. Wenn man in ihr steht, kann man ihre Peilung aus der Karte entnehmen. In eine Deckpeilung kommt man zurück, indem man auf die untere Marke zusteuert.

KURSBESCHICKUNG

Die 64-Dollar-Frage über Mißweisung und Deviation ist, wie man Kompaßkurse in rechtweisende Kurse verwandelt und umgekehrt. Manche Leute finden das sehr schwierig, tatsächlich ist nichts dabei. Eine Methode ist, den Spruch herzusagen: „Vom richtigen zum falschen mit falschem, vom falschen zum richtigen mit richtigem", oder „Kompaß zu rechtweisend addiere Ost". Ich selbst neige dazu, auf die Grundlagen zurückzugehen und auf eine Kompaßrose zu blicken, in der das rechtweisende Nord, das mißweisende Nord und das Kompaßnord eingezeichnet sind. Es ist dann sofort klar, ob der rechtweisende Wert oder der Wert am Kompaß größer ist, je nachdem, ob das Kompaßnord östlich oder westlich vom rechtweisenden Nord ist. Kursbeschickung hängt wie alles andere von der Übung ab, diese Übung erwirbt man am besten, solange man noch an Land ist; nicht erst an Bord, wo es wichtigere Dinge zu tun gibt.

KOPPELN

Auf See gibt es zwei Methoden, seine Position zu bestimmen: durch Peilungen und durch Koppeln. Beim Peilen erhält man sich kreuzende Positionen auf der Karte; der Kreuzungspunkt ist der genaue Schiffsort. Das Koppeln geht von einer bekannten Anfangsposition aus und erfaßt die Bewegungen des Bootes, den zurückgelegten Kurs und die Distanz, die Gezeitenströme, die Abtrift; aus allen diesen Faktoren ergibt sich die erreichte Position.

DER RELATIVE WERT

Ein guter Navigator wird beide Methoden verwenden, denn sie ergänzen sich. Die Koppelrechnung zeigt ihm, wo er wahrscheinlich ist; die Kreuzpeilung beweist, daß er tatsächlich dort ist. Die relative Genauigkeit hängt von der allgemeinen Lage, dem Vorhandensein von peilbaren Marken und der Erfahrung des Navigators ab. Manchmal werden keinerlei Marken verfügbar sein, die man peilen könnte, manchmal gibt es Land- und Seezeichen in Fülle, so daß das Koppeln sich erübrigt. Wenn hinsichtlich einer Peilung irgendwelche Zweifel bestehen, ist eine gute Koppelrechnung von allergrößtem Wert. Ich bin sogar der Meinung, daß viele Navigatoren besser daran täten, ihrem Koppeln zu trauen, bis eine einwandfreie Peilung möglich war, als im ersten Paar Positionslinien, das sich auf der Karte kreuzt, eine Art Evangelium zu sehen. Ein einwandfreier Koppelort hängt von genauen Informationen ab, die präzis festgehalten werden, man kann daher diese beiden Seiten voneinander getrennt betrachten. Wir brauchen den gesteuerten Kurs, die abgelaufene Entfernung, den Gezeitenstrom, der sich ausgewirkt hat, und die Abtrift; jeder einzelne dieser Faktoren muß so genau wie möglich erfaßt werden.

KURS

Der Kurs hängt von der Genauigkeit des Kompasses ab, ferner von der Beherrschung und richtigen Anwendung von Mißweisung und Deviation sowie schließlich von der Ehrlichkeit des Rudergängers. Der angeordnete Kurs ist eine Sache, der tatsächlich gesteuerte eine andere. Viele Einflüsse wirken sich dahin aus, daß der Rudergänger einen anderen Kurs steuert als er soll. Segelt man am Wind, dann wird sich der Kurs entsprechend dem Wind ändern, so daß der Kurs nicht nach Graden angeordnet wird, sondern „nach dem Wind". Der Rudergänger muß mitteln, was er tatsächlich steuert, und dies alle 15 Minuten aufschreiben, wenn die Koppelrechnung genau sein soll. Auch auf einem Motorboot muß der gesteuerte Kurs häufig festgehalten werden; alle halbe Stunde dürfte hier genügen, denn das Boot bleibt nicht immer genau auf dem angeordneten Kurs. Rudergänger geben nicht gern zu, daß sie ungenau gesteuert haben, aber es ist wichtig, ehrlich zu sein und eine ungenaue Navigation zu vermeiden.

ENTFERNUNG

Jedesmal, wenn der Kurs aufgeschrieben wird, muß auch das Log abgelesen werden, selbst wenn es ein Registrierlog ist; nur wenn die Kurse und Distanzen in kleinen Zeitintervallen notiert werden, kann später ein genauer Koppelort errechnet werden. Logs sind sprichwörtlich ungenau, aber ihre Fehler können sehr stark verkleinert werden, wenn man sie richtig gebraucht und ihre Leistung über längere Zeit hinweg beobachtet. Man darf nicht erwarten, daß ein Log von Anfang an haargenau anzeigt. Man braucht gewisse Zeit, bis es wirklich genau arbeitet und bis man die Leistung bei verschiedener See richtig einschätzen kann, daher sollte man es möglichst oft gerade auch dann nachschleppen, wenn seine Angaben anhand von bekannten Marken überprüft werden können. Wenn es dann außerhalb von Landsicht notwendig wird, sich auf das Log zu verlassen, braucht man nicht mehr an seinen Angaben zu zweifeln. Auf manchen Booten hat sich die Praxis eingebürgert, daß die Wache die Geschwindigkeit schätzt und außerdem das Log abliest. Oft verhakt sich ein Stückchen Tang am Rotor und bremst ihn ab, ohne daß dies zunächst bemerkt wird; eine falsche Ablesung ist die Folge. Nachlaufende See führt dazu, daß ein nachgeschlepptes Log zu wenig anzeigt, in diesem Fall sollte man die Geschwindigkeit des Bootes schätzen. Fische haben gelegentlich einen Rotor weggeschnappt, obwohl er ziemlich unverdaulich sein dürfte, aber das gilt wohl auch für einige Fische.

GEZEITENSTROM

Beim Aufmachen des Koppelbestecks muß der Gezeitenstrom für das richtige Gebiet eingesetzt werden, und es muß sorgfältig zwischen Spring- und Nipptiden interpoliert werden, denn ein halber Knoten falschen Stroms verschiebt einen Koppelort bereits ganz erheblich. Das Wetter beeinflußt oft den Gezeitenstrom, und nach lange durchstehenden Winden entsteht häufig eine Oberflächenströmung.

ABTRIFT

Alle Schiffe treiben nach Lee hin ab, nicht nur Segelboote; Motorboote mit hohen Aufbauten und geringem Tiefgang sogar viel mehr als Segelyachten mit langem Kiel und flachem Kajütaufbau. Die Abtrift muß geschätzt werden, am besten durch Erfahrung. Wenn man zurückblickt und das Kielwasser mit der Mittschiffslinie vergleicht, soll man angeblich die Abtrift abschätzen können. Ich finde das ziemlich schwierig. Es ist gefährlich, konkrete Angaben über Abtriftwinkel zu machen, da sie so sehr von der Art des Bootes abhängen, aber unter normalen Bedingungen, sagen wir Wind der Stärke 5 von querab und acht Knoten Fahrt, sollte man ein paar Grade einkalkulieren. Bei nur 5 Knoten Fahrt wären 5 Grad angemessen. Wenn die Geschwindigkeit bei schlechtem Wetter stark zurückgeht, erhöht sich die Abtrift erheblich und erreicht ihre Grenze, wenn das Boot am Wind liegt und dennoch über den Grund zurücktreibt — eine Abtrift von 180 °.

KOPPELN

Alle zuvor diskutierten Werte müssen auf die Karte übertragen werden, damit sich feststellen läßt, wohin wir gekommen sind. Das Problem liegt darin, daß es meist sehr kleine Korrekturen und Werte sind, mit denen gekoppelt werden muß, auf der Karte sind sie winzig. Eine Lösung dafür ist, auf einem eigenen Blatt in vergrößertem Maßstab zu koppeln, auch auf der Karte selbst, wobei dann auf den entsprechenden Maßstab reduziert wird, sobald die neue Position feststeht. Mit einer Korrektur für

Strom von einer halben Meile und einer Meile eigener Fahrt voraus kann man z. B. die Karte benutzen und dabei den Maßstab verzehnfachen, danach kann man die Entfernung und die Peilung von der Ausgangsposition zunehmen und durch 10 dividieren, um die richtige Endposition zu erhalten. Es gibt auch eine eigens dafür geschaffene Koppelkarte (Brit. See-Karte 5004), bei deren Gebrauch man nicht allzuviel in der eigentlichen Karte herummalen muß. Man kann mit ihr jeden be-

Zeit	Kurs		Distanz			Strom	
	Kompaß	Durchs Wasser	Log	Gelaufen	Fahrt	Richtung	Stärke
0100	035 c	020 c	73,1	3,3	3,0	270	1,5
0130	035 c	025 c	76,2	3,1	3,0	240	1,0
0200	035 c	035 c	79,9	3,7	3,5	240	1,0

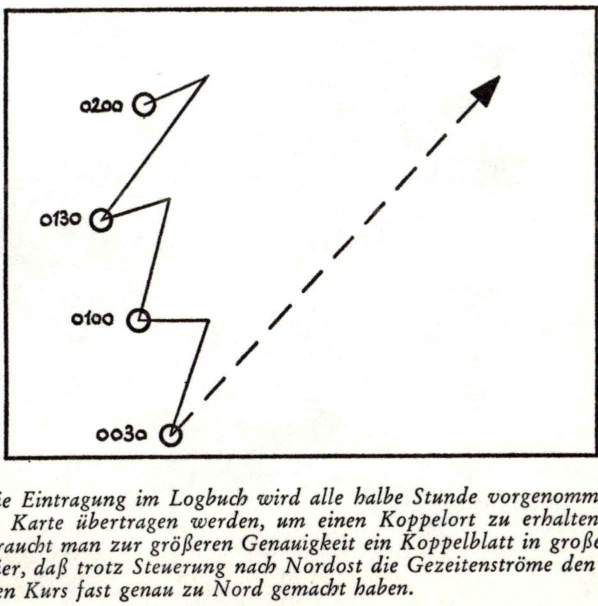

Abb. 24. Die Eintragung im Logbuch wird alle halbe Stunde vorgenommen, sie kann dann in die Karte übertragen werden, um einen Koppelort zu erhalten. Bei kleinen Distanzen braucht man zur größeren Genauigkeit ein Koppelblatt in großem Maßstab. Man sieht hier, daß trotz Steuerung nach Nordost die Gezeitenströme den über Grund gut gemachten Kurs fast genau zu Nord gemacht haben.

liebigen Maßstab verwenden, die Anweisungen dazu sind in der Karte eingedruckt.

Eine brauchbare Koppelrechnung erfordert viel Sorgfalt. Scharfe Bleistiftspitzen, genaues Abgreifen der Entfernungen, sorgfältiges Ausrichten der Lineale auf der Kompaßrose, alles das gehört zum Erfolg. Vor allem aber muß jeder einzelne Eingangswert auf sein Optimum gebracht werden, Kompaß, gesteuerte Kurse, Log, Gezeitenrechnung und Koppeln. Ist das der Fall, dann kann sich der Skipper auf die Koppelrechnung verlassen und nicht nur ruhiger schlafen, sondern auch mit Zuversicht auf größere Seetörns gehen.

7. Kapitel

Gezeiten und Seezeichen

GEZEITEN

In großen Teilen Nordeuropas ist es unmöglich, sich auf See zu bewegen, ohne die Gezeiten zu berücksichtigen. Abgesehen von dem Einfluß der Gezeitenströme auf die Fortbewegung, bestimmt das Steigen und Fallen des Wasserspiegels mit der Tide auch, wo man sicher fahren kann, in welchen Häfen man genug Wassertiefe hat und welche Einfahrten passierbar sind.

DER EINFLUSS DES MONDES

Hoch- und Niedrigwasser werden hervorgerufen durch die Anziehungskräfte von Sonne und Mond, die das Wasser der Erdoberfläche teilweise herausziehen. Diese Kräfte sind unterschiedlich, je nach der Stellung von Sonne, Erde und Mond zueinander, sowie der Jahreszeit. Man sollte nur behalten, daß die höchsten Hochwasser, die man Springtiden nennt, alle 14 Tage auftreten und daß dann das Wasser höher aufläuft und bei Ebbe niedriger ist als sonst. Springtiden treten etwa zwei Tage nach Voll- und Neumond auf, zur Zeit der Äquinoktien im Frühjahr und Herbst sind die Springtiden noch höher als normale Springtiden. Zwischen den Springtiden liegen die Nipptiden, bei denen das Hochwasser geringer und das Niedrigwasser höher ist als normal; sie treten zu den Zeiten des Mondviertels, vulgo „Halbmond" auf. „Spring" kommt von einem alten nordischen Wort und bedeutet soviel wie anschwellen; „Nipp" heißt Mangel. Hochwasser (HW) und Niedrigwasser (NW) treten mit Intervallen von etwas mehr als 12 Stunden auf, daher ist ihr Eintritt von Tag zu Tag etwas später.

BEGRIFFE

Die Abbildung 25 zeigt die verschiedenen Begriffe, die gebraucht werden, wenn über Gezeiten gesprochen wird. Besonders wichtig ist das Kartennull, der Wasserspiegel, auf den sich alle Tiefenangaben in den Seekarten beziehen. Selten wird eine Lotung von einem Boot aus mit der Tiefe auf der Karte übereinstimmen, weil das Wasser mit der Tide über das Kartennull steigt. Um die Wassertiefe an einem bestimmten

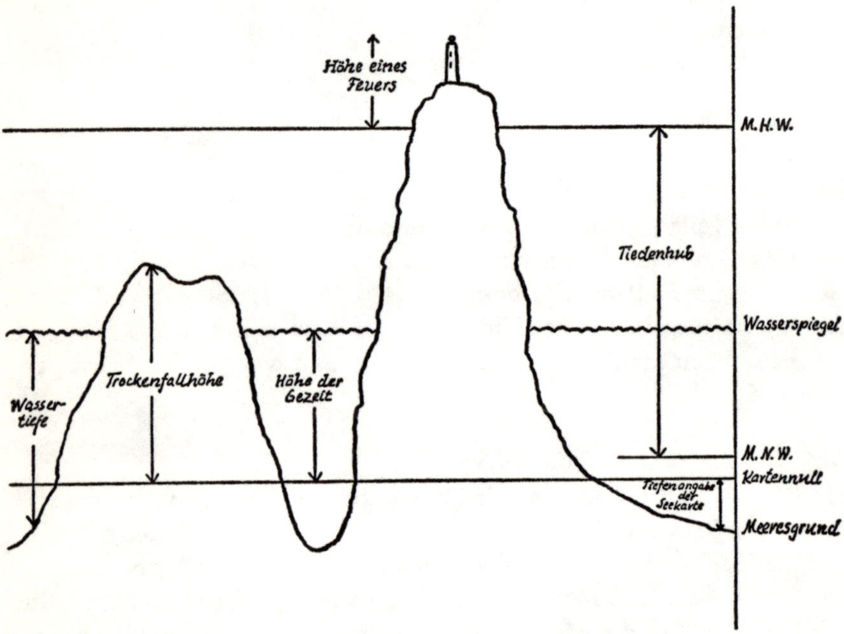

Abb. 25. Man muß die wichtigsten Begriffe der Gezeitenkunde kennen, um den besten und sichersten Gebrauch von der Tide zu machen. Die Kartentiefen entsprechen nur sehr selten den jeweiligen Wassertiefen.

Zeitpunkt zu finden, muß man den Tidenhub zum Kartennull addieren, man benutzt dazu die Gezeitentafeln. Es ist vielleicht ganz gut, wenn man sich klarmacht, daß ein Felsen, der auf der Karte als trockenfallend eingezeichnet ist, höchstwahrscheinlich die meiste Zeit unter Wasser bleibt. Es ist daher gefährlich, wenn man sich darauf verläßt, ihn zu sehen.

GEZEITENTAFELN

Die Gezeitentafeln der Admiralität werden herausgegeben, damit die Hoch- und Niedrigwasserzeiten rund um die Welt nachzuschlagen sind. Um zu vermeiden, daß daraus ein mehrbändiges Riesenwerk wird, hat man sich darauf beschränkt, nur gewisse Häfen (Bezugsorte) im Detail zu berücksichtigen; für kleinere Orte (Anschlußorte) müssen zu den HW- und NW-Zeiten des nächsten Bezugsortes Zeitkorrekturen berücksichtigt werden. Die Gezeitentafel im **Reeds Nautical Almanach** gibt z. B. die HW- und NW-Zeit für Sheerness an jedem Tag des Jahres, für Rochester aber nur die Zeitdifferenz gegenüber Sheerness (+ 10 Min.). Bei manchen Bezugsorten wird nur die HW-Zeit gegeben; um NW zu finden, muß der Zeitfaktor addiert oder subtrahiert werden.

TIDENHÖHE

Dies ist alles gut und schön für die Zeit der Tide, aber was ist mit der Höhe? Für Bezugsorte wird die Tidenhöhe über KN (Kartennull) angegeben, man kann sie zur Kartentiefe addieren, um die Wasserhöhe zu erhalten. Für die übrigen Zeiten muß die Höhe über KN errechnet werden. Um die Tidenhöhe zu einer bestimmten Zeit zwischen HW und NW zu finden, aus der sich dann die zu erwartende Tiefe ergibt, muß man zunächst die Zeitdifferenz gegenüber dem nächsten HW oder NW und dann den Tidenhub herausfinden. Der Tidenhub ist ganz einfach der Unterschied der Wasserhöhe bei HW und NW. Die Tidenhöhe nimmt allerdings nicht gleichförmig zu, daher kann man nicht von einer einfachen Verhältnisrechnung ausgehen. Es gibt indessen mehrere andere Möglichkeiten. Auf der Seite 431 des *Reed's* befindet sich eine Tafel, in die man mit dem Tidenhub und der Zeit nach HW oder NW hineingeht, man erhält die entsprechende Höhendifferenz gegen HW und NW.
Andererseits kann man auch von der „Zwölftel-Regel“ ausgehen. Dies ist eine Methode der Daumenrechnung, nach der die Tide in der ersten und sechsten Stunde zwischen HW und NW um $^1/_{12}$ ihres Hubes steigen bzw. fallen wird, um $^2/_{12}$ in der zweiten und fünften Stunde und um $^3/_{12}$ in der dritten und vierten Stunde. Diese Methode ist im allgemeinen völlig ausreichend.

GENAUIGKEIT

Die Zeiten für HW und NW werden in den Tafeln auf eine Minute genau angegeben, die Gezeitenhöhe zum nächstliegenden Zehntel eines

Fußes, eine größere Genauigkeit der Vorhersage ist nicht möglich. Meistens werden die Vorhersagen zutreffen, aber es gibt einige Erscheinungen, die nicht voraussehbar sind und die sowohl die Gezeitenhöhe als auch die Zeit für HW beeinflussen. Starkwinde werden z. B. das Wasser, das gegen sie strömt, aufhalten, während sie das in Windrichtung strömende Wasser beschleunigen; beides berührt Zeit und Höhe der Flut. Regen oder Schneeschmelze werden den Wasserstand der Flüsse erhöhen und die Gezeiten in den Flußmündungen beeinflussen. 25 mm höherer Luftdruck werden das Wasser um einen Fuß (30,5 cm) senken. All diese Faktoren lassen es wenig ratsam erscheinen, sich allzu sehr auf die letzten paar Zentimeter Genauigkeit aus den Tafeln zu verlassen.
Ein anderer wichtiger Faktor, der die tatsächliche Tiefe beeinflußt, ist die See oder die Dünung an der Seeoberfläche. Wenn die Tiefe 3 m ist und eine Dünung von 2 m läuft, was in einer Hafeneinfahrt während eines auflandigen Starkwindes gar nicht selten vorkommt, dann hat man in den Wellentälern 1 m weniger Wasser, und das ist unter Umständen recht unangenehm.

GEZEITENSTRÖME

Die Gezeitenströme haben einen tiefgreifenden Einfluß auf die Fortbewegung oder Nichtfortbewegung eines kleinen Fahrzeugs, ob unter Motorkraft oder Segeln. Am ausgeprägtesten ist der Effekt bei Booten mit geringer Geschwindigkeit. Wenn man nicht in geschickter Weise von den Gezeiten Gebrauch macht, sind bei kleinen Booten unnötig lange Reisen die Folge. Hat man nicht viel Zeit, ist dies schlicht töricht. Rund um unsere Küsten sind die Gezeitenströme stark, sie betragen im Ärmelkanal bis zu vier Knoten und um Kaps und in engen Durchfahrten sehr viel mehr. Drei Knoten Unterschied zugunsten eines Bootes, das nur drei Knoten Fahrt macht, bedeuten soviel wie 36 zurückgelegte Seemeilen in einer 6stündigen Tide — oder Stillstand, wenn man in entgegengesetzter Richtung fährt! Das Ausnutzen der Gezeiten bringt mithin einen ganz gewaltigen Vorteil mit sich. Die Gezeiten haben noch andere Folgen als uns voran- oder zurückzutreiben, denn sie erzeugen auch steile See oder Stromkabbelungen dort, wo ein Kap in eine schnell laufende Gezeitenströmung hinausragt, und Überfälle*, wenn sie über flache Sandbänke laufen. Bei ruhigem Wetter beeinflussen sie die scheinbaren Winde, die ein Segelboot vorantreiben.

* Anm. d. Ü.: „Überfälle" (overfalls): Brandungsartige See, die durch Gezeitenströme bei geringen Wassertiefen entsteht.

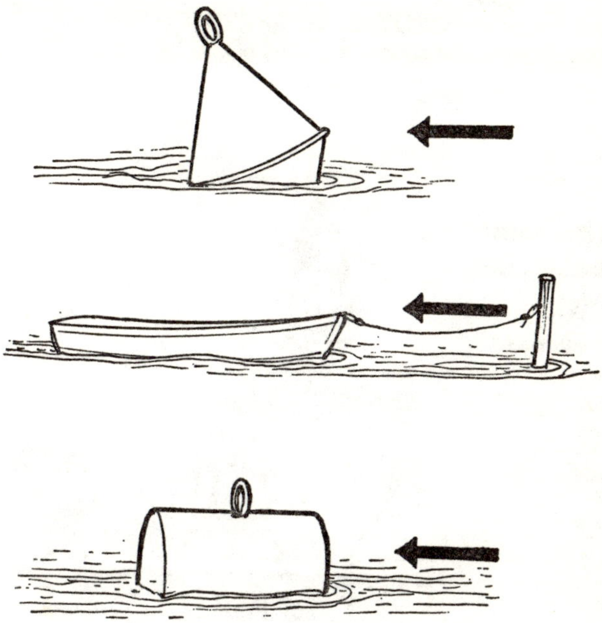

Abb. 26. Die Richtung des Gezeitenstroms läßt sich an der Richtung erkennen, in der Boote liegen, oder an verankerten Objekten wie Tonnen oder am Wasserstrom an festen Objekten.

EBBE UND FLUT

Ebbe und Flut werden häufig mit HW und NW verknüpft, aber dies ist falsch. Der Zeitpunkt, in dem der Strom kentert, ist selten der gleiche wie für HW und NW. Man spricht üblicherweise von ost- oder westsetzenden Strömen oder sagt, daß sie in eine bestimmte Richtung setzen. Gezeitenstrom 90 Grad heißt, daß die Flut in Richtung 90° setzt, entgegengesetzt zur Kennzeichnung der Winde, bei denen ein Westwind aus dem Westen kommt. Es ist sinnlos, bei HW aus einem Hafen herauszusegeln und damit zu rechnen, daß man außerhalb der Hafeneinfahrt sechs Stunden Ebbestrom bekommt. Nur bei Flüssen und Flußmündungen, die den Gezeiten unterliegen, ist dies der Fall, denn dort kann das Wasser nirgendwo hin als hinaus in die freie See.

STÄRKE

Die Stärke des Gezeitenstromes wird bei Springtiden größer sein als bei Nipptiden, stärker hinter Kaps und in engen Durchfahrten. Der Strom

* Anm. d. Ü.: Die ganze Zeit vom HW bis NW ist Ebbe, die ganze Zeit von NW bis HW ist Flut.

DEUTSCHE SEEZEICHEN

(Abdruck mit freundlicher Genehmigung des Deutschen Hydrographischen Instituts)

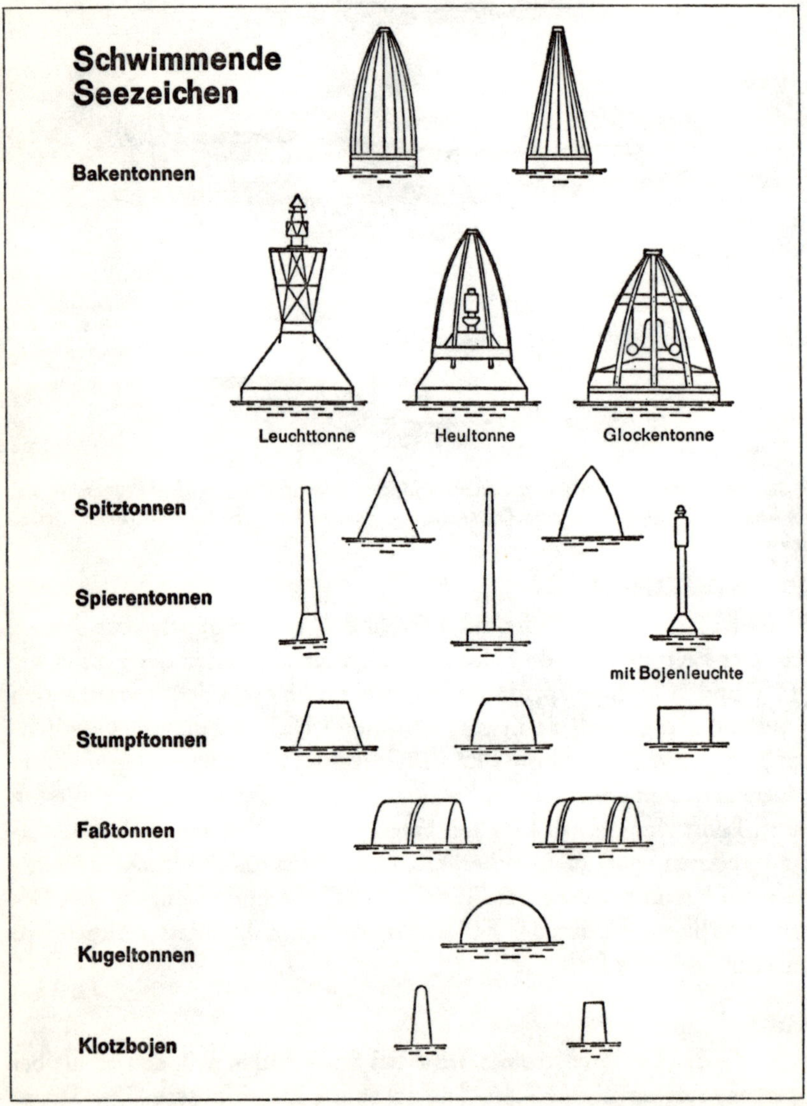

Abb. 27.

wird hinter Kaps Wirbel bilden und in Buchten zur Küste hin setzen, der Strom wird unter Land eher kentern als draußen. Das in eine Bucht setzende Wasser kann höchst gefährlich sein, es muß also sehr stark berücksichtigt werden. Wenn man z. B. bei schlechter Sicht die Lyme Bay in Ostrichtung überquert, würde der gesteuerte Kurs um Kompaßfehler und Abtrift berichtigt sein. Ein paar weitere Grade für die Versetzung zur Küste wären nicht schlecht, denn da der vorherrschende Wind aus Südwest weht, befände man sich in einer unangenehmen Situation, wenn Portland Bill * erst dann in Südost ausgemacht wird, wenn man kurz davor ist. Ist man dagegen beim Sichten des Bill zu weit seewärts, macht es keine Schwierigkeit, abzufallen, um unter die Küste zu gelangen.

GEZEITENATLANTEN

Richtung und Stärke des Gezeitenstroms findet man in einer ganzen Reihe von Publikationen. Meist werden die Angaben in Form kleiner Kartenskizzen des Gebiets dargeboten, die die Ströme von Stunde zu Stunde enthalten; sie beziehen sich auf das HW des nächsten Bezugspunktes. Kleine Pfeile weisen in die Stromrichtung, während zwei Zahlen die Stromstärke anzeigen; eine für Spring- und eine für Nipptiden, man muß daher etwas interpolieren. Die Karten kann man im *Reed's Almanach* finden, wo sie ziemlich klein sind, und auch in besonderen Gezeitenatlanten, die von der britischen Admiralität herausgegeben werden **. Auch in den Seehandbüchern der Admiralität gibt es Abschnitte mit Angaben über örtliche Gezeitenströme. Die Admiralitätskarten zeigen an den verschiedensten Stellen kleine Rhomben, die auf Tabellen mit stündlichen Angaben Bezug nehmen. Man findet dort die genauen Richtungen und die höchsten und niedrigsten Geschwindigkeiten für Spring- und Nipptiden, bezogen auf HW des nächsten Bezugsortes.

GEZEITENAUFGABEN

Es ist schön und gut, einen Gezeitenstrom zu kennen, aber diese Kenntnis ist wertlos, wenn man ihn nicht in seine Berechnungen einbezieht. Im allgemeinen treten zwei Probleme auf: man muß bei bekanntem Kurs und bekannter Distanz feststellen, wohin uns der Gezeitenstrom versetzt hat, und zweitens muß man, wenn man weiß, wohin man will, den Kurs ermitteln, der dorthin führt.

* Anm. d. Ü.: Portland Bill ist ein Kap an der englischen Südküste, wo besonders starke und gefürchtete Überfälle durch Strom auftreten.

** Auch das D.H.I. gibt einen Gezeitenatlas heraus.

Das erste Problem ist durch eine Zeichnung zu lösen. Es trifft in erster Linie auf Segler am Wind zu, die wegen der Richtung, aus der der Wind weht, nicht den Kurs steuern können, den sie gern steuern würden. Sie müssen also so hart am Wind steuern wie möglich und über Stag gehen, wenn dies nötig ist. Normalerweise legt man eine Stunde Fahrt auf einem bestimmten Kurs zugrunde, und bringt den Strom für eine Stunde daran an. Dies ist das wenigste, was noch genau abgetragen werden kann; andererseits kann man nicht mehr als eine Stunde nehmen, weil der

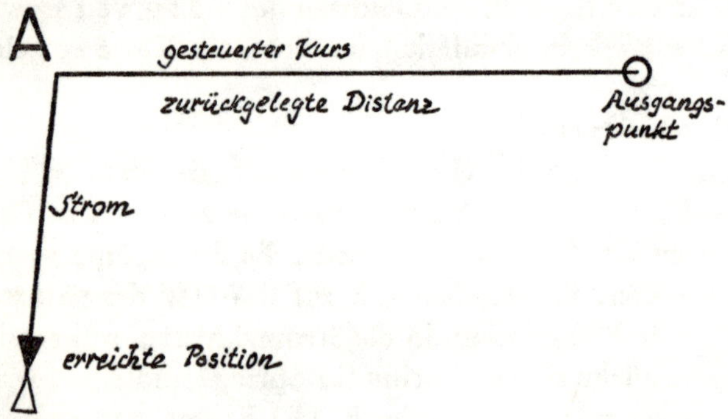

Abb. 28. Um nach einer Fahrt in strömenden Gewässern den Schiffsort zu finden, wird zunächst die durch das Wasser zurückgelegte Distanz in Richtung des gesteuerten Kurses aufgezeichnet. Von dieser Position (A) wird der Strom abgetragen, um den Schiffsort zu erhalten.

Strom nicht länger als eine Stunde konstant bleibt. Wir zeichnen also einfach den Kurs, von unserer Ausgangsposition ausgehend, in die Karte, stecken die Entfernung ab, die wir nach Log in der Stunde zurückgelegt haben, und bringen in diesem Punkt den Strom nach Richtung und Stärke an. Den Punkt am Ende der Gezeitenlinie nennen wir den gegißten Ort (GO) und bezeichnen ihn mit einem kleinen Dreieck. Dieses Dreieck umschließt den von uns angenommenen Schiffsort.

Das zweite Gezeitenproblem ist nicht ganz so einfach. Zunächst einmal zeichnen wir von unserer gegenwärtigen Position aus den Kurs ein, den wir gutmachen möchten, und zwar als einfache Linie ohne Begrenzung. Aus der gleichen Position zeichnen wir den Strom für eine Stunde in die Karte ein, und zwar den Strom, der zur Ausgangsposition hin läuft. Wenn z. B. der Strom in Richtung NO läuft, zeichnen wir ihn rückwärts in SW-Richtung, von unserer Position ausgehend. Vom Endpunkt der Stromlinie, deren Länge ja bekannt ist, schlagen wir mit einem Zirkel einen Kreis auf die angestrebte Kurslinie. Der Radius des Kreises bis zum Schnittpunkt ist die zu erwartende Geschwindigkeit durch das Wasser. Die Linie vom Mittelpunkt des Kreises zum Schnittpunkt ist der Kurs, den wir steuern müssen; die Länge dieser Linie entspricht der Geschwindigkeit über den Grund. Wie genau das alles wird, hängt vom Wetter, der Genauigkeit der zeichnerischen Konstruktion, dem Maßstab der Karte und der allgemeinen Sorgfalt ab.

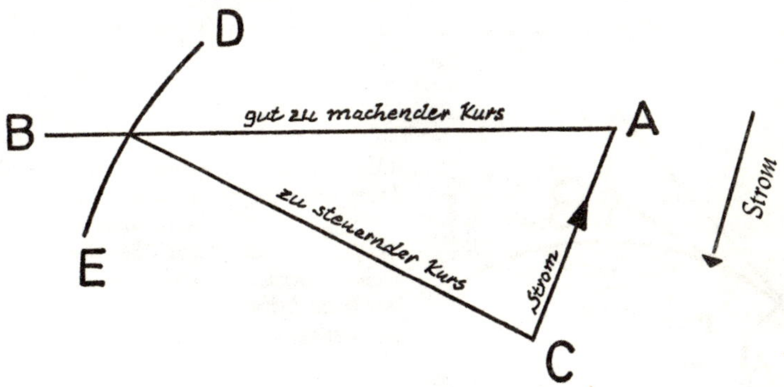

Abb. 29. Um unter Berücksichtigung eines Gezeitenstroms einen bestimmten Kurs gut zu machen, zeichnet man zunächst diesen gut zu machenden Kurs vom Ausgangspunkt (A) nach B ein, einem Punkt, der keiner besonderen Distanz entspricht. Von A zeichnet man den Gezeitenstrom in entgegengesetzter Richtung (AC) – so als ob der Strom nach A hin flösse. Von C schlägt man dann einen Kreisbogen D-E, dessen Radius die angenommene Fahrtgeschwindigkeit ist, er schneidet den gut zu machenden Kurs. Die Linie von C zum Schnittpunkt ist der zu steuernde Kurs.

FEUER UND SEEZEICHEN

Bei Tage können Positionen aus Kreuzpeilungen bekannter Landmarken bestimmt werden, bei Nacht sind diese nicht sichtbar, an ihrer Stelle muß man von Leuchtfeuern Gebrauch machen. Je nach ihrer Lage und der benötigten Lichtstärke sind dies Leuchttürme, Feuerschiffe oder Leuchtbaken. Auf den wichtigsten Kaps, wie z. B. Start Point, sind starke helle Feuer erforderlich, die aus großer Höhe gezeigt werden, damit sie auf weite Entfernung sichtbar sind. In kleinen Häfen wie Dartmouth genügen Feuer mit geringer Sichtweite, die leichter aufzustellen und besser zu unterhalten sind.

SICHTBARKEIT

Die starken Feuer, die auf hohen Türmen oder Steilufern angebracht sind und Lichtstärken von Millionen Kerzen haben, sind so weit sichtbar wie ihrer Höhe über See entspricht. Das Bishop Rock Feuer, das 143 Fuß (43,5 m) über dem Wasserspiegel steht, ist 18 sm weit sichtbar, Round Isle mit 180 Fuß (55 m) Höhe nicht weniger als 20 sm. Dies ist die Entfernung, in der ein Strahl zwischen dem Feuer und dem Beobachter die Meeresoberfläche berührt, die Augenhöhe des Beobachters wird dabei mit 15 Fuß (4,6 m) zugrundegelegt. Die Höhe des Feuers über dem Meeresspiegel wird in den englischen Seekarten und Leuchtfeuerverzeichnissen angegeben in Fuß (0,305 m) vom mittleren Spring-Hochwasser bis zur Mitte der Laterne; bei Niedrigwasser wird es

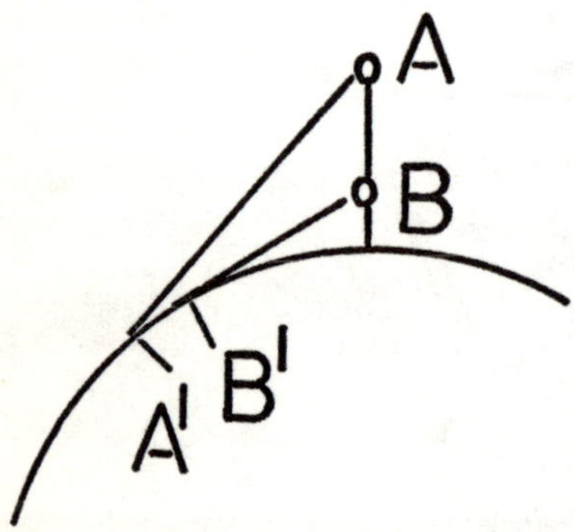

Abb. 30. Die Krümmung der Erdoberfläche verdeckt in bestimmter Entfernung von seiner Quelle die Strahlen eines Lichtes. Je höher das Licht über der Erdoberfläche steht, um so weiter ist es zu sehen. Das hohe Licht A ist noch in A^1 zu sehen, das niedrigere Licht B dagegen nur in B^1.

also etwas weiter zu sehen sein als angegeben. Die Tragweite des Feuers hängt ab von seiner Stärke oder Helligkeit. Aus diesem Grunde sind die meisten hohen Feuer sehr stark, die niedrigeren schwächer, es würde Geldverschwendung bedeuten, ein schwaches Licht in der Spitze eines hohen Turmes anzubringen oder ein sehr starkes Licht in geringer Höhe. Die Stärke eines Feuers ist wichtig bei schlechter Sicht; ein starkes Licht wird unter Umständen auch dann durchdringen, wenn ein schwaches Feuer dies nicht mehr schafft.

Die Entfernung, in der ein Feuer über der Kimm sichtbar wird, kann sehr gut zur Navigation benutzt werden; der Sichtweitenkreis ergibt zusammen mit der Peilung des Feuers eine Position. Meist ist der Augenblick, in dem das Feuer sichtbar wird, scharf definiert, denn wenn der Kopf etwas tiefer gehalten wird, verschwindet das Feuer wieder. Mit bekannter Augenhöhe, die selten 15 Fuß (4,6 m) betragen dürfte, und bekannter Feuerhöhe kann der genaue Abstand mit Leichtigkeit aus den Tafeln im *Reed's* gefunden werden.

FEUERCHARAKTERISTIK

Um ein Feuer vom nächsten unterscheiden zu können, gibt man ihm eine bestimmte Charakteristik, z. B. unterschiedliche Zahl von Blitzen oder verschiedene Intervalle zwischen Schein und Dunkelheit, verschiedene Farben, auch Kombinationen aller dieser Eigenschaften. Die wichtigsten Arten sind Blitzfeuer (*Blz.* auf der Karte), die einen oder mehrere Blitze aufweisen und bei denen die Dunkelperiode länger ist als der Schein; ferner das unterbrochene Feuer (*Ubr.*), ein Licht, das in regelmäßiger Wiederkehr von einer oder mehreren Perioden Dunkelheit unterbrochen wird, wobei die Dunkelzeiten kürzer sind als der Schein; und schließlich Gleichtaktfeuer (*Glt.*), bei denen Leuchtzeit und Dunkelheit gleich lang sind. Wenn Blitzfeuer oder unterbrochene Feuer mehr als eine Unterbrechung haben, nennt man sie mit dem Zusatz „Gruppen" (*Grp.*) z. B. Blz. Grp. (3) 10 Sek. (ein Feuer, das alle 10 Sekunden drei Blitze ausstrahlt). Wenn nicht ausdrücklich eine Farbe angegeben ist, sind die Feuer weiß.

Es gibt auch ständig leuchtende Feuer — Festfeuer (*F*) — oder Festfeuer mit Blitzen (*F, Blz.*), bei denen einem festen Feuer hellere Blitze überlagert sind. Ein Funkelfeuer (*Fkl.*) blitzt mehr als 60mal pro Minute * und kann auch unterbrochen sein (*Fkl. ubr.*). Feuer, die ihre Farbe ändern, heißen Mischfeuer. Manche Leuchttürme zeigen mehr als ein farbiges Feuer.

Die Lage eines Feuers wird auf der Karte durch einen Stern mit orangefarbenen Blitzen gekennzeichnet (in deutschen Karten durch einen gelben Kreis), die Charakteristik des Feuers ist daneben angegeben. Wie viele Einzelheiten zu finden sind, hängt vom Maßstab der Karte ab. Es ist ganz offensichtlich unmöglich, jedes kleine Feuer auf einer Karte der ganzen Nordsee zu zeigen, während ein Plan des Hafens von Lowestoft jedes Detail enthalten wird. Diese Details bestehen aus Lage, Farbe, Charakteristik, Höhe, Sichtweite, Tragweite usw., sowie einer eventuellen Verbindung mit einem Nebelsignal. Einzelheiten für jedes Feuer sind in dem Leuchtfeuerverzeichnis vermerkt, auch im *Reed's Almanach* **.

BESONDERE LEUCHTFEUER

Einige Leuchtfeuer dienen besonderen Zwecken, daher weisen sie spezielle Eigenschaften auf. Leitfeuer sind so angeordnet, daß sie sich dekken; das entferntere Feuer steht über dem näheren, wenn man sie von

* *Anm. d. Ü.* In Deutschland 40mal.

** *Anm. d. Ü.* Für die Feuer der Küsten Großbritanniens und ausgewählte kontinentale Feuer.

der Mitte des Fahrwassers aus sieht. Eine Abweichung bringt sie aus der Deckung, man muß dann auf das untere Licht zusteuern, um wieder in das Fahrwasser zu kommen, genauso wie beim Steuern nach einer Deckpeilung.

Vielfach leuchten Feuer nur über begrenzte Sektoren, oder sie zeigen in verschiedenen Sektoren verschiedene Farben. Die Grenzen sind auf der Karte jeweils mit punktierten Linien angegeben. Die Peilungen dieser Sektoren sind wie alle Peilungen in der Karte von See aus angegeben; man muß dabei zunächst etwas aufpassen. Wenn ein Feuer von 270 bis 280 Grad rot ist, so heißt dies, das Feuer leuchtet von der Feuerposition aus von 90 bis 100 Grad rot, von See aus gesehen ist es rot zwischen 270 und 280 Grad. Man sieht, das dies nicht die naheliegende Methode ist, einen Sektor zu bezeichnen, man muß daran denken, daß eine Peilung immer vom Peilenden aus gerechnet wird. Sektoren machen es möglich, Untiefen in einem Seegebiet durch ein andersfarbiges Licht zu kennzeichnen, ohne daß dazu der Schiffskompaß in Anspruch genommen werden muß. Wenn das Licht des Feuers rot ist, dann befinden wir uns eben im gefährlichen Sektor.

SCHEIN

Starke Feuer können oft als Schein im Himmel gesehen werden, bevor der Kern des Feuers über der Kimm auftaucht. In der Mitte des Ärmelkanals kann man manchmal drei oder vier Feuerscheine im Himmel sehen, sowohl von der englischen wie von der französischen Küste. Dies liegt daran, daß niedrige Wolken das Licht zur Erde reflektieren, anstatt es sich im Raum verlieren zu lassen.

LEUCHTFEUERVERZEICHNISSE

Alle Leuchtfeuer, mit Ausnahme der Leuchttonnen, sind in dem Leuchtfeuerverzeichnis *(Lfv.)* aufgeführt, aber für den Skipper einer kleinen Yacht genügt die Kombination aus einer auf den letzten Stand berichtigten Seekarte und dem *Reed's Almanach*. Es ist wichtig, die Karten zu berichtigen, denn die Feuer werden manchmal geändert, man sollte daher die Nachrichten für Seefahrer auf entsprechende Hinweise hin durchsehen.

BEI TAGE

Landmarken sind bei Tage häufig sehr viel schwerer zu identifizieren als bei Nacht. Ein Feuer hat eine ganz bestimmte Kennung, die es in die

Dunkelheit hinausstrahlt, ein Kap oder ein Hügel dagegen nicht. Die Gebäude von Leuchttürmen sind bei Tage wie bei Nacht gute Landmarken, denn sie sind auffällig und charakteristisch angemalt, auch kann man Gebrauch machen von Schornsteinen, großen Gebäuden oder Kirchen, sofern sie auf der Karte vermerkt sind. Der Verlauf der Küste kann ebenfalls gut genutzt werden, oft braucht man eine bestimmte Stelle nicht zu identifizieren, sondern es genügt, eine Peilung als Tangente einzuzeichnen.

TONNEN

Dicht unter Land navigieren wir nach Marken, die zu sehen sind, und bleiben auf ihrer sicheren Seite, anstatt nach ihnen Positionsbestimmungen vorzunehmen. Tonnen sind die meistgebrauchten Navigationshilfen dieser Art. Sobald ein guter Landfall stattgefunden hat, wird die weitere Navigation meist nach den Tonnen erfolgen.

An seiner Oberfläche sieht jedes Stück ungefähr so aus wie das andere, die tiefen Teile haben die gleiche Farbe wie die flachen, die sicheren wie die gefährlichen. Manchmal verrät brechende See, daß unter der Oberfläche verborgene Gefahren drohen; manchmal sieht man eine stehende Möwe, was gewisse Zweifel hinsichtlich der Wassertiefe auslösen dürfte; manchmal erkennt man eine Untiefe auch daran, daß ein anderer Seefahrer mit seinem Boot hoch und trocken darauf sitzt, aber im allgemeinen gibt es wenige natürliche Hinweise darauf, wo die sichere Durchfahrt ist und wo die gefährliche Klippe. Man verwendet daher schwimmende Seezeichen, um die Grenzen des Fahrwassers und isolierte Untiefen zu kennzeichnen.

Tonnen sind eine Navigationshilfe, aber da sie auf ihre Verankerungen angewiesen sind, die sie in ihrer genauen Position festhalten sollen, oft jedoch Gezeitenströmen, starken Winden und hoher See ausgesetzt sind, sollte man sich nicht bedingungslos auf sie verlassen. Manchmal vertreiben sie, aber man sieht ihnen nicht an, anders als Landmarken, ob sie nun auf Position sind oder nicht. Dazu kommt, daß eine Tonne an einer Kette verankert ist. Bei Niedrigwasser kann sie also ein ganzes Stück von ihrer in der Karte angegebenen Position entfernt sein, denn die Lose in der Kette ermöglicht es ihr, mit der Tide zu treiben. Ich persönlich muß allerdings sagen, daß ich Tonnen voll und ganz vertraue, denn wer eine Tonne erwischt, die nicht auf Position ist, muß schon viel Pech haben — immerhin gibt es Pechvögel.

Fahrwasserbezeichnung

(System der Seitenbezeichnung oder Lateralsystem)

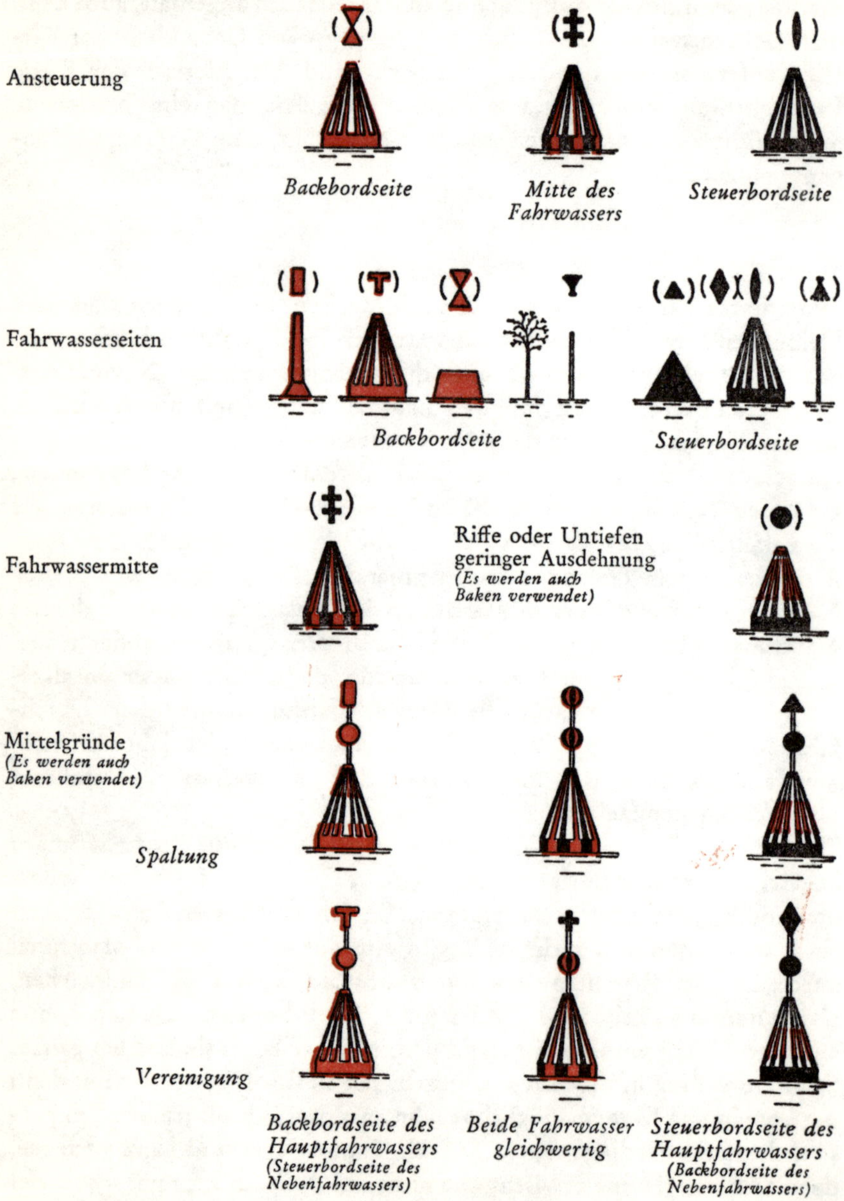

Bemerkung: Toppzeichen in Klammern bedeutet: Wenn Toppzeichen nötig

Abzweigungen oder Einmündungen *(Es werden auch Baken verwendet)*

Backbordseite des Hauptfahrwassers *Steuerbordseite des Hauptfahrwassers*

Backbordseite Steuerbordseite
der Abzweigung oder Einmündung

Backbordseite Steuerbordseite
der Abzweigung oder Einmündung

Beide Fahrwasser gleichwertig

Steuerbordseite des Hauptfahrwassers und Backbordseite der Abzweigung oder Einmündung eines anderen Hauptfahrwassers

Untiefenbezeichnung außerhalb der Fahrwasser

(System der Richtungsbezeichnung oder Kardinalsystem)
(Es werden auch Baken verwendet)

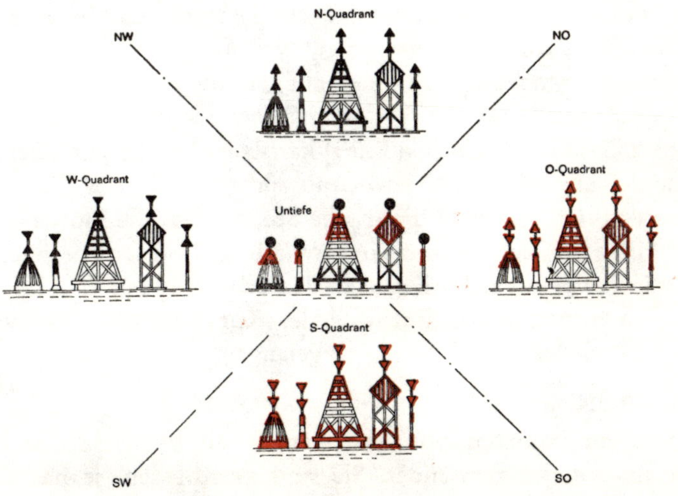

KENNZEICHNUNG

Um Nutzen aus ihnen zu ziehen, muß man Tonnen voneinander unterscheiden können, andererseits müssen sie aber übereinstimmende Kennzeichen haben, die auf ähnliche Gefahren hinweisen. Aller Voraussicht nach wird man jeweils zu gleicher Zeit Tonnen sehen, die Fahrwasser, Untiefen, Ausmündungen der Kanalisation und Schiffahrtshindernisse kennzeichnen. Jede davon muß von der anderen verschieden sein, dennoch muß jede Art, die vor einer bestimmten Gefahr warnt, ein gemeinsames Kennzeichen haben. Man erreicht das mit Hilfe von Form, Farbe, Leuchtzeichen, Toppzeichen, Glocken oder Heuleinrichtungen. Meist ist auch die Bezeichnung der Tonne in großen Buchstaben auf einer Seite aufgemalt, wenn auch fast immer auf der abgewandten Seite!

BETONNUNGSSYSTEME

Man muß in der Lage sein, sehr schnell zu erkennen, worauf eine Tonne hinweist, daher sind verschiedene Formen und Farben einheitlich einem allgemeinen System zugeordnet. In Großbritannien verwendet man das Lateralsystem, auf dem Kontinent meist das Kardinalsystem.

DAS LATERALSYSTEM

Beim Lateral- oder Seitenbezeichnungssystem haben Tonnen, die Fahrwasser markieren, verschiedene Kennzeichen, je nachdem, welche Seite des Fahrwassers sie bezeichnen. Die Tonnen auf der rechten Seite heißen Steuerbord-Tonnen, die links liegenden Backbord-Tonnen; beide sind eindeutig gekennzeichnet. Das erste Problem taucht auf, wenn wir uns fragen, wessen rechte Hand wir zugrunde legen, unsere oder die des anderen. Dies Problem ist bereinigt, weil festgesetzt wurde, daß die Bezeichnung rechts und links sich auf das in den Hafen einlaufende Schiff bezieht oder das Schiff, das mit dem Hauptflutstrom fährt. Der Flutstrom fließt im Englischen Kanal kanalaufwärts bis zur Themse, von Westen und um Schottland und dann südwärts bis zur Themse sowie von Norden und Süden in die Irische See, wo sich die Flutströme etwa in der Mitte treffen. Wenn man also durch die Nordsee nach Süden fährt, würde die englische Küste an Steuerbord liegen. Die Betonnung würde sich nicht ändern, nur weil der Kurs um 180 Grad geändert würde, um wieder nach Norden zu gelangen.

MITTELGRÜNDE

Um Untiefen inmitten von Fahrwassern zu kennzeichnen, werden Mittelgrundtonnen verwendet. Sie sind verschieden, je nachdem, ob

das Hauptfahrwasser rechts liegt oder links oder ob beide Fahrwasser gleich wichtig sind. Die Toppzeichen der Tonnen bezeichnen das innere und äußere Ende der Untiefe, wiederum relativ zum Flutstrom. Ganz allgemein gesprochen sind Tonnen eine brauchbare Hilfe, um im sicheren Fahrwasser zu bleiben, ohne allzuviele Kreuzpeilungen nehmen zu müssen, daher ist es der Mühe wert, sich einzuprägen, welche Bedeutung ihre Formen, Farben und Toppzeichen haben.
Durch ständigen Umgang sind die meisten britischen Sportschiffer mit ihrem Seitenbezeichnungssystem vertraut, aber auf der anderen Seite des Ärmelkanals findet man ein vollständig anderes System. Wie an das Rechtsfahren oder das Einkaufen nach Kilogramm muß man sich auch daran erst einmal gewöhnen.

DAS KARDINALSYSTEM

Das Kardinal- oder Richtungsbezeichnungssystem ist mit kleinen Abweichungen in den meisten europäischen Ländern gebräuchlich. Daneben wird oft das Lateralsystem angewendet, um Einfahrten und Fahrwasser der Häfen und Flüsse zu kennzeichnen. An der Seinemündung macht zum Beispiel das Kardinalsystem dem Lateralsystem Platz, sobald man in den Fluß hineinfährt. Beim Lateralsystem sehen die Tonnen verschieden aus, je nachdem, ob sie an der Steuerbordseite, der Backbordseite oder in der Mitte des Fahrwassers liegen. Beim Kardinalsystem jedoch zeigen die Unterschiede der Tonnen, wo sie relativ zum angezeigten Schiffahrtshindernis liegen. Eine Tonne, die das Nordende einer Untiefe kennzeichnet, unterscheidet sich von einer Tonne am Ostende, obwohl beide unter Umstände an der gleichen Seite gelassen werden, wenn man die Untiefe im Fahrwasser umfährt. Auch wenn man nicht weiß, wo das Fahrwasser liegt oder in welcher Richtung der Flutstrom setzt, kann man daher sofort sagen, auf welcher Seite einer Tonne die Gefahr liegt und nach welcher Seite man Kurs ändern muß. Das ist ein sehr bedeutender Vorzug.
Beim Kardinalsystem gibt es vier Arten von Tonnen, jede kennzeichnet einen 90°-Quadranten um das Schiffahrtshindernis. Der Nordquadrant reicht von Nordwest bis Nordost, der Ostquadrant von Nordost bis Südost und so weiter bis Nordwest.

DER NORDQUADRANT

Tonnen im Nordquadranten (Nordwest bis Nordost von der Gefahr aus) sind Spitz- oder Spierentonnen, schwarz bemalt, mit einem breiten weißen Band in der Mitte. Sie können ein Toppzeichen aus einem oder zwei schwarzen Kegeln mit nach oben gerichteter Spitze tragen. Sind sie befeuert, zeigen sie ein weißes Licht, das blitzt oder ungerade Unterbrechungen aufweist. Um die Identifizierung zu erleichtern, sind die Spieren manchmal auch weiß mit einem schwarzen Band.

DER OSTQUADRANT

Tonnen im Ostquadranten (Nordost bis Südost von der Untiefe oder dem Wrack) sind Baken- oder Spierentonnen (Bakentonnen haben eine bogenförmig geschwungene Form), die oben rot und unten weiß bemalt sind und ein Toppzeichen aus zwei mit den Grundflächen gegeneinander stehenden roten Kegeln tragen können. Wenn sie befeuert sind, zeigen sie ein rotes Licht mit gerader Blitz- oder Unterbrechungszahl. In Sonderfällen ist das Licht weiß und die Farbgebung der Spiere umgekehrt, so daß oben weiß und unten rot steht.

SÜDLICHER QUADRANT

Tonnen im Südquadranten (Südost bis Südwest von der Gefahr) sind Stumpftonnen* oder Spierentonnen, rot mit einem weißen Band in der Mitte, sie können ein Toppzeichen aus zwei mit der Spitze nach unten weisenden roten Kegeln haben. Befeuert zeigen sie ein rotes Licht aus Blitzen oder mit einer geraden Zahl von Unterbrechungen, allerdings kann das Licht auch weiß sein.

WESTQUADRANT

Tonnen im westlichen Quadranten (Südwest bis Nordwest von der Gefahr) sind spindelförmig oder Spieren — als Spindel bezeichnet man einen hohen Kegel mit schmaler Grundfläche —, oben schwarz, unten weiß. Sie können ein Toppzeichen aus zwei schwarzen Kegeln mit gegeneinander gerichteten Spitzen tragen (Stundenglas). Befeuert zeigen sie ein weißes Licht mit Blitzen oder einer geraden Zahl von Unterbrechungen.

ABWEICHUNGEN

Ebenso wie die Farbe der Spierentonnen im N- und O-Quadrant abweichend sein kann, und so wie im O- und S-Quadrant weiße an Stelle von roten Lichtern benutzt werden können, gibt es auch Abweichungen in der Form der Tonnen für den O- und W-Quadranten. Im Osten kann

* Das vom Verfasser beschriebene Betonnungssystem ist in Frankreich gebräuchlich. In Deutschland gibt es nur Baken- und Spierentonnen für alle Quadranten. In Schweden sind die Toppzeichen beim Ost- und Westquadranten genau umgekehrt.

die Tonne kegelförmig statt geschweift sein, im Westen eine Stumpftonne anstatt einer Spindel. Trotzdem sind die Tonnen eindeutig in Farbe und Form; man kann eine Spitztonne, die Nord kennzeichnet, nicht mit einer solchen verwechseln, die im Osten liegt. Sie sind nicht nur verschieden angemalt, die eine hat auch ein Band in der Mitte, die andere ein farbiges Oberteil.
In den Ländern des Kontinents werden mehr Toppzeichen als in England verwendet; sie sind aus einiger Entfernung besser erkennbar. Die Silhouette eines Toppzeichens gegen den Himmel ist oft das erste, was man von einer Tonne sieht. Die Tonnen sind, verglichen mit britischen Tonnen, riesig, man kann sie daher aus viel größerer Entfernung sehen.

WRACKBEZEICHNUNG

Das Kardinalsystem sieht nur zwei Wrackkennzeichnungen vor, eine für den Ostquadranten und eine für den Westen. Ich weiß nicht, welche Überlegungen dahinterstehen, aber man findet häufig, daß Wracks durch normale Tonnen bezeichnet werden, so daß man offensichtlich nicht der Meinung ist, nur für Wracks seien zahlreiche besondere Bezeichnungen notwendig. Die Wracktonnen entsprechen hinsichtlich Form und Toppzeichen den Tonnen für den Ost- und Westquadranten. Sie sind durchweg grün mit einem weißen „W", ihr Licht ist ebenfalls grün, Blitze mit Unterbrechungen im Osten und Blitze im Westen. Toppzeichen sind für Wracktonnen besonders wichtig, denn ihre Form macht es möglich, daß man sie mit Wracktonnen im Lateralsystem verwechselt — mit katastrophalen Folgen.
Das kontinentale Kardinalsystem ist gut, einfach und wirksam, nur Unerfahrenheit damit kann Schwierigkeiten bereiten. Wer ins Ausland fährt, sollte vorher sein Wissen ein paar Minuten lang auffrischen, das dürfte den Törn sicherer und schneller machen, denn eine von Zuversicht getragene Navigation erspart Umwege auf „Schlachtschiffkursen".

NEBELSIGNALE

In unseren Breiten gibt es eine Menge Nebel, und dieser kommt meist sehr plötzlich auf. Deshalb müssen wir in der Lage sein, auch bei schlechter Sicht einwandfrei zu navigieren, wenn unser Seetörn ohne Zwischenfälle verlaufen soll. Das Problem bei Nebel besteht darin, daß wir jede Sichtmöglichkeit verlieren und daher keine optischen Peilungen mehr nehmen können. Unsere Positionsbestimmung ist kritisch, und es wird schwieriger, Untiefen zu vermeiden, wenn wir einen Hafen ansteuern.

Es kann auch zu riskant, wenn nicht gar unmöglich sein, enge Durchfahrten zu bewältigen. Natürlich gibt es noch andere Wege, unseren Schiffsort zu bestimmen; Funkpeilungen und Lotungen sind nur zwei davon, und es ist sehr angebracht, sich rechtzeitig darin zu üben.
Um uns bei Nebel die Sache leichter zu machen, besitzen viele Seezeichen, Leuchttürme, Feuerschiffe, Tonnen und Baken Einrichtungen zur Abgabe von Schallzeichen. Wir sollten uns aber von vornherein über eines klar sein: diese Schallzeichen haben eine Reihe schwerwiegender Mängel. Bestenfalls sagen sie uns, daß ein bestimmtes Seezeichen in einer recht unbestimmten und unzuverlässigen Richtung in unbekannter Entfernung liegt; schlimmstenfalls führen sie uns irre.

SCHALL

Der Grund dafür liegt darin, daß Schall eine recht ungenaue Sache ist; wir wissen nicht, wie weit er unter bestimmten Bedingungen trägt, und wir können nicht mit Sicherheit feststellen, aus welcher Richtung er kommt. Ein Nebelsignal kann weit reichen oder wenig weit, es ist manchmal in großer Entfernung hörbar, aber nicht in der Nähe. Nur eines ist sicher, daß es mit dem Wind besser zu hören ist als gegen den Wind. Bei einem Signal aus zwei Tönen verschiedener Höhe kommt unter Umständen nur der höhere Ton an oder der tiefere oder beide oder keiner, und auch die Richtungsschätzung ist sehr schwierig.

SCHALLSIGNALE

Nebelsignale werden meist durch komprimierte Luft erzeugt, auch durch Schüsse oder durch Bewegungen der Meeresoberfläche, zum Beispiel in Glocken- und Heultonnen. Sie können aber auch unmittelbar von Menschenhand erzeugt sein, zum Beispiel durch Anschlagen von Glocken oder Gongs oder einem Mülleimerdeckel. Nebelsignale durch komprimierte Luft werden in den meisten Leuchttürmen rund um England verwendet. Die Art der Tonerzeugung ist nachstehend erläutert, denn man muß den Ton kennen, den ein bestimmter Signalgeber erzeugt, um ihn erkennen zu können.

PRESSLUFT-SCHALLSIGNALE

Die Kolbensirene (Diaphon, auf der Seekarte *Dia.*) hat einen starken, niedrigen Ton, der mit deutlich wahrnehmbarem Abfallen in der Tonhöhe endet, etwa wie ein Grunzen. Das Supertyphon ist ein Membransender und erzeugt einen kräftigen Ton, der ähnlich ist wie ein Schiffsnebelhorn. Das Reedhorn oder Zungenhorn (*Reed's*) verbreitet einen hohen, aber verhältnismäßig schwachen Ton, während die Sirene ein mittelstarkes Signal erzeugt, das sowohl eine hohe wie eine niedrige Frequenz haben kann, auch eine Kombination von beiden. Die Nebelkanone (*Gun*) produziert einen Knall, der dem einer Kanone ähnelt, die Acetylen-Kanone erzeugt dazu bei jeder Explosion einen blendend hellen Blitz. Das Explosionssignal (*Explos.*) explodiert in größerer Höhe in der Luft, es wird im allgemeinen nur für küstenferne Nebelsignale verwendet.

ZEITFOLGE

Neben den Nebelsignalen, die im vorstehenden Absatz aufgezählt wurden, gibt es noch Unterschiede in der Zeitfolge und in der Zahl der Töne oder Knalle, um ein Signal vom nächsten unterscheiden zu können. Einige Stationen geben die Töne so ab, daß sie einen Morsebuchstaben bilden; diese sind auf der Seekarte durch die Abkürzung *MO* gekennzeichnet, der von ihnen ausgestrahlte Buchstabe steht in Klammern dahinter, zum Beispiel Dia MO (G).

NEBELLICHTER

Eine Reihe von Leuchttürmen setzt gleichzeitig mit den Schallsignalen ein Nebellicht in Aktion. Dieses Licht besteht aus einem schmalen Strahl eines intensiven blauen Lichtes, der langsam in dem bestrichenen Sektor hin und her pendelt, er braucht etwa acht Minuten für jede Pendelbewegung. In der Nähe eines solchen Lichtes, das zum Beispiel Anvil Point und Dungeness besitzen, kann ein sorgfältiger Ausguck von großem Nutzen sein.

VERHALTEN BEI NEBEL

Für ein kleines Fahrzeug bringt Nebel nicht nur schwierige navigatorische Probleme mit sich, sondern auch die Gefahr, überrannt zu werden. Es ist nicht gerade angenehm, in einem kleinen Boot zu sitzen, nicht genau zu wissen, wo man ist, und auf eine Kimm zu starren, die nur ein paar Meter entfernt ist. Motorfahrzeuge müssen mit langsamer Fahrt laufen, damit sie hören können, um sich den Vorschriften der Seestraßenordnung entsprechend zu verhalten und um Ruder im Schiff zu haben, wenn ein schnelles Ausweichen notwendig ist. Segelboote liegen oft in der Flaute fest und sind nicht in der Lage, der vorbeifahrenden Schiffahrt aus dem Wege zu gehen.

Die Nebelsignale eines kleinen Bootes werden aller Voraussicht nach von vorbeifahrenden Schiffen nicht wahrgenommen, denn diese fahren nach ihrem Radar und laufen eine Fahrt, die ein Gehörtwerden zur reinen Glückssache macht. Selbst wenn man gehört werden sollte, sind die Chancen, daß ein großes Schiff erst einmal die Position eines kleinen Bootes ausmacht und ihm dann ausweicht, recht gering. Große Schiffe brauchen sehr viel Zeit, um Fahrt zu verlieren oder ihren Kurs zu ändern.

Das Gebot der Sicherheit erfordert bestimmte Verhaltensregeln. Um nicht überrannt zu werden, muß man zunächst einmal den Radarreflektor setzen, das Nebelhorn bedienen und einen guten Ausguck halten. Man hört die Maschinen großer Schiffe auf weite Entfernung. Wenn man mit Motorkraft fährt, laufe man mit langsamer Fahrt, unter Segeln versuche man Ruder im Schiff zu behalten, vor allem aber bemühe man sich in beiden Fällen, aus dem Schiffahrtsweg herauszukommen.

Hinsichtlich der Navigation versuche man eine wirklich genaue Koppelrechnung durchzuführen, ergänzt durch Positionsbestimmungen durch Funkpeilung und Lotungen, sofern das möglich ist. Man ziehe jede nur mögliche Information heran, um die Position auf der Karte auf den letzten Stand zu bringen. Nebel nagt am Zutrauen, legt einem eine Binde vor die Augen und läßt einen in ungewohnter Umgebung herumtasten. Dennoch verhalten sich Boote bei Nebel genauso wie bei klarem Wetter, es gibt also keinen Grund, ihn besonders zu fürchten. Rechne mit allem, bereite Dich auf Nebel vor und begegne ihm mit Überlegung, dann wirst Du die damit verbundenen Gefahren sicher meistern.

8. Kapitel

Positionsbestimmung

Wir sahen, daß der eine Weg, zu einem Schiffsort zu gelangen, das Koppeln ist, aber wir wissen auch, daß sich bei dieser Methode die Fehler addieren. Man muß daher den Koppelort so oft wie möglich mit einer exakten Positionsbestimmung berichtigen. Diese Positionsbestimmung ist auf verschiedene Weise möglich.

DIE VERFAHREN

Drei grundlegende Verfahren sind auf See gebräuchlich, die Position festzustellen. Das erste macht Gebrauch von einem bekannten Seezeichen, in dessen Nähe man ist, zum Beispiel eine Tonne oder eine Bake. Das zweite Verfahren setzt voraus, daß man die Gegend so gut kennt, meist durch ständige Erfahrung, daß ein Blick auf die Umgebung genügt, um die Position eindeutig festzulegen. Ein Gebäude ist zum Beispiel nur aus einer ganz bestimmten Position heraus sichtbar, ein Kirchturm ist gerade durch eine Baumlücke zu erkennen; eben weil man alle Einzelheiten dieser Art kennt, bilden sie ein eigenes System zur Navigationsbestimmung. Im Heimatgewässer ist bei klarem Wetter oft eine Verbindung dieser beiden Verfahren ausreichend. Das dritte Verfahren ist formaler, man wendet es dort an, wo man die Gegend nicht so gut kennt oder wo Landmarken so spärlich sind, daß ein Segeln von einer Tonne zur nächsten nicht sicher genug ist.

Wenn man beispielsweise von seiner Muring im Hamble River losgemacht hat, wird man zur Mündung hinunterfahren und sich dabei auf die Erfahrung verlassen, denn man kennt das Fahrwasser und die Landmarken von häufigen früheren Fahrten. Ist man erst einmal bei Southampton, wird man wahrscheinlich weiterfahren und dabei die verschiedenen Tonnen Revue passieren lassen, auch den Hook und das Calshot

Feuerschiff und so weiter, aber sobald man aus dem Needles Kanal heraus ist und keine Tonnen mehr hat, braucht man eine einwandfreie Kopplung von der letzten Tonne aus. Die nach Kopplung gefundenen Orte wird man dann mit den verschiedenen Positionsbestimmungen nach Landmarken oder nach Funkpeilung berichtigen. Im Anfang ist es sehr empfehlenswert, die Positionsbestimmungen in Gegenden zu üben, wo es noch Tonnen gibt, damit man die Genauigkeit überprüfen kann.

STANDLINIEN

Eine Positionsbestimmung mit Hilfe von Standlinien macht Gebrauch von einer Linie auf der Karte, die einer Linie auf der Erdoberfläche entspricht; auf dieser Linie muß das Boot sich befinden. Kann man zwei Standlinien gleichzeitig bestimmen, so kreuzen sich diese im augenblicklichen Schiffsort. Normalerweise versucht man sogar drei Linien zu ermitteln, damit Fehler sofort dadurch auffallen, daß sich nicht alle drei Linien in einem Punkt schneiden. In der Praxis führen verschiedene kleine Fehler im allgemeinen dazu, daß sie sich nicht in einem Punkt schneiden, sondern ein kleines Dreieck bilden (den „Dreispitz"). Wenn dieses Dreieck nicht allzu groß ist, sagen wir, nicht größer als eine Seemeile breit bei 10 sm Abstand von der Küste, dann ist unsere Positionsbestimmung verhältnismäßig genau; man sollte natürlich anstreben, das Dreieck möglichst klein zu halten.
Es gibt alle möglichen Standlinien. Es können gerade Linien sein, die sich aus der Peilung von Feuern oder Landmarken ergeben, manchmal auch aus einer Deckpeilung; sie können aus einem Kreis bestehen, der um einen bekannten Punkt geschlagen ist und den Abstand davon darstellt; sie können auch eine nicht gerade verlaufende Linie sein, zum Beispiel eine 10-m-Linie, die sich aus Lotungen ergeben hat. Die Genauigkeit einer Standlinie hängt ab von der Entfernung, aus der man gemessen oder gepeilt hat, dem Wetter, der Bewegung des Bootes, der Präzision des benutzten Instruments und der Erfahrung der Person, die die Messung durchgeführt hat. Fehler ergeben sich auch dann, wenn die Standlinien nicht zur gleichen Zeit bestimmt wurden, denn wenn die Ortsveränderung des Schiffes zwischen den Beobachtungen nicht in Rechnung gestellt wird, erhalten wir falsche Standlinien.

ERMITTLUNG DES SCHIFFSORTES

Aus allerlei Gründen ist eine Standlinie manchmal nicht sehr genau, man ist mit ihr dann nicht schlauer als zuvor. Dennoch hilft jedes Faktum, das in der Karte eingetragen wird, dem Navigator, sich ein Bild von seiner gegenwärtigen Position zu machen. Eine schlechte Standlinie sollte nach einer anderen Methode nachgeprüft oder wiederholt werden, bis die Dinge auf der Karte anfangen, einen Sinn zu ergeben. Der Navigator hat immer einen Trumpf in seiner Hand, er weiß, wo das Boot war, als es aus dem Hafen auslief, er kennt die Gezeitenströme, die seinen Weg beeinflußt haben, er kennt die Kurse und die auf ihnen zurückgelegten Distanzen, er sollte also einen recht brauchbaren Koppelort haben, bevor er anfängt, Standlinien zu nehmen. Das Koppeln sollte neben dem Nehmen von Standlinien weitergeführt werden, denn zunächst wird es genauer sein. Erst wenn eine gute Standlinie genommen werden konnte, sollte man aus der damit gefundenen Position weiter koppeln. Man hat damit auch eine Vorausschau auf die künftige Bewegung des Bootes, denn eine Standlinie ist, sobald sie genommen wurde, auch schon veraltet.

ARTEN VON STANDLINIEN

Eine Positionsbestimmung ist nichts als die Kombination von mehreren Standlinien. Die gebräuchlichste und einfachste ist eine Kombination von zwei oder drei Peilungen von Landmarken, die mit Hilfe eines Handpeilkompasses ausgeführt wurden. Solange die Marken richtig identifiziert und auf der Karte gekennzeichnet wurden, dürfte es keine Probleme geben; natürlich würde eine unbekannte Deviation, falsch angewandte Kompaßfehlerberichtigung oder eine schlechte Peilung die Positionsbestimmung unbrauchbar machen. Eine bessere Peilung erhält man mit einer Deckpeilung, denn diese basiert nicht auf dem Kompaß und ist daher mit fast hundertprozentiger Sicherheit genau. Leider ist sehr oft keine Deckpeilung greifbar, denn sie ist jeweils nur einen Augenblick lang da, einen Augenblick, der nicht in unserer Hand liegt.
Kreisförmige Standlinien erhält man meist aus der Ermittlung der Entfernung von einem Leuchtturm, dessen Vertikalwinkel mit einem Sextanten gemessen und aus der bekannten Feuerhöhe in Distanz umgewandelt wurde. Dies ist eine genaue und einfache Methode, und wenn dazu noch eine Peilung genommen wird, verfügt man über einen Schiffsort. Leider sind gute Sextanten teuer, dennoch wird ein Präzisionsinstrument benötigt. In drei Seemeilen Abstand wird zum Beispiel ein Winkelfehler von drei Minuten im Vertikalwinkel eines Leuchtturms von 200 Fuß Höhe (61 m) einen Fehler von 400 Yard (ca. 360 m) bewirken. Ein Sextant läßt sich auch dazu verwenden, die Horizontal-

winkel zwischen drei Punkten zu messen, dies ergibt die allergenaueste Position. Im allgemeinen überträgt man eine solche Messung mit Hilfe eines Instrumentes, das Doppelwinkelmesser heißt. Es handelt sich um

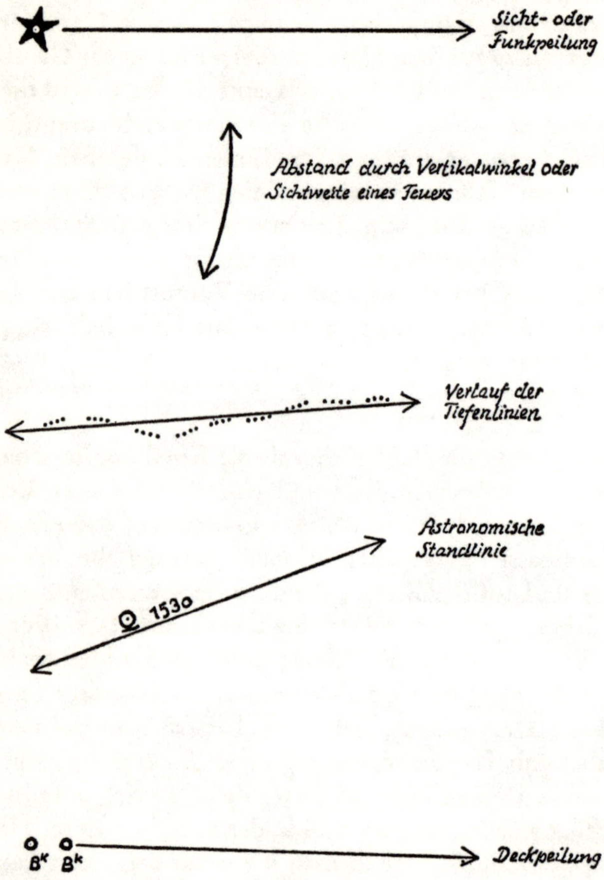

Abb. 33. Arten von Standlinien.

eine Art dreifachen Lineals mit einer Winkelskala in der Mitte. Nachdem die Horizontalwinkel gemessen wurden, bewegt man den Doppelwinkelmesser solange auf der Karte hin und her, bis die drei Lineale die drei gepeilten Objekte schneiden; der Mittelpunkt des Doppelwinkelmessers ist dann der Schiffsort. Im *Reed's Almanach* gibt es jetzt für diesen Zweck eine Tafel, um diese Art der Peilung auszurechnen, ohne einen Doppelwinkelmesser zu Hilfe zu nehmen. Das ist erfreulich, denn erstens kosten Doppelwinkelmesser Geld, und zweitens läßt sich mit ihnen auf einem beengten Kartentisch schlecht arbeiten. Anstelle eines Doppelwinkelmessers ist auch ganz gut ein großer Winkeltransporteur zu verwenden.

KREUZPEILUNG AUS DREI OBJEKTEN

Eine Kreuzpeilung aus drei Objekten ist einfach zu nehmen und in die Karte zu übertragen, man braucht dazu nichts als einen Handpeilkompaß, eine Karte und ein Parallellineal. Der Schiffsort ist genau, schnell und auch bei Nacht zu ermitteln. Er basiert auf dem Schnittpunkt dreier Peilungen von Objekten, die über den Horizont verteilt sind. Wenn sie auf die Karte übertragen sind, treffen sie sich theoretisch in einem

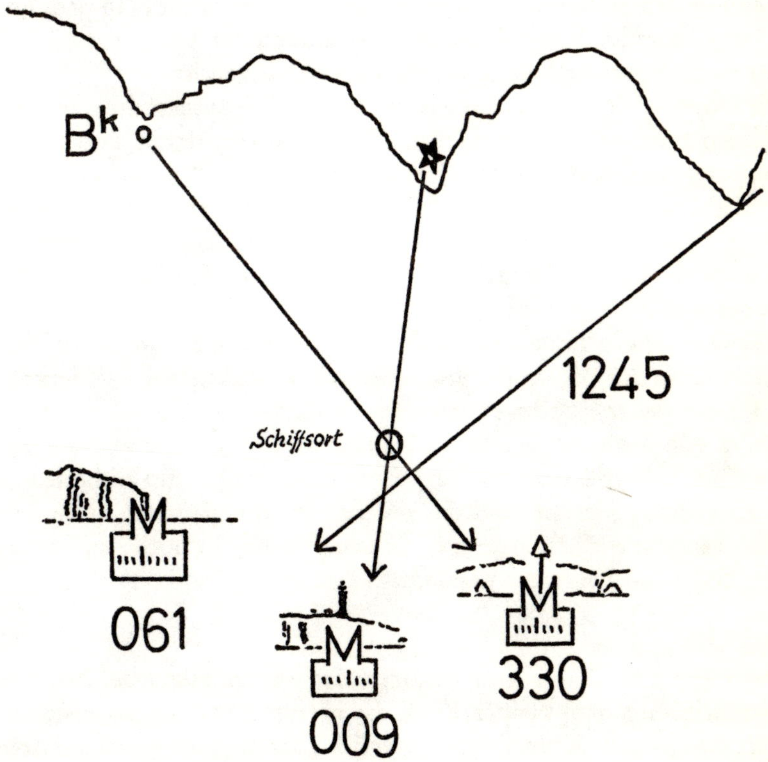

Abb. 34. Position aus drei Standlinien. Man wählt leicht erkennbare Marken aus, deren Peilungen sich möglichst in Winkeln zwischen 45° und 90° schneiden. Die gefährlichste Ecke des Dreispitzes wird als Standort ausgewählt.

Punkt, wahrscheinlicher ist allerdings, daß sie ein kleines Dreieck bilden, den „Dreispitz". Es ist von großer Wichtigkeit, die beobachteten Objekte richtig auszuwählen, denn sie müssen so verteilt sein, daß ihre Peilungen keine zu spitzen Winkel bilden. Nachts kann man nur Feuer verwenden, die nach ihrer Kennung einwandfrei ausgemacht sind, aber bei Tage ist jedes Objekt brauchbar, das leicht identifiziert werden kann und auf der Karte vermerkt ist. Im Idealfall werden die Peilobjekte 60 Grad voneinander entfernt sein. Das Objekt, dessen Peilung sich am schnellsten ändert, meist das, das querab ist, sollte als letztes gepeilt werden. Die Peilungen, die in Richtung des Bugs oder Hecks gemacht werden, ändern sich nur langsam, aber die Änderungsgeschwindigkeit nimmt zu, bis sie querab am größten ist. Wenn man zuerst nach querab peilt, dann hat sich sein Wert vielleicht schon ganz erheblich verändert, bis man mit den beiden anderen Peilungen fertig ist. Peilt man nach querab zuletzt, dann ist diese Peilung genau, während die Änderung der Peilungen nach voraus und achteraus zu vernachlässigen ist.
Die Objekte, die man peilen will, sollten vorher ausgesucht werden. Ihre Namen trägt man in ein kleines Notizbuch ein, damit ihre Peilungen unmittelbar anschließend notiert werden können. Nachts heißt das, eine zweite Person muß unten, wo es hell ist, die Zahlen notieren. Es ist übrigens nicht verkehrt, eine Hilfskraft anzustellen, denn die Peilungen können dann schneller genommen werden, und die Gefahr des Irrtums ist geringer.
Nur in einem Fall nimmt man die Querabpeilung am besten zuerst, und zwar, wenn das Objekt ein Blitzfeuer mit einer längeren Wiederkehr ist. Solch ein Feuer ist schwer mit dem Peilgerät zu erfassen, es kann eine Reihe von Minuten dauern, bis es einem gelingt. Eine solche Lücke ist bei einer Peilserie nicht tragbar, daher ist es in diesem Fall besser, dieses Licht zuerst zu peilen und die anderen so schnell wie möglich danach. Man vergesse nie, die Zeit und die Logablesung zu notieren, wenn man eine Serie von Peilungen genommen hat.

DAS PEILEN

Der Gebrauch eines Handpeilkompasses ist vor allem bei Nacht recht schwierig. In einem kleinen Boot, das heftige Bewegungen ausführt, gehört eine Menge Übung dazu, wirklich gute Ergebnisse zu bekommen. Bei schlechtem Wetter nimmt man am besten mehrere Peilungen und verwendet diejenigen, die am vertrauenerweckendsten aussehen; man kann auch aus mehreren Peilungen einen Mittelwert bilden. Feuer, die blitzen, sind besonders schwierig, denn kaum hat man den Blitz gesehen, ist er auch schon vorbei, und man hat keine Zeit mehr, den Kompaß auszurichten. Eine Methode, damit fertig zu werden: man kann sich einen Stern merken, der dicht über dem Feuer steht, und diesen peilen. Manchmal ist auch ein Licht an Land oder auf einem Schiff in der gleichen Peilung. In diesem Fall wird man wesentlich genauere Ergebnisse erzielen, denn man hat dann genug Zeit, den Kompaß auszurichten und das Auge von Fernsicht auf die Zahlen des Kompasses zu fokussieren.

KOPPELN

Nachdem man die Peilungen genommen hat, muß man sie um die Mißweisung und dann die Deviation berichtigen — sofern wir eine Deviationstabelle für den gebrauchten Kompaß haben —, und zum Schluß müssen die Peilungen in die Karte übertragen werden. Die Deviation muß für den Kurs angebracht werden, der beim Peilen gesteuert wurde, nicht für den Peilwert. Über Kompaßfehler haben wir schon gesprochen. Man kann sagen, daß dann, wenn der Peilort völlig aus dem Rahmen fällt, aller Voraussicht nach ein Irrtum bei der Kursverwandlung die Schuld trägt.

Wenn die Peilungen berichtigt sind, legt man das Parallellineal auf die Kompaßrose, und zwar so, daß es genau durch den Mittelpunkt der Rose und die Gradzahl der Peilung sowie den reziproken Wert geht, dann verschiebt man es solange, bis es durch die Position des gepeilten Objektes führt. Ich setze meist meinen Bleistift auf das Objekt und bewege das Parallellineal solange, bis es die Bleistiftspitze berührt. Auf diese Weise berücksichtige ich die Breite des Bleistiftstriches und mache die Sache noch etwas genauer, vor allem auf Karten mit großem Maßstab. Man zieht dann eine Linie an der Peilung entlang bis zur vermuteten Position, wobei man an beiden Seiten ziemlich viel überstehen läßt, und zeichnet einen kleinen Pfeil ans Ende, vom Objekt weg, ferner schreibt man die Uhrzeit daneben. Dasselbe macht man mit den beiden anderen Peilungen. Wenn man Glück hat oder sehr penibel ist, treffen sie sich alle in einem sauberen Punkt. Man macht dann einen kleinen Kreis um den Punkt, schreibt Zeit und Logablesung daneben und radiert die übrigen Linien aus, bevor man sich zu einer verdienten Tasse heißen Kaffees zurückzieht. Vorausgesetzt allerdings, die Positionsbestimmung hat ergeben, daß man auf sicherem Kurs ist und daß keine Hals-über-Kopf-Manöver notwendig sind, um das Boot aus der Gefahrenzone herauszubringen.

DER „DREISPITZ“

Hundert zu eins werden sich die drei Peillinien auf der Karte nicht in einem niedlichen Punkt treffen, sondern in einem großen breiten Dreieck. Wir können drinnen sein oder draußen, aber da es aller Wahrscheinlichkeit nach einen ziemlich großen Seeraum umfaßt, wäre es doch sehr schön, wenn wir unsere Position auf ein etwas kleineres Dreieck stützen könnten. Zunächst einmal überprüfe man die Berichtigung der Kompaßablesung, sodann die Übertragung auf die Karte. Als nächstes gehe man an Deck und vergewissere sich, ob der Handpeilkompaß an irgendeiner schrecklichen Krankheit leidet, indem man die Peilung von der Stelle aus, wo man sie genommen hat, mit dem Steuerkompaß roh überprüft. Man wird damit einen kleinen Fehler nicht ausmerzen, aber zumindest feststellen, ob die Nadel nach Mekka zeigte anstatt nach dem Nordpol.

Der nächste Schritt ist, die Peilungen erneut auf die Karte zu übertragen, aber diesmal jedesmal fünf Grad mehr oder weniger als zuvor. Wenn ein nicht berichtigter Kompaßfehler von fünf Grad in der einen oder anderen Richtung bestand, würde das bedeuten, daß wir jetzt die richtigen Peilungen verwenden und auf der Karte zum Schnitt bringen. Manchmal funktioniert das, manchmal nicht, immerhin lohnt es einen Versuch. Wenn keine dieser Bemühungen zum Erfolg führt, brauchen wir immer noch nicht zu verzweifeln. Wir müssen schließlich irgendwo sein, und es ist mehr als wahrscheinlich, daß wir in der Nähe unseres Koppelortes stehen. Wenn die Position unbedingt sofort gebraucht wird, nehme man entweder diesen oder die gefährlichste Ecke des „Dreispitzes“. Die gefährlichste Ecke kann, aber muß nicht die Ecke sein, die im Augenblick der Untiefe am nächsten ist. Wenn wir nämlich von dieser Untiefe später zu einer weiteren Untiefe kommen, dann sollte man die Ecke des „Dreispitzes“ nehmen, die am nächsten zu dieser liegt.

Wenn schließlich alles keinen Sinn ergibt, fange man von vorne an und mache einen neuen Versuch. Bei der Positionsbestimmung gibt es viele Fehlermöglichkeiten, und auch ein Experte macht manchmal welche. Das Boot hat zum Beispiel in dem Augenblick stark gestampft, in dem das Feuer blitzte, und beim Kompaß hat vielleicht ein starkes Nachschwingen der Rose stattgefunden. Der Helfer unter Deck hat vielleicht eine falsche Zahl notiert, oder er ist einem Übertragungsfehler erlegen. Man sei nicht unnötig beunruhigt, man fange wieder von vorn an. Auf keinen Fall aber manipuliere man das Ergebnis, bis es vernünftig aussieht. Man behält damit vielleicht seine Selbstachtung, aber man verliert damit unter Umständen das Boot.

VERTIKALE SEXTANTENWINKEL

Eine Entfernung, die sich aus dem Vertikalwinkel eines Leuchtturms oder eines Steilufers ergibt, kann für den Navigator sehr nützlich sein. Sie ist genau, sie kann mit einer Peilung des beobachteten Objektes kombiniert werden zu einem Schiffsort, sie kann als Sicherheitskontrolle beim Runden eines Leuchtturms mit davorliegenden Untiefen verwen-

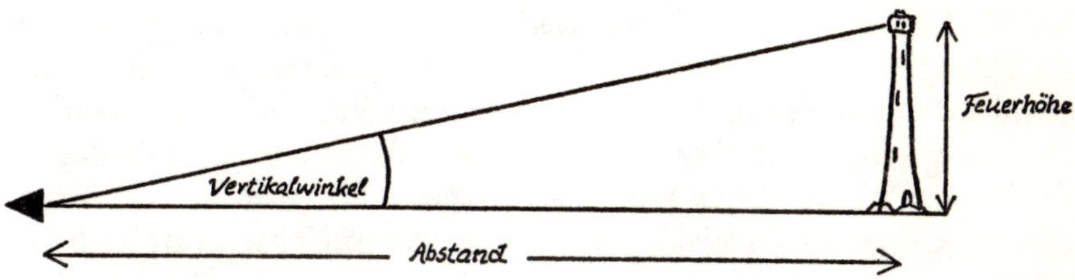

Abb. 35. Die Ermittlung des Abstandes mit Hilfe eines vertikalen Sextantenwinkels beruht auf der Lösung einer Dreiecksaufgabe mit einer Seite (Höhe des Leuchtturms) und einem Winkel (Gemessener Vertikalwinkel).

det werden. Solche Entfernungen sind leicht zu nehmen, aber man braucht dazu einen Sextanten, und das ist leider eine kostspielige Angelegenheit. Billige Plastiksextanten sind auf dem Markt, aber ich weiß nicht recht, ob sie für diese Art von Messung genau genug sind. Wenn allerdings ein Sicherheitszuschlag einkalkuliert wird, könnte man sie eigentlich sehr gut verwenden.

THEORIE

Die Theorie dieser Art von Positionsbestimmung ist ganz einfach. Da man die Höhe des Objektes kennt, mißt man den Winkel zwischen seinem Fußpunkt und seiner Spitze. Damit hat man zwei Größen in einem Dreieck. Die dritte Größe, die Entfernung, kann mit Hilfe der Trigonometrie errechnet werden, aber auch durch zeichnerische Konstruktion, oder, noch einfacher, in einer Tafel im *Reed's* nachgeschlagen werden. Bei geringen Distanzen kann man die Annahme zugrundelegen, daß die Erdoberfläche plan ist, die Aufgabe stellt sich also als eine Rechnung im rechtwinkligen Dreieck. Man kann die Methode auch für sehr große Entfernungen anwenden, z. B. wenn der Gipfel eines Berges gerade eben über dem Horizont sichtbar ist, sein Fuß aber dahinterliegt. Bei diesem Problem, bei dem die Erdkrümmung berücksichtigt werden muß, verwendet man ein Buch, das *Lecky's Tables* heißt, und das ein genaueres Studium lohnt. Die Einführung ist im klassischen alten Englisch geschrieben und enthält viele gute Ratschläge für den Seemann, die Methode selbst ist kaum sehr viel schwieriger als die Lösung bei geringen Entfernungen, die vom *Reed's* gebracht wird.

DIE WINKELMESSUNG

Die Höhe eines Leuchtturms, der in der Seekarte verzeichnet ist, wird vom mittleren Spring-Hochwasser bis zur Mitte der Laterne angegeben. Bei Niedrigwasser sollte die der Rechnung zugrundegelegte Höhe um die Tidendifferenz berichtigt werden, obwohl sich dann, wenn dies nicht geschieht, der Fehler in Richtung auf größere Sicherheit hin auswirkt. Das Feuer wird höher über dem Wasser sein als die Höhe, die die Karte angibt, der Winkel daher größer als er sein sollte, und die errechnete Distanz kleiner als sie wirklich ist; das ist nur scheinbar bedrohlich, in Wirklichkeit aber sicherer.
Hat man erst einmal ein wenig Übung, dann ist das Messen der Winkel mit dem Sextanten kinderleicht. In den beiden Spiegelhälften sieht man den Fuß und die Spitze des Leuchtturms nebeneinander; dreht man an der Mikrometerschraube, lassen sich beide in Deckung bringen. Bei der Drehung der Trommel verschieben sich die dort eingravierten Zahlen, und der genaue Winkel kann abgelesen werden.

DIE TAFELN

Die Tafel im *Reed's* umfaßt sieben Seemeilen und Höhen bis zu 2000 Fuß (610 m). Man geht in der Spalte, die der Höhe des Objektes am nächsten ist, nach unten, bis man den gemessenen Winkel findet, dann seitlich, um die entsprechende Distanz abzulesen. Wenn die Höhe nicht ein Mehrfaches von 10 Fuß (3,05 m) ist, muß man unter Umständen interpolieren. Sieben Seemeilen ist nicht sehr weit, oft sieht man Hügel oder Steinufer auf sehr viel größere Entfernung, in diesem Fall ist der Gebrauch der Lecky-Tafeln wünschenswert.
Kennt man die genaue Entfernung, dann kann man die Vorgabe für Stromversetzung präziser machen, wenn man auf die Küste zuläuft. Und unter Umständen viel Zeit sparen. Wenn man den Kanal überquert und auf die Isle of Wight zuläuft, kann man häufig Culver Cliff und St. Catherines auf große Entfernung sehen; derjenige, dem die Erfahrung mangelt, nimmt dann an, er sei beinahe am Ziel und steuert direkt die Ostspitze der Insel an, wobei er die Tide außer acht läßt. In Wirklichkeit ist er unter Umständen ungefähr 20 Seemeilen vom Nab (-Leuchtturm) entfernt und noch weiter von zu Hause, in diesem Gebiet

starker Gezeitenströme hat er noch ein langes Stück vor sich. Wer also eine genaue Vorgabe für den Strom einkalkuliert, kann Stunden früher ankommen.

EINTRAGUNG IN DER KARTE

Hat man die Distanz ermittelt, trägt man sie in der Karte ab mit Hilfe eines Zirkels, dessen eine Spitze in dem Feuer oder dem beobachteten Steilufer eingesetzt wird. Konnte man gleichzeitig eine Peilung nehmen, so hat man einen Schiffsort aus zwei Standlinien. Keinen so guten wie einen aus drei Standlinien, deren dritte die Genauigkeit bestätigt, aber doch sehr viel besser, als wenn man sich nur auf die eine Peilung stützt. Man malt einen Kreis um den Schiffsort und schreibt die Uhrzeit und die Logablesung daneben; wenn es wie eine vertrauenswürdige Position aussieht, trägt man von ihr den Kurs und die geschätzte Geschwindigkeit ab, so daß die erwartete Position ebenfalls auf der Karte ist. Man darf niemals vergessen, daß ein Schiffsort nur in dem Augenblick richtig ist, in dem er bestimmt wurde; einmal auf die Karte übertragen, gehört er der Vergangenheit an.

EINE VERSEGELTE STANDLINIE

Das Verfahren beruht darauf, daß eine Standlinie, in diesem Fall die erste Peilung, ein zweites Mal verwendet werden kann, indem man sie nach einer bekannten Fahrstrecke erneut durch den gegißten Schiffsort zeichnet. Nach dieser Verlegung — Versegelung genannt — kreuzt sie sich mit der zweiten Standlinie und gibt damit einen Schiffsort. Die beiden Standlinien sollten sich unter etwa 30 Grad oder mehr schneiden, die dazwischen abzulaufende Strecke ist daher wahrscheinlich recht lang. Das Verfahren ist nur brauchbar, wenn man die zwischen den Peilungen zurückgelegte Distanz genau kennt, dabei braucht man die Distanz über Grund, nicht durch das Wasser, so daß Stromversetzung und Abtrift berücksichtigt werden müssen.

PEILUNG MIT VERSEGELUNG

Sehr oft hat man auf See nur eine Landmarke zur Verfügung, zum Beispiel nachts, wenn nur ein Feuer sichtbar ist. Bei Tage würde eine Peilung zusammen mit dem Vertikalwinkel einen Schiffsort geben, bei Nacht sind Vertikalwinkelmessungen unmöglich, und man muß eine andere Methode benutzen. Eine solche Methode ist die Peilung mit Versegelung, die zwei Peilungen des gleichen Feuers benutzt, aber in Verbindung mit der Distanz, die zwischen den beiden Peilungen zurückgelegt wurde; daraus läßt sich der Schiffsort ermitteln.

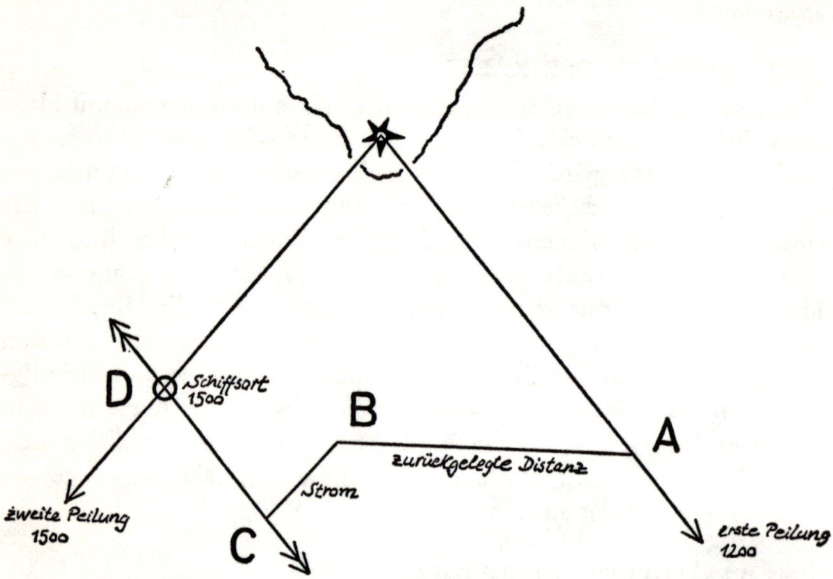

Abb. 36. Ein Schiffsort aus einer versegelten Standlinie ermöglicht eine Positionsbestimmung, wenn nur ein Peilobjekt sichtbar ist. Die Genauigkeit hängt davon ab, wie gut man die zurückgelegte Distanz und die Einflüsse des Stroms zwischen den beiden Peilungen kennt.

VERFAHREN

Die erste Peilung wird dann genommen, wenn es paßt, die zweite, wenn sich die Peilung um rund 30 Grad geändert hat. Dies kann mehrere Stunden später sein, es hängt vom Kurs und von der Geschwindigkeit ab. Die erste Peilung wird auf die Karte übertragen, sodann wird von einer Position irgendwo auf der Peillinie, es ist nicht wichtig wo, ein sehr sorgfältiger Koppelkurs abgesetzt. Sobald die zweite Peilung genommen ist, wird für ihre Zeit der Koppelort bestimmt und die erste Peilung ein zweites Mal in die Karte eingezeichnet, und zwar durch den Koppelort zur Zeit der zweiten Peilung. Wir haben jetzt zwei Standlinien, von denen eine die versegelte Standlinie ist, beide kreuzen sich in unserem Schiffsort zur Zeit der zweiten Peilung.

GENAUIGKEIT

Die Genauigkeit einer versegelten Standlinie ist weniger groß als ein Schiffsort aus drei Peilungen, die alle gleichzeitig erfolgt sind. Steuerfehler, Kompaß, Log und Strom beeinflussen das Endergebnis, weil sie auch auf die versegelte Standlinie einwirken. Alle Fehler zusammen können leicht einen Wert von einer halben Seemeile pro Stunde erreichen, so daß der Gesamtfehler bei zwei Seemeilen liegen kann. Indessen erlaubt dieses Verfahren eine Schiffsortbestimmung, und selbst wenn diese nicht allzu genau ist, so ist sie doch besser als gar keine.

WINKELVERDOPPELUNG

Ein anderes Verfahren der Schiffsortbestimmung, wenn nur ein Objekt zur Verfügung steht, besteht in der Verdoppelung des Schiffsseitenwinkels. Es beruht ebenfalls darauf, daß zwei Peilungen des gleichen Objekts mit bekannter Distanz über den Grund gemacht werden, benutzt aber ein Dreieck mit zwei gleichen Winkeln, bei dem zwei Schenkel gleich lang sind. Mit teuflischer Raffinesse nehmen wir unsere Peilungen gerade so, daß die zwischen ihnen abgelaufene Distanz dem einen der beiden gleichen Schenkel entspricht, die Entfernung vom Objekt dem anderen und daß die beiden Basiswinkel gleich sind. Daraus ergibt sich dann, daß der Abstand so groß ist wie die Distanz zwischen den beiden Peilungen, eine Distanz, die wir kennen.

VERFAHREN

Der erste Seitenwinkel kann jederzeit genommen werden, wenn irgend möglich sollte er mehr als 20 Grad und weniger als 45 Grad betragen. Der Seitenwinkel ist eine etwas irreführende Bezeichnung, denn in Wirklichkeit sollten wir den Winkel zwischen dem Objekt und dem Kurs des Bootes über Grund nehmen, und dieser deckt sich nicht immer mit der Richtung recht voraus. Indessen wäre eine entsprechende Korrektur zu kompliziert, man nimmt also die Ungenauigkeit in Kauf. Wir notieren den ersten Seitenwinkel und warten, bis er sich verdoppelt hat, inzwischen führen wir die Kopplung sorgfältig weiter. Wenn zum Beispiel die erste Seitenpeilung 30 Grad betrug, nehmen wir die zweite bei 60 Grad und notieren die Zeit zwischen den Peilungen. Die Zeit der zweiten Peilung und der Peilwinkel werden ebenfalls notiert, zusammen mit der Logablesung. Die Entfernung von dem gepeilten Objekt ist zur Zeit der zweiten Peilung genauso groß wie die abgelaufene Strecke zwischen den beiden Peilungen; man kann diese Distanz mit dem Zirkel von dem Objekt absetzen, der Schnittpunkt mit der zweiten Peilung ist der Schiffsort.

VIERSTRICHPEILUNG

Ein Sonderfall der Winkelverdoppelung ist die Vierstrichpeilung. Die hier zugrundeliegende Methode ist gleich, aber der erste Winkel muß 45 Grad betragen und der zweite 90. 45 Grad sind vier Striche von $11^1/_4$ Graden. Bei dieser Art der Peilung erhält man die Entfernung vom Objekt, wenn man querab ist; ein zweifelhafter Vorteil, denn es ist sehr viel besser, man kennt den Abstand und damit die Position, bevor das Objekt erreicht ist, denn dann hat man noch Zeit, Untiefen in der Nähe des Objekts zu vermeiden.

Der Mangel aller dieser Verfahren liegt darin, daß es schwierig ist, eine wirklich genaue Koppelung zwischen den Peilungen durchzuführen, wenn sie auch ohne Zweifel manchmal von Nutzen sind. Ein verständiger Navigator wird ihre Grenzen kennen und doch wissen, daß er mit ihnen einen Schiffsort bekommen kann, wenn das mit anderen Verfahren nicht möglich ist.

SICHERHEITSWINKEL

Skipper und Navigator eines kleinen Bootes, das in der Nähe einer gefahrenreichen Küste segelt, sind höchstwahrscheinlich in einem Zustand ständiger Unruhe. Meist sind sie voller Sorge, aufzulaufen, ganz besonders nachts, wenn es nur sehr schwer möglich ist, mit dem Auge Entfernungen abzuschätzen. Häufige Positionsbestimmungen nach den erörterten Verfahren oder eine Koppelung werden zwar zeigen, wo das Boot sein sollte, dennoch bleibt oft ein quälender Zweifel an der Sicherheit der Position zurück. Hat sich vielleicht ein kleiner Fehler eingeschlichen, der so dicht unter der Küste den Unterschied zwischen Sicherheit oder Schiffbruch bedeuten kann? War die Peilung wirklich genau? Ist es wirklich sicher, näher an die Küste heranzugehen? Manchmal dient Loten der Beruhigung der Gemüter, dicht unter steilen Küsten aber nützt Loten nicht viel, und man braucht etwas anderes, um die Unruhe zu bannen.

Ein solches Verfahren ist der Gebrauch eines Sicherheitspeilwinkels, der sofort verrät, wenn sich das Boot einer Gefahr nähert. Solche Sicherheitspeilungen können Deckpeilungen sein, ob sie nun in der Karte eingezeichnet sind oder nicht, es können Kompaßpeilungen bekannter Objekte sein, es können auch Marken sein, die gegeneinander offen oder geschlossen sind. Alle wirken sich in gleicher Weise aus. Sie verraten den Leuten an Bord, wo es sicher ist und wo nicht.

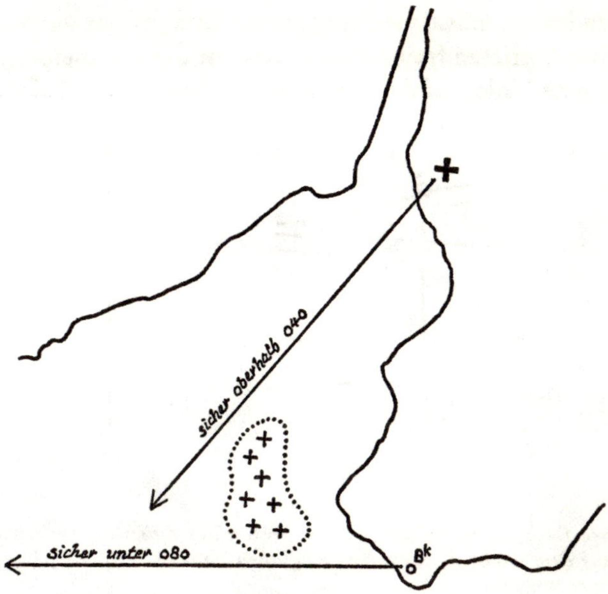

Abb. 37. Sicherheitspeilungen geben dem Skipper und dem Navigator etwas mehr Seelenfrieden. Solange die Peilung auf der sicheren Seite einer bekannten Objektpeilung bleibt, ist das Boot ungefährdet.

SICHERHEITSLINIEN

Die Sicherheitspeilung ist nichts als eine Peillinie, auf deren einer Seite die Gefahr liegt, während es auf der anderen Seite sicher ist. Man kann sie auf verschiedene Weise nehmen, aber das Prinzip bleibt immer gleich: auf der einen Seite die Gefahr, auf der anderen Sicherheit. Eine Peilung verrät also unmittelbar, ob die Sache klar geht oder nicht.

DECKPEILUNGEN

Auch wenn sie genaugenommen eigentlich ganz anderen Zwecken dienen, sind Deckpeilungen doch die besten Sicherheitspeilungen, die es gibt, denn man benötigt dafür an Bord keinerlei Hilfsmittel.

Deckpeilungen sind häufig Feuer oder Zeichen, die durch Fahrwasser oder Durchfahrten führen, wir können aber als Deckpeilungen jedes beliebige Paar von Objekten nehmen, das in der Karte verzeichnet ist. Alles was sichtbar ist und so liegt, daß es zwischen zwei Gefahren hindurchführt, tut seinen Dienst; die Objekte müssen nur so ausgesucht werden, daß sie sich schnell und deutlich voneinander trennen, wenn das Boot aus der Deckung herausläuft. Wenn wir eine enge Durchfahrt zu passieren haben, müssen wir genau in der Deckpeilung bleiben, wenn wir aber nur von Untiefen freibleiben wollen, ist die Deckpeilung mehr eine Grenze als eine Linie, auf der wir bleiben müssen. Eine typische und sehr

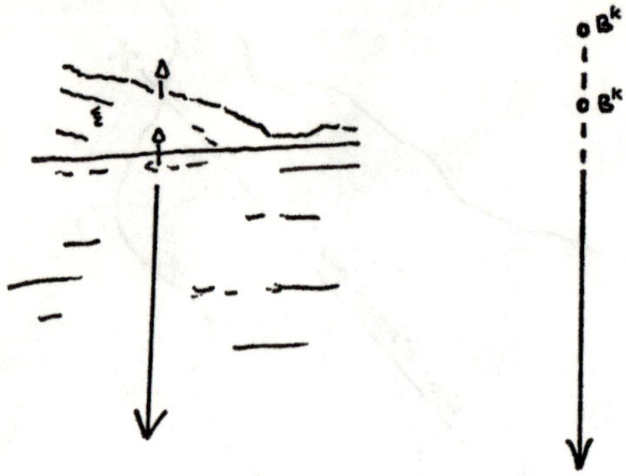

Abb. 38. Eine Deckpeilung ist die sicherste Form einer Sicherheitspeilung, denn sie beruht nicht auf dem Kompaß mit seinen möglichen Fehlern.

brauchbare Deckpeilung ist eine draußen liegende Klippe gegen die dahinter liegende Küste; sie kann besonders brauchbar sein, wenn man sich der Küste nähert oder in einen Hafen einlaufen will.

PEILUNGEN

Wenn keine Deckpeilung zur Verfügung steht, kann auch die Peilung einer Landmarke oder eines Feuers benutzt werden; allerdings wird diese weniger genau sein, denn sie hängt vom Kompaß und vom Beobachter ab. Von einer geeigneten Landmarke zieht man eine Linie, die die sicheren von den gefahrdrohenden Gebieten scheidet, und notiert die Peilung. Es wird dann gefährlich, wenn die Peilung größer oder kleiner wird, je nachdem, sonst ist alles in Ordnung. Es ist üblich, von einer Peilung, die eine Gefahr begrenzt, zu sagen, sie sei „über" oder „unter" der Gefahr. „Sicher über 280 Grad" heißt mithin, daß, solange die Peilung der Landmarke nicht unter 280 Grad sinkt, wir keine Angst zu haben brauchen. Sicherheitspeilungen wählt man am besten schon bei der Planung des Seetörns aus, man sollte sie in die Karte einzeichnen und die Peilungen dazuschreiben sowie einen Hinweis, ab wann sie gefährlich werden. Im Idealfall schneiden sie die voraussichtliche Annäherung an eine Gefahr in einem spitzen Winkel, so daß sie sich schnell ändern, wenn man dicht bei der Gefahr steht.

VERTIKALWINKEL

Ein vertikaler Sextantenwinkel kann sehr gut herangezogen werden, wenn man die Höhe einer zu rundenden Landmarke kennt. Sehr oft sind Leuchttürme von Klippen umgeben. Wenn man die Tafeln für Vertikalwinkel des *Reed's* nimmt, ist es einfach, den Winkel zu finden, den man mit dem Sextanten ablesen muß, um in sicherem Abstand zu passieren. Solange dieser Winkel nicht überschritten wird, wird sich das Boot außerhalb der Gefahrenzone befinden. Auf diese Weise haben wir einen kreisförmigen Sicherheitsabstand rund um die Landmarke geschaffen.

LOTUNGEN

Eine Lotung kann eine sehr gute Kontrolle einer Position sein, ebenso eine Bestätigung für eine etwas zweifelhafte Kreuzpeilung oder auch eine Warnung vor flachem Wasser. Wieviel Wert man einer Lotung zumessen darf, hängt davon ab, mit welchem Gradienten und mit welcher Regelmäßigkeit der Meeresboden ansteigt. Tut er das zur Küste hin ganz gleichmäßig, dann kann man einer Lotung vertrauen, ist er zerklüftet, so heißt das, daß eine einzelne Lotung wenig Wert hat. Die Tidenhöhe muß dabei berücksichtigt werden, denn selten entspricht die Lotung der Tiefenangabe in der Karte.

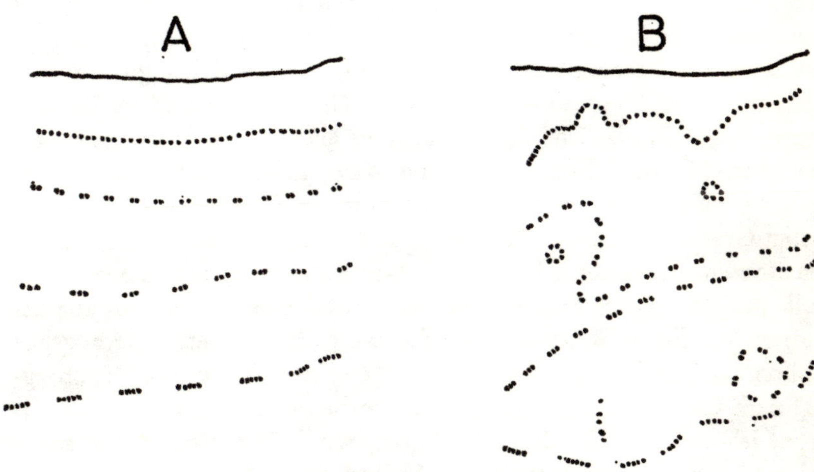

Abb. 39. Lotungen ergeben eine gute Standlinie, wenn der Meeresboden regelmäßig verläuft. Bei A bietet er brauchbare Verhältnisse, bei B schlechte.

9. Kapitel

Taktische Navigation

Es ist nicht nur deshalb wichtig, die Grundlagen der Navigation zu beherrschen, weil die Sicherheit auf See davon abhängt, sondern auch, weil man dadurch aus der knappen Zeit, die normalerweise zum Segeln verfügbar ist, das meiste machen kann. Um schnelle und gute Reisen zu machen, muß man so navigieren, daß Wind und Gezeitenströme maximal ausgenutzt werden. Es bringt nichts ein, sechs Stunden in der falschen Tide zu sitzen oder an der falschen Stelle zu sein, wenn der Wind dreht. Beim Segeln in kleinen Booten, deren Geschwindigkeit bestenfalls ziemlich gering ist, wird der Einfluß des Gezeitenstromes außerordentlich wichtig, denn jede Meile, die man durch die Tide verliert, ist eine Meile, die man wieder einholen muß. Eine Meile bei 15 Knoten ist nicht viel, eine Meile bei drei Knoten dagegen sehr.

Denen, die rechtzeitig ankommen wollen, steht es daher gut an, von allen nutzbaren Möglichkeiten den besten Gebrauch zu machen. Es kann sogar nötig sein, das Ziel des Seetörns zu ändern, um die Sache zu erleichtern. Mit dem Kopf gegen eine Wand anzurennen, mag für das Selbstbewußtsein gut sein, aber es ist sicher eine Zeitverschwendung ersten Grades. In Cherbourg lagen wir zum Beispiel einmal zu mehreren Booten nach einer Schulregatta. Wir wollten alle weiter segeln, im Pulk möglichst, aber es war ganz erstaunlich, daß die anderen alle bei leichten westlichen Winden gegen eine wüste, ostsetzende Tide angehen wollten und hofften, Alderney zu schaffen; ich selbst war dafür, „bergab“ nach Osten zu gehen, an Barfleur vorbei, und vor St. Vaast zu ankern. Ich setzte mich schließlich durch, wir hatten eine höchst angenehme Segelei, fingen Massen von Makrelen und kamen zu einer vernünftigen Zeit an, anstatt sechs Stunden lang vor der Mole von Cherbourg gegen die Elemente anzukämpfen. Man muß zwei Hauptfaktoren in alle Überlegungen einbeziehen, den Wind und den Gezeitenstrom. Beide sind in einer Beziehung gleich, sie können einen Seetörn zum Erfolg machen oder ihn ruinieren, verschieden dagegen insofern, als der Gezeitenstrom genau vorausberechnet werden kann, während der Wind, dessen Richtung auch mit ziemlicher Sicherheit vorhergesagt werden kann, selten zuverlässig zur gewünschten Zeit weht.

WIND UND WETTER

Das Wetter lohnt einige Beschäftigung mit seinem Wesen, denn es liefert unsere Antriebskraft, und selbst ein Minimum an Wissen setzt uns in die Lage, aus den Wettervorhersagen Nutzen zu ziehen. Bei der Beurteilung des Wetters verlassen wir uns wahrscheinlich auf drei verschiedene Dinge, unsere eigenen Grundkenntnisse, den Wetterbericht für die Schiffahrt und ein jeweiliges unbestimmtes Gefühl. Grundkenntnisse lassen sich aus Büchern über Meteorologie erwerben; wenn man sich ein wenig in den *Reed's* oder *The Mariner's Guide* vertieft, wird man eine Menge profitieren. Wir interessieren uns ja nicht so sehr für tropische Wirbelstürme oder die Blizzards der Südmeere, sondern hauptsächlich für das Sommerwetter, das es bei uns in den Monaten gibt, in denen wir segeln.

WETTERFRONTEN

Das Wetter, mit dem wir es in nordeuropäischen Gewässern im wesentlichen zu tun haben, ist durch Wetterfronten bestimmt; Wetter, das durch die gegenseitige Einwirkung warmer Luft aus dem Süden und kalter Luft aus dem Norden entsteht. Wo beide zusammenstoßen, gibt es meist irgendwelche Reaktionen, Starkwinde und Unannehmlichkeiten, etwa wie im Magen, wenn man verschiedene Getränke durcheinander trinkt. Das schlechte Wetter ist mit den Tiefdruckgebieten verknüpft; die Lage dieser Tiefs ist den Meteorologen bekannt, wird in den Wetterberichten bekanntgegeben und steht in der Zeitung. Kennen wir die Bewegung dieser Zentren und die Art von Wetter, die sie bringen, dann sollten wir in der Lage sein, das in unserem Gebiet voraussichtlich eintretende Wetter zu erkennen. Ein genaues Barometer an Bord dient dazu, die Luftdruckentwicklung zu verfolgen, so daß man vor heranziehenden Tiefs gewarnt ist.

Der Wind zirkuliert in entgegengesetztem Uhrzeigersinn um ein Tiefdruckgebiet und weht dabei etwas in das Zentrum des Tiefs. Gleichzeitig verlagert sich die Front, in unseren Gegenden meist nach Osten oder

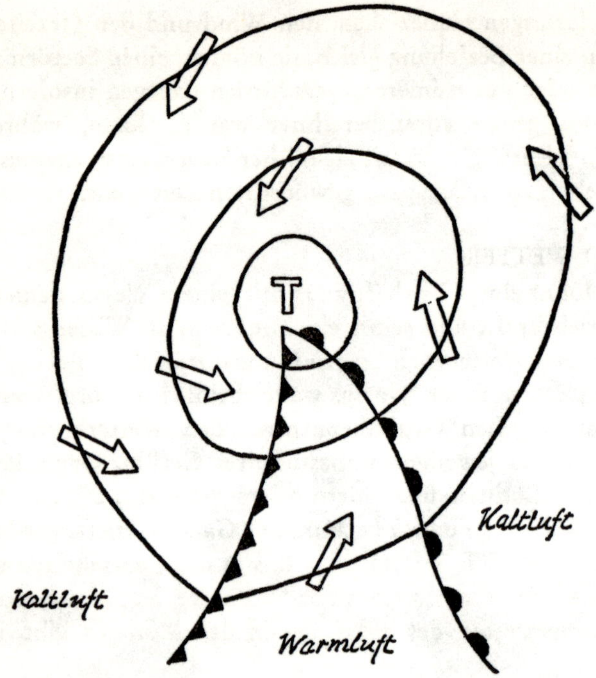

Abb. 40. Eine typische nach Nordosten über Nordeuropa ziehende Depression. Sie führt einen Warmluftkeil mit sich, der sich unter die Kaltluft im Norden schiebt. Die Vorderseite des Keils ist die Warmfront, die Rückseite die Kaltfront. In dem Maße, in dem die Depression vorbeizieht, dreht der Wind, besonders beim Durchzug der Fronten.

Nordosten, und zwar mit Geschwindigkeiten bis zu 50 Knoten. Von Süden kommt dabei ein Keil warmer Luft, der die Kaltluft im Norden zu durchdringen sucht, der sogenannte Warmsektor. Wo die herankommende Warmluft die Kaltluft trifft, liegt die Warmfront; die andere Seite des Keils ist die Kaltfront. Beide Fronten bringen voraussagbare Wetteränderungen mit sich. Der Fahrtensegler, der den Durchzug eines Tiefs erwartet, kann voraussagen, was Wind, Wetter und Thermometer tun werden. Wenn er klug ist, wird er die Umschwünge im Wetter ausnutzen, allerdings hängt der Zeitablauf von der Zuggeschwindigkeit des Tiefs ab, die nur schwer genau zu schätzen ist.

DIE WARMFRONT

Die Annäherung der Warmfront eines Tiefs wird angekündigt durch fallenden Luftdruck, langsam zunehmende Wolkendecke und schließlich Regen. Meistens zieht das Tief nördlich von unseren Segelgebieten vorbei; hohe Wolkenbildungen gehen ihm in etwa 500 Meilen Abstand voraus. Die untere Wolkengrenze wird in dem Maße tiefer, in dem sich die Front nähert. Beim Durchgang der Front steigt die Temperatur, der Wind geht von Süd oder Südwest auf West. Und die starken Regenfälle, die vor der Front niedergehen, werden schwächer, obwohl der Himmel bedeckt bleibt und die Wolkendecke nach wie vor niedrig ist. Die Zeit, die der Durchzug des Warmsektors, des Gebietes zwischen der Warmfront und der Kaltfront, benötigt, hängt von der Zuggeschwindigkeit des Tiefdrucksystems ab.

DIE KALTFRONT

Mit dem Durchzug der Kaltfront schießt der Wind nach Nordwest aus, die Temperatur fällt, die Sicht wird besser, das Barometer fängt an zu steigen und starke Böen mit Schauern wechseln sich ab. Folgt aus dem Westen ein weiteres Tief, dann wird der Wind nach Süd oder Südwest krimpen, und die ganze Sache fängt von vorne an.
Im Laufe dieser Wetterabläufe wird der Wind irgendwann und irgendwo günstig sein, und wenn man sein Boot in intelligenter Weise in die richtige Position gebracht hat, kann man das zu erwartende Wetter zu seinem besten Vorteil ausnutzen.

VORHERSAGEN

Manche Leute halten die Meteorologen für glattzüngige Schurken; da mein Bruder einmal bei dem Verein tätig war, hege ich persönlich keinerlei Zweifel, ich bin sicher, es sind alles glattzüngige Schurken!
Wettervorhersagen sind das Ergebnis einer Zusammenfassung der derzeitig herrschenden Wetterdaten in Karten und einer Beurteilung der Bewegungen der verschiedenen Tiefs, Hochs und Fronten zueinander innerhalb einer bestimmten Frist. Das Wetter kann dann für jeden Ort vorhergesagt werden, sofern die Veränderung der das Wetter bestimmenden Systeme tatsächlich genau nach dem vorhergesehenen Schema verläuft. Es ist nun so, daß der Inhalt der Wettervorhersagen im allgemeinen stimmt, nur die Zeit nicht, in der die Änderungen eintreten sollen. Ich könnte eine 100prozentig richtige Vorhersage machen, daß es in England Frost geben wird, die Frage ist nur: wann? Heute nacht oder morgen nacht oder erst im nächsten Winter? Die Meteorologen haben natürlich ihre Probleme. Dazu gehört vor allem, daß sie beim Zeichnen ihrer synoptischen Karten auf Stationsmeldungen angewiesen sind. Diese Meldungen kommen von den verschiedensten Stellen — Flug-

häfen, Flugzeugen und Schiffen —, aber unglücklicherweise kommt unser Wetter meist aus dem Nordatlantik, und dort sind verhältnismäßig wenige Wetterstationen. Zwar gibt es im Nordatlantik Wetterschiffe, aber es ist sicher einfacher, ein komplettes Bild des Wetters aus den Meldungen der vielen Stationen zu gewinnen, die über ganz Europa verteilt sind, als von den wenigen Wetterschiffen*. Im großen und ganzen tun die Meteorologen also das Menschenmögliche. Der Skipper eines kleinen Bootes muß aber wissen, wie die Wettervorhersage entsteht und welches Maß an Zuverlässigkeit sie hat.

Der Wetterbericht für die Schiffahrt wird viermal täglich vom Funkhaus ausgestrahlt, und zwar um 02.02, 06.45 und 13.55 (sonntags um 11.55 Uhr) auf 1500 Meter (200 kHz) Sturmwarnungen, eine allgemeine Synopsis, eine Vorhersage für die nächsten 24 Stunden und das derzeitige Wetter bei verschiedenen Leuchttürmen rund um die britischen Inseln; um 17.57 Uhr werden nur die Vorhersagen gesendet. Die Sendung ist nach Inhalt und Aufbau gut. Was wir zunächst einmal wissen wollen, ist, wann der nächste Sturm fällig ist, sodann die allgemeine Wetterlage. Nicht ganz so gut ist die Auswahl der Sendezeiten, denn zwei Uhr in der Frühe ist für die meisten Leute etwas mühsam. Früher gab es auch um Mitternacht eine Vorhersage, die uns aber zugunsten pausenloser Popmusik genommen wurde. Ich habe das Gefühl, daß die Meteorologen darüber genau so unglücklich sind wie wir, und die Bemühungen, die Zeit um Mitternacht zurückzubekommen, gehen weiter. Das würde, abgesehen von allem anderen, alle sechs Stunden eine Vorhersage bieten. Indessen erklärt die BBC, sie sei in erster Linie der Masse der Hörer verpflichtet; Wettervorhersagen für die Schiffahrt müssen eben warten, bis diese Hörer ins Bett gegangen sind.

Die Tatsache, daß die Wettervorhersage zu einer bestimmten Zeit gesendet wird, bedeutet keineswegs, daß sie auch zeitlich diesem Stand entspricht. Der Text der Vorhersage wurde von einem Meteorologen formuliert, der eine zuvor gezeichnete Karte auswertete, und die in der Karte enthaltenen Informationen wurden ebenfalls einige Zeit zuvor ermittelt und übermittelt. In der Zeitspanne, die vergeht von dem Augenblick, in dem ein Besatzungsmitglied des Wetterschiffes sein Barometer abliest, bis zu dem Zeitpunkt, in dem der Sprecher den seekranken Skipper mit einer neuen Sturmwarnung erfreut, müssen eine ganze Menge Leute eine ganze Menge tun, und zwar über Hunderte von Seemeilen hinweg. Wenn man das bedenkt, ist es weniger erstaunlich, daß

* Anm. d. Ü.: Die seit einigen Jahren eingesetzten Wettersatelliten schließen diese Lücke zum Teil.

die Vorhersagen nicht immer hundertprozentig genau sind.
Wenn die Wettervorhersage über den Sender ausgestrahlt wird, folgen in sehr kurzer Zeit überaus zahlreiche Informationen, die ausnahmslos festgehalten werden müssen, damit man sie später in Ruhe überdenken kann. Auf manchen Booten hat man ein Brett mit einem Stück Plexiglas über einer Karte der Seegebiete, so daß mit einem Fettstift die Synopsis und die Wettervorhersage eingetragen werden können. Es ist ganz nützlich, wenn man daneben ein besonderes Stück Plexiglas hat, um die Tiefs und Fronten einzuzeichnen, man kann dann die Depressionen mit der angegebenen Geschwindigkeit über das Vorhersagegebiet schieben und erhält ein Bild für das in Stunden zu erwartende Wetter. Als ich einmal auf einem schwedischen Boot das Fastnet Race mitsegelte, hörte ich unten auf Freiwache einen Wetterbericht nach dem anderen aus dem Radio schallen. Ich glaubte erst zu träumen, dann stand ich auf und stellte fest, daß der Eigner ein Bandgerät hatte und den letzten Wetterbericht immer wieder abspielen ließ*. Die Idee ist gar nicht schlecht, aber viele Leute möchten lieber eine Wetterkarte zeichnen.

PLANUNG

Ist man sich darüber im klaren, was das Wetter machen wird, dann muß man die nächsten Schritte planen, um von den erwarteten Änderungen den bestmöglichen Gebrauch machen zu können. Ein kleines Boot, das langsam segelt, braucht viel Zeit, um von einem Teil des Wettergeschehens zum anderen zu gelangen. Wollen wir also auf die eine oder andere Seite einer erwarteten Winddrehung kommen, müssen wir uns frühzeitig entscheiden und sofort handeln. Meist ist das der Fall lange bevor die Notwendigkeit einer Änderung offenkundig wird, das macht die Sache besonders schwierig. Wenn nämlich die Wetterverhältnisse anzeigen, daß etwas geschehen muß, ist es in den weitaus meisten Fällen zu spät. Wie oft haben Skipper nicht schon darüber gejammert, daß sie in Lee einer Winddrehung blieben, obwohl sie sehr wohl wußten, daß eine Drehung kommen würde; sie waren nur zu unbeweglich, ihren Kurs rechtzeitig zu ändern. Nun, wenn der Wind im Begriff ist zu drehen, wie so oft, wenn wir den Kanal hinabkreuzen, während eine Depression kanalaufwärts zieht, möchten wir uns auf den neuen Wind zubewegen.
Am besten zeichnet man die Geschichte, das ist klarer als der Versuch, sie sich vorzustellen. Wenn ein Tief nach Norden zieht, wie es im Kanal

* Anm. d. Ü.: Diese Methode ist vor allem bei fremdsprachigen Berichten dringend anzuraten.

häufig der Fall ist, wird der Wind von Südwest auf West drehen und dann auf Nordwest ausschießen. Segeln wir auf einem Kreuzschlag über Backbordbug nach Süden, erscheint es uns so, als könnten wir anschließend nach Westen einen Schlag machen und unser Ziel erreichen. Bliebe der Wind südwestlich, wäre das sicher richtig. Wissen oder glauben wir aber, daß der Wind auf West drehen wird und dann auf Nordwest, dann ist es weitaus klüger, zunächst einen Schlag auf Steuerbordbug nach Westen zu machen und dann über Stag zu gehen, wenn der Wind dreht. Es ist natürlich möglich, daß der Wechsel des Windes ausbleibt oder daß er zu spät eintritt, aber immerhin haben wir den Umständen entsprechend das Beste getan und in diesem Fall nichts verloren. Der Wind wird mit großer Wahrscheinlichkeit nicht nach Süden krimpen.

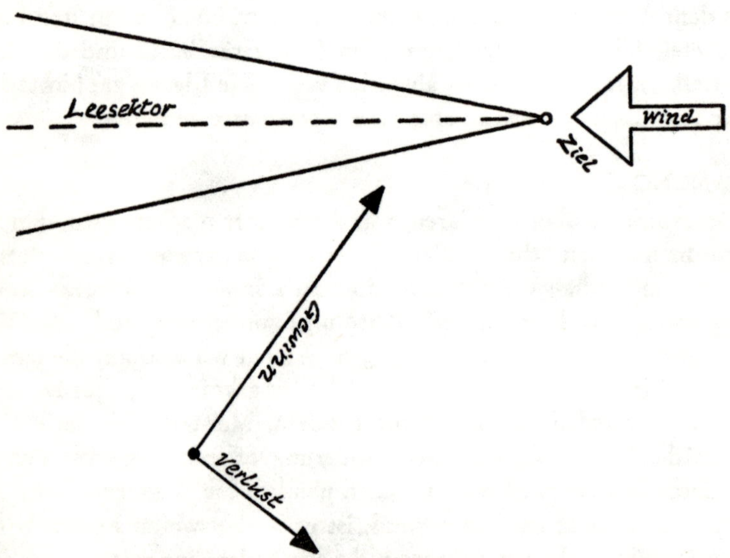

Abb. 41. Kreuzt man ein Ziel an, das genau windwärts liegt, so ist es am besten, genau in Lee zu sein, denn jede Änderung des Windes ist dann von Vorteil. Es lohnt sich mithin, zuerst den Schlag zu machen, der in das Dreieck in Lee des Ziels führt. Dieser Schlag streckt auch mehr, d. h. er führt näher an das Ziel heran als der andere. Dieser erste Zug muß aber auch andere Faktoren berücksichtigen, wie Wettervorhersagen

DER BESTE BUG

Wenn wir ziemlich sicher sind, daß der Wind drehen wird und vielleicht sogar wann ungefähr, ist alles in Ordnung. Aber sehr oft sind die Winddrehungen Glückssache, und wir müssen uns etwas anderes einfallen lassen. Kreuzt man gegen den Wind an, dann ist es am besten, den Schlag zu wählen, der am nächsten an das Ziel heranführt, eine eventuelle Winddrehung wird uns in keinem Falle schaden. Kommt also der Wind genau von vorn, dann gibt es keinen besten Bug. Wohl aber, wenn ein paar Grade herauszuholen sind, wir haben dann einen Streckbug. Nach einiger Zeit wird dieser Bug nicht mehr der beste sein, der andere wird näher an das Ziel heranführen, dann ist die Zeit gekommen zum Wenden. Auf diese Weise wird das Boot in einem Dreieck segeln, das leewärts vom Ziel liegt, und von jeder Windrichtung wird man den besten Gebrauch machen können. Indessen ist dies natürlich nur ein Aspekt, denn es ist durchaus möglich, einen anderen Schlag zu wählen, weil er der erwarteten Winddrehung zuvorkommt oder weil die Einwirkungen der Gezeiten auf diesem Schlag günstiger sind, oder weil wir einen Wechsel des Gezeitenstroms frühzeitig ausnutzen wollen. Es gibt also sehr viele Überlegungen, die bei der Wahl eines Kurses mitspielen, aber immer wird nur einer dieser Kurse gut sein; die anderen sind schlecht. Allerdings ist es durchaus nicht immer möglich, diesen richtigen Kurs auch auszuwählen, denn es treten Umstände ein, die sich nicht voraussehen lassen. Dennoch aber ist es wichtig, daß man sich auf einen Plan festlegt, der auf gesundem Menschenverstand und einer Abwägung aller Umstände im Lichte aller verfügbaren Informationen beruht, anstatt nur blind draufloszufahren und zu hoffen, daß alles gut geht. Zwar wird es dann und wann vorkommen, daß derjenige, der nur drauflosgefahren ist, besser abschneidet, weil er einfach Glück hatte — für die anderen besonders ärgerlich —, aber es wird nicht oft vorkommen.

LAND- UND SEEWINDE

In warmen Klimazonen, zu denen unsere Länder unglücklicherweise nicht zählen, ist häufig der Effekt der Land- und Seebrisen, die durch die Erwärmung des Landes bei Tage und die Abkühlung bei Nacht hervorgerufen werden, stark ausgeprägt, vor allem beim Seewind. Im Mittelmeer kommt zum Beispiel nach völliger Windstille gegen Mittag eine kräftige, zum Lande wehende Brise auf, die bei Sonnenuntergang wieder durch Flaute abgelöst wird. Nach Mitternacht weht dann vom Lande her ein leichter Hauch, wenn auch nicht annähernd so stark wie der Seewind. Land- und Seewinde wehen nur dann, wenn das Land durch die Sonneneinstrahlung aufgeheizt wird. In unseren Breiten ist Voraussetzung dafür, daß eine heiße Sonne aus einem klaren blauen Himmel brennt. Im allgemeinen ist dies der Fall, wenn sehr stabile Wetterbedingungen herrschen und keine der unangenehmen Fronten sich in der Nähe zeigt. Bei einer solchen Wetterlage können auch wir mit landwärts wehender Brise rechnen, die nachmittags bis etwa 10 oder 15 Seemeilen von der Küste anzutreffen ist, und nachts mit einem Lufthauch in etwas geringerer Entfernung. Es ist möglich, daß diese Winde bei ruhigem Wetter die einzigen Brisen sind, die wir antreffen, und wir müssen sie folglich, soweit es geht, ausnutzen. Wenn diese Winde gleichzeitig mit anderen Winden auftreten, wird die Grundrichtung des Windes verändert, so daß eine an der Küste entlangwehende Brise mehr seitlich einfällt und damit unter Umständen nicht mehr so genau von vorn bläst wie vorher. Nur soviel läßt sich sagen: bei bestimmten Wetterlagen kann es sich auszahlen, unter Land zu gehen und von den Land- und Seewinden Gebrauch zu machen; mehr eigentlich nicht.

GEZEITENWIND

Bei Flaute wird ein Boot vom Gezeitenstrom bewegt, daher entsteht entgegengesetzt zum Strom ein schwacher Wind. Oft kann man diesen Hauch ausnutzen, um sich durch die Tide zu stehlen und eine oder zwei Meilen gutzumachen. Es liegt auf der Hand, daß dieser Wind nachläßt oder mit dem Lauf der Tide dreht.

GEZEITENSTRÖME

Die Gezeitenströme beherrschen das Leben der in britischen Gewässern kreuzenden Segler in einem Maße, das für diejenigen, die das Glück haben, in gezeitenfreien Gewässern zu segeln, geradezu unvorstellbar ist. Viele sehen in den Gezeiten einen Feind, ich selbst neige dazu, sie als einen Freund anzusehen, der viele Gaben demjenigen zukommen läßt, der ihnen keine Gewalt antut. Wo sonst etwa findet ein kleines Boot innerhalb von sechs Stunden einen Bonus von einem guten Dutzend Meilen? Die Tiden arbeiten natürlich ebensosehr für wie gegen uns. Das Schöne daran ist, daß sie strömen und wechseln zu Zeiten, die im Handumdrehen nachgeschlagen werden können. Wir können todsicher damit rechnen, zu einer bestimmten Zeit an einem bestimmten Tage in einer bestimmten Richtung ein Dutzend Meilen geschoben zu werden; es passiert auf jeden Fall, und man kann es schon Monate im voraus vorhersagen. Auf See kann sonst wirklich nicht sehr viel mit so großer Genauigkeit vorhergesagt werden. Die Tide liefert uns eine Chance, voranzukommen, aber natürlich fließt sie auch in umgekehrter

Richtung und schiebt uns dann zurück. Meist ist der Gewinn ziemlich genauso groß wie der Verlust, daher mag es etwas voreilig scheinen, vom Nutzen zu sprechen. Dennoch kann man profitieren, wenn man es darauf anlegt, immer im günstigsten Teil des Gezeitenstroms zu segeln. Unter der Küste wechselt die Tide eine Stunde oder mehr früher als weiter draußen. Wählt man einen Kurs, der das Boot dann von der Küste wegführt, wenn die Tide günstig ist, und wieder zur Küste hin, sobald der Strom in die richtige Richtung wechselt, kann man acht Stunden günstige Tide gegen nur vier Stunden ungünstige Tide ein-

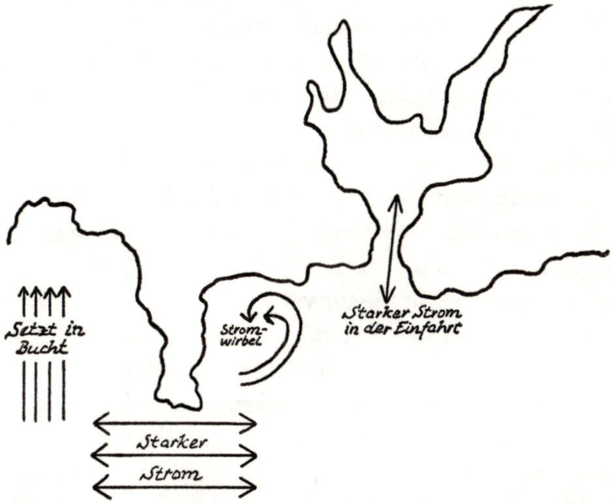

Abb. 42. Gezeitenströme laufen am stärksten, wenn sie eingeengt werden, z. B. in einer Hafeneinfahrt oder vor einem Landvorsprung. Der Strom neigt dazu, in eine Bucht hineinzusetzen und hinter einem Kap Wirbel zu bilden.

handeln. Vor allem aber kann man unter Umständen die Stunden des stärksten Gegenstroms auf diese Weise ausmanövrieren. In den meisten Gebieten läuft der Gezeitenstrom am stärksten zur Halbzeit zwischen Stillwasser. Mit etwas Raffinesse kann man diesen Strom vermeiden. Natürlich segelt man zusätzliche Meilen, wenn man zur Küste quert, aber das braucht keineswegs besonders nachteilig zu sein. Kreuzt man, so gibt es überhaupt kein Problem, denn man braucht nur den Schlag zur Küste hin so zu legen, daß er das Boot in die wechselnde günstige Tide führt; so oder so müssen wir im Zickzack segeln. Kann man anliegen, dann muß man etwas zusätzliche Distanz in Kauf nehmen; sie braucht aber nicht sehr groß sein, wenn man sich früh genug entscheidet, den Kurs landwärts zu ändern. Der Entfernungszuwachs durch einen langen Zickzackschlag ist sehr gering. Segelt man mit vier Knoten und will man sich innerhalb einer 12-Stunden-Periode fünf Meilen landwärts und wieder seewärts bewegen, so ist die Kursänderung ein Strich, das entspricht einer zusätzlichen Meile zu den 50 gesegelten. Um 10 Meilen landwärts zu machen, ist die Kursänderung 2 Strich und vier Meilen mehr sind zu segeln; dieser groß erscheinende Umweg kann durchaus die Sache wert sein, wenn die Tide unter Land früh genug kentert.

Starke und in die richtige Richtung setzende Tiden zu suchen ist eine lohnende Taktik, aber genauso auch, starke ungünstige Ströme zu vermeiden. An Küstenvorsprüngen wie bei Portland erreicht der Gezeitenstrom gewaltige Geschwindigkeiten, die weit über der Höchstgeschwindigkeit kleiner Segelschiffe liegen. Die hohen Stromgeschwindigkeiten sind indessen auf die Nähe der Kaps beschränkt; hält man sich nur fünf oder acht Meilen entfernt, vermeidet man das Schlimmste. Es ist sinnlos, den Versuch zu machen, vor einem Kap gegen einen starken Gezeitenstrom anzukämpfen, denn der Erfolg ist nur, daß man sich umbringt, um doch an der gleichen Stelle zu verharrren. Der vorsichtige Seemann sieht so etwas voraus und wird sich gut außerhalb halten; die zusätzliche Distanz wird er in Kauf nehmen. Er weiß, daß er viel besser vorankommt, wenn er Fahrt über den Grund macht. Indem man einen schwächeren Gegenstrom wählt, den man aussegeln kann, wird man zumindest um das Kap herumkommen, wenn auch langsam, und ruhigeres Wasser erreichen. Von besonderer Wichtigkeit ist dies in einem kleinen Boot, das viel stärker betroffen wird als ein größeres, schnelleres Schiff.

VOLL SEGELN

Segelt man in Erwartung einer Winddrehung, die es ermöglicht, voll anzuliegen, und fällt man daher ein paar Grade vom direkten Kurs ab, um auf einem langen Kreuzschlag etwas voller segeln zu können, muß man eine kleine Mehrdistanz in Kauf nehmen. Erwartet man eine solche Winddrehung, die ein Anliegen erlauben wird, dann hat es nicht viel Sinn, hart am Wind zu segeln. Man könnte schneller vorankommen, wenn man die Schoten etwas fiert. Es gibt ein mathematisches Gleichgewicht zwischen der größeren Distanz und der erhöhten Geschwindigkeit, fast immer trägt die erhöhte Geschwindigkeit den Sieg davon. Man betrachte z. B. zwei ähnliche Boote, die einen 50 sm entfernten Hafen ansteuern und 20 Grad nach Backbord von dem direkten Kurs hart am

Wind anliegen können. Ein Boot holt alles Tuch so dicht, wie es nur geht, und macht hart am Wind drei Knoten, während das andere 10 Grad abfällt und einen Knoten schneller ist; ein solcher Geschwindigkeitszuwachs ist bei den meisten kleinen Seekreuzern normal. Vier Stunden später krimpt der Wind und beide können anliegen: das Boot, das voll gesegelt hat, ist zwei Meilen näher am Ziel als das andere. Wenn also der Wind so aussieht, als ob er drehen würde, und der Bestimmungsort ziemlich weit entfernt ist, dann lohnt es sich im allgemeinen, etwas voller zu segeln; natürlich bleibt das Gleichgewicht zwischen Geschwindigkeitszuwachs und Distanz immer bestehen. Man muß auch daran denken, daß in dem obigen Fall dann, wenn das erste Boot 30° vom direkten Kurs vier Knoten machte, das andere aber 40° lief, um voller zu segeln, beide bei der Winddrehung noch die gleiche Distanz vor sich gehabt hätten. Das Abfallen hätte also nichts gebracht, abgesehen davon, daß es gut für die Moral ist, ordentlich zu laufen. Mit anderen Worten: es kommt mit Sicherheit ein Punkt, an dem dies alles nicht mehr funktioniert, aber wenn man gerade eben nicht mehr anliegen kann und damit rechnet, daß der Wind in der richtigen Weise drehen wird, dann ist diese Methode eine Überlegung wert, denn es lohnt sich, in vier Stunden zwei Meilen zu gewinnen.

SCHEINBARER WIND

Der Wind, mit dem wir segeln, ist nicht der wahre Wind, sondern der scheinbare Wind, der aus dem wahren Wind und jenem Wind besteht, der durch die Bewegung des Bootes über den Grund hervorgerufen wird, d. h. also in den meisten Fällen, Wind von vorn. Wenn wir gestoppt liegen, fühlen wir den wahren Wind. Mit zunehmender Geschwindigkeit rufen wir einen Fahrtwind von vorn hervor, der unserer Geschwindigkeit entspricht, nur entgegengesetzt. Diese beiden Winde summieren sich zu einem resultierenden, scheinbaren Wind, der immer vorlicher ist als der wahre Wind, vorausgesetzt, daß kein Gezeitenstrom läuft. Einiges liegt auf der Hand, so zum Beispiel, daß, je schneller wir laufen, um so vorlicher der scheinbare Wind wird, so daß ein schnelles Boot mit durchgeholten Schoten segelt, wo ein langsameres die Schoten schrickt. Katamarane und Eisyachten demonstrieren dies besonders, sie segeln größtenteils mit dem Wind von vorn. Wenn der wahre Wind von recht achteraus kommt, dann wird der scheinbare Wind um so schwächer, je schneller wir segeln. Man erreicht dann einen Punkt, wo das Boot ebenso schnell segelt, wie der Wind weht, das heißt, daß der scheinbare Wind Null wird. Man verliert dann solange Fahrt, bis der scheinbare Wind genügend zunimmt, um uns wieder voranzutreiben. Das Kreuzen vor dem Wind bringt aus diesem Grunde erheblichen Nutzen, vor allem in schnellen Booten, deren Geschwindigkeiten die des Windes erreichten. Auch bei langsameren Booten zahlt sich das Kreuzen vor dem Wind aus, aber nur bei relativ schwächeren Winden. Um noch einmal zu den Verhältnissen mit dicht geholten Schoten zurückzukommen — jede Zunahme der Geschwindigkeit des wahren Windes wird dazu führen, daß der scheinbare Wind achterlicher einfällt, so daß das Boot voller segelt und uns für eine oder zwei Sekunden die Gelegenheit bietet, anzuluven. Wir luven in der Bö, aber die Bö läßt nach, unsere Geschwindigkeit erhöht den relativen Wind von vorn, und wir müssen wieder abfallen. Immerhin haben wir durch das Anluven ein bißchen nach Luv hin gut gemacht, und das ist immer von Vorteil.

GEZEITENWIND

Der scheinbare Wind muß uns mit all seinen Wirkungen schon als ein ziemliches Problem erscheinen, aber wir haben noch nicht einmal die dritte Seite des Dreiecks erwähnt, den von dem Gezeitenstrom verursachten Wind. Zu Beginn nannten wir den Wind, der durch die Bewegung des Bootes über den Grund erzeugt wird; er entsteht aus der Bewegung des Bootes durch das Wasser und der Bewegung des Wassers über den Grund, das heißt soviel wie den Gezeitenstrom. Da wir wissen, daß beide Winde für sich der Geschwindigkeit des Bootes entgegen wirken und der Richtung und Geschwindigkeit der Tide entsprechen, können wir sie getrennt betrachten. Der Gezeitenwind mag uns in diesem Zusammenspiel als ziemlich unbedeutend erscheinen, denn er ist selten stärker als drei Knoten, oft weniger, während die Windgeschwindigkeit und die Geschwindigkeit des Bootes aller Wahrscheinlichkeit nach zweimal so groß sein werden, oft sehr viel mehr. Wenn der wahre Wind schwach ist und mithin die Geschwindigkeit des Bootes gering, dann ist der Gezeitenwind entscheidend. Dies heißt nicht, daß er zu anderen Zeiten nicht auch wichtig wäre. Der Gezeitenwind kann sehr vorteilhaft ausgenutzt werden, und seine Außerachtlassung geht auf unsere Kosten. Kurz gesagt ist der Gezeitenwind für ein Phänomen verantwortlich, das in England „leebowing“ genannt wird, im Grunde heißt das nichts anderes, als so zu segeln, daß der scheinbare Wind stets so weit wie möglich ausgenutzt wird. Der Gezeitenstrom wird uns in die Richtung und mit der Geschwindigkeit vorsetzen, in der er läuft, ganz gleichgültig wie das Boot liegt. Die Idee, man müsse den Leebug der Tide zukehren, um die Tide dazu zu nutzen, das Boot nach Luv zu versetzen, ist blanker Unsinn. Wenn wir mit dichten Schoten bei günstiger Tide segeln, veranlassen wir das Boot, breitseits dem Wind entgegengeschoben zu werden, so daß der Gezeitenwind dazu tendiert, den scheinbaren Wind achterlicher zu machen; wir können dann dichter am wahren Wind segeln. Wenn die Tide ungünstig ist, sorgen wir dafür, daß wir rückwärts vom Wind weggeschoben werden, auch das wird den scheinbaren Wind achterlicher machen.

Man betrachte zunächst einmal ein Boot mit günstiger Tide von achtern, das am Wind segelt. Die Tide drückt das Boot voran und erzeugt dadurch einen Gezeitenwind von genau voraus, der mit anderen Winden zusammenwirkt, um den scheinbaren Wind vorlicher zu machen. Der Rudergänger muß abfallen, so daß das Boot weiter weg vom wahren Winde segelt. Nun überlege man, was geschieht, wenn er über Stag geht, um den Gezeitenstrom auf seine Leeseite zu bringen, wodurch das Boot windwärts gedrückt wird. Der Gezeitenwind fällt jetzt von Luv ein, was den scheinbaren Wind achterlicher macht, so daß der Rudergänger anluven und dichter am wahren Wind segeln kann als zuvor. Er gewinnt also im Verhältnis zum ersten Fall. Es ist aber noch mehr darin als nur dies, denn da das erste Boot abfällt, segelt es weiter weg vom wahren Wind, was wiederum den scheinbaren Wind mindert, so daß es langsamer segelt; es verliert also in jeder Beziehung. Das zweite Boot wird dichter an den wahren Wind herangebracht, es erfährt also einen stärkeren Wind und segelt schneller.

Bei einer ungünstigen Tide sind die gleichen Wirkungen am Werk, nur im umgekehrten Sinn. Das Boot, das die Tide von vorn hat, erlebt, daß der scheinbare Wind achterlicher wird; es segelt mit einem stärkeren Wind höher seinem Ziel entgegen. Das Boot, das breitseits vom Wind weggeschoben wird, erfährt, daß der scheinbare Wind vorlicher wird; es muß abfallen, und dies mindert wiederum die Stärke des scheinbaren Windes; es segelt langsamer.

All dies erscheint zunächst ein wenig weit hergeholt, indessen ist die Regel, die wir daraus ableiten können, von großem Wert. Wir müssen in einen gegenanlaufenden Gezeitenstrom hineinsegeln und eine günstige Tide kreuzen, wenn wir das Beste aus den Umständen herausholen wollen. Ein typisches Beispiel ist eine Überquerung des Ärmelkanals in Richtung Südwest, also gegen den vorherrschenden Südwestwind. Die Gezeitenströme im Kanal laufen nach Osten und Westen quer zu dieser

Route. Während die Tide — für uns günstig — nach Westen setzt, sollten wir einen Schlag nach Süden machen, quer zur Tide. Wenn die Tide kentert, sollten wir nach Westen kreuzen, um unseren Bug dem ungünstigen Gezeitenstrom zuzuwenden. Dies wird keineswegs verhindern, daß der Strom uns jeweils sechs Stunden lang versetzt, es heißt nur, daß wir über Grund den kürzesten Weg zu unserem Ziel zurücklegen werden. Unter Umständen werden wir Kreuzschläge machen, die nur 60 oder 70 Grad zwischen sich haben, anstelle der gewöhnlichen 90 bis 100 Grad. Machen wir es umgekehrt und segeln wir die jeweils für die Tide ungünstigsten Kurse, dann können wir sehr wohl mit ganz unglaublichen 130 bis 140 Grad kreuzen.

ANKERN

Bei wenig Wind kann es vorkommen, daß ein Boot durch den Gezeitenstrom von seinem Bestimmungsort fortgetragen wird, in einem solchen Fall ankert man am besten und wartet auf den Tidenwechsel. Die Tiefe, in der ein kleiner Anker noch mit einiger Hoffnung auf sein Halten verwendet werden kann, hängt hauptsächlich vom Gewicht, der Größe und Länge der Ankertrosse ab. Kleine Boote führen heutzutage häufig eine sehr lange, dünne Ankerleine, die auf einer Trommel aufgeschossen ist, so daß sie in sehr tiefem Wasser ankern können. Beim Segeln in Küstennähe ist es unter Umständen möglich und auch vernünftig, unter Land zu gehen, wenn die Tide anfängt stark gegenanzulaufen, damit man Wassertiefen findet, die ein Ankern erlauben. Dies ist ganz unabhängig davon, daß man so um die unangenehmsten Wirkungen der Tide herumkommt. Unter Land kann man sogar unter Umständen zur Küste hinübersetzen und seine Zeit nutzbringend anwenden, während man darauf wartet, daß die Tide wechselt; so oder so ist es höchst unsinnig, Zeit damit zu vergeuden, bei leichten Winden gegen einen starken Gezeitenstrom anzukämpfen, ohne voranzukommen. Manchmal ist es nicht ganz einfach, festzustellen, ob man noch vorankommt oder zurückgesetzt wird, dann ist das Lot ein gutes Mittel, um diese Frage zu entscheiden. Man wirft es aus und ein Blick auf die Lotleine genügt.

Vieles von dem, was hier erörtert wurde, mag denen, die nur ein bißchen segeln wollen, statt mathematische Probleme zu lösen, vielleicht recht unnötig erscheinen. Indessen darf man nicht vergessen, daß die meisten Fahrtenkreuzer in ihrer Zeit beschränkt sind, sie müssen nun einmal von „A“ nach „B“ segeln, ohne aufgehalten zu werden. Um dies Ziel zu erreichen, müssen sie jede Möglichkeit ausnutzen, die günstig ist, und jede Lage vermeiden, die sich ungünstig auswirkt. Immer müssen Überlegungen getroffen werden, die über das gute Vorankommen auf einem oder dem anderen Kurs entscheiden, so daß es manchmal besser erscheint, alles in den Wind zu schlagen und einfach geradenwegs daraufloszusegeln. Trotzdem sollten wir durch Berücksichtigung aller Faktoren sicherstellen, daß keine groben Fehler gemacht werden; daß wir die Folgen von Gezeitenströmen oder Winddrehungen nicht töricht mißachten; daß wir das Beste aus Boot und Kreuzfahrt herausholen. Wenn wir das tun, kommen wir weiter, sehen mehr und haben mehr Freude an der Segelei. Wir können auch eine große Befriedigung daraus gewinnen, daß wir in der Lage sind, richtige Entscheidungen zu fällen und diese zu unserem Nutzen in die Tat umzusetzen. Und was für eine Befriedigung!

10. Kapitel

Die Planung eines Seetörns

In dem Maße, in dem die Skipper kleiner Boote Erfahrungen sammeln, wächst in ihnen auch der Wunsch, Seetörns zu unternehmen. Zuerst in Küstennähe von Hafen zu Hafen, später dann über See ins Ausland. Sie wollen nicht immerzu in der Enge und Überfüllung ihrer Heimatgewässer gefangen sein, sondern ihre Schwingen entfalten und hinausfahren zu einer größeren Unternehmung. In diesem Kapitel sollen einige allgemeine Gesichtspunkte und einige mehr ins einzelne gehende Fragen der Planung eines solchen Törns erörtert werden, die dazu beitragen könnten, den Törn erfolgreicher und vergnüglicher zu gestalten.

SICHERHEIT

Bei einem Seetörn gibt es nur einen Faktor, der über allem anderen steht, die Sicherheit der Besatzung. Die Sicherheit für das Boot selbst, Verzögerungen bei der Rückkehr, die Tatsache schließlich, daß das Boot nie dorthin kam, wo es hinkommen sollte, alles dies ist der Notwendigkeit untergeordnet, den Törn so abzuschließen, daß alle Mann an Bord heil und gesund sind und nicht tot. Das mag etwas hart klingen, um so mehr, als wir ja noch nicht einmal abgelegt haben, aber es ist eine traurige Tatsache, daß Jahr für Jahr Menschen auf See sterben, die auf kleinen Booten mit Motorkraft oder unter Segeln fuhren; sehr oft nur deshalb, weil bei der Vorbereitung der Fahrt nachlässig vorgegangen wurde. Man kann außerordentlich viel hinsichtlich der Vorbereitung tun, indem man sich über das Seegebiet, in dem gesegelt werden soll, und die dortigen Häfen und Nothäfen informiert; indem man Boot und Besatzung für die ärgsten Wetterbedingungen, die zu erwarten sein können, präpariert, und indem man endlich alle möglichen Notlagen und die damit verbundenen Maßnahmen durchdenkt. Entscheidend ist dabei, daß man vorausdenkt. Überdies ist das Lesen und Studieren aller erreichbaren Unterlagen in den Monaten, die vor dem Seetörn liegen, nicht nur eine gute Übung, sondern auch eine Sache, die Spaß macht. Eine Kreuzfahrt ist um so amüsanter, je mehr allumfassendes Wissen man auf diese Weise erworben hat.

VORBEDINGUNGEN EINER KREUZFAHRT

Wenn wir mit dem Auto eine lange Reise unternehmen, dann bedenken wir eine große Zahl von Faktoren. Bevor wir losfahren, stellen wir sicher, daß die Reise überhaupt möglich ist. Die Entfernung, die Straßenzustände, das Wetter, die Treibstoffversorgung gehören dazu und natürlich auch die Frage, ob wir genügend Geld haben. Alle diese Punkte werden in Betracht gezogen, vielleicht unbewußt, bevor wir fahren, meist führt das dann zu einer bequemen Fahrt ohne Komplikationen. Genau das gleiche ist notwendig für eine Reise mit dem Boot.

BOOT UND BESATZUNG

Ein Seetörn wird einmal von der Größe, dem Typ und dem Zustand des Bootes begrenzt, zum anderen von der Erfahrung und der Kondition der Besatzung. Wenn man in einem geschützten Seegebiet bei schlechtem Wetter gesegelt hat, wird man wissen, was man dem Boot anbieten kann. Dabei muß man bedenken, daß draußen auf See das gleiche Wetter eine ungleich größere Wirkung haben wird. Es ist nicht immer möglich, Schutz zu suchen, denn das ist oft gefährlicher, als draußen zu bleiben. Auch die Ratschläge von Leuten mit ähnlichen Booten oder Fahrten in solchen Booten können nützlich sein; wenn aber nur der geringste Zweifel am Boot besteht, sollte man sehr vorsichtig sein. Abgesehen vom Boot muß auch die Ausrüstung überprüft werden. Es ist durchaus möglich, daß das Boot nur selten nachts gesegelt wurde und kaum bei rauhem Wetter; vielleicht ist nie die Notwendigkeit aufgetreten, der Besatzung bei solchem Wetter eine warme Mahlzeit zu geben. Bei Booten mit einer Hilfsmaschine führt das Durchgeschütteltwerden im Seegang oft dazu, daß der Schmutz vom Boden der Brennstofftanks aufgerührt wird, so daß die Brennstoffzufuhr im unpassendsten Augenblick verstopft ist. Man muß auch an die Sicherheitsausrüstung denken, an Notsignale, Schwimmwesten und Rettungsinsel.

Die Kondition der Besatzung läßt sich nicht so leicht überprüfen wie das Boot. Die Zahl der Hände ist nur ein Faktor; daneben werden Erfahrung, Immunität gegen Seekrankheit, Munterkeit und gesunder

Menschenverstand benötigt. Manche Leute finden es wider Erwarten schwierig, in der Enge eines kleinen Bootes mit anderen zusammen zu hausen; sie gehen sich sehr schnell gegenseitig auf die Nerven; was die Atmosphäre an Bord und damit den Törn verdirbt. Man sollte immer daran denken, daß man schließlich des Vergnügens halber zur See fährt. Es ist klug, mit Leuten zu segeln, mit denen man schon befreundet ist oder denen man durch einen Tag an Bord bereits auf den Zahn gefühlt hat. Mehr Seetörns sind durch schlechte Besatzung als durch schlechte Boote zu einem Mißerfolg geworden.

ZEIT UND DISTANZ

Die Distanz, die in der für einen Seetörn verfügbaren Zeit bewältigt werden kann, hängt von vielerlei Faktoren ab, angefangen vom Zweck der Reise. Wenn man unbedingt aus einem bestimmten Grunde ein bestimmtes Ziel erreichen will, dann ist man unter Umständen durchaus bereit, Tag und Nacht zu segeln und nach Ablauf der Zeit geradenwegs zurückzukommen. Wollen wir geruhsam und gemütlich segeln, dann spielt die Distanz nicht die geringste Rolle. Im allgemeinen sind die Leute hinsichtlich der Distanz, die bei einem Seetörn unter Segeln zurückgelegt werden kann, zu optimistisch. Es ist tödlich, ein zu ehrgeiziges Programm zu machen, weil dann die Hafenzeit drastisch verkürzt und das Boot geprügelt werden muß, nur damit der Zeitplan erfüllt werden kann. So etwas wird dann ähnlich wie eine Gruppenfahrt im Bus, vier Länder in 14 Tagen — vorausgesetzt, daß man es durchhält!

Sowohl das Wetter wie die Gezeiten machen es schwer, eine Durchschnittsgeschwindigkeit für die Planung in Betracht zu ziehen, es sei denn ganz überschlägig; trotzdem ist es möglich, eine solche Schätzung vorzunehmen. Ein kleines Segelboot kann damit rechnen, im Durchschnitt zwei bis drei Knoten zu machen, je nach Wind; manchmal wird es mit sechs Knoten dahinjagen, manchmal aber in der Flaute bei Gegenstrom festliegen, vielleicht sollte man von zweieinhalb Knoten ausgehen. Es ist meist besser, etwas zuwenig als zuviel zu rechnen. Bei Motorbooten sind die Durchschnittsgeschwindigkeiten weniger kritisch, denn ihre höhere Geschwindigkeit erlaubt es ihnen, schlechtes Wetter und Gegenstrom zu vermeiden; andererseits brauchen sie Zeit, um in geeigneten Häfen Brennstoff zu ergänzen.

Nach der durchschnittlichen Reisegeschwindigkeit muß die Zeit unterwegs in Betracht gezogen werden. Bei langen Schlägen, zum Beispiel über den Ärmelkanal, muß das Boot in See bleiben, bis es den Hafen erreicht hat, vielfach ganze 24 Stunden ohne Unterbrechung und dabei aller Voraussicht nach über Nacht. Sind nach der Ankunft 36 Stunden ausreichend, um auszuschlafen und die Früchte des Landes zu genießen? Oder ist dies die Art von Tour, bei der ein Teller Austern und eine Flasche Wein genügen, um den Appetit auf das fremde Land zu befriedigen? Es gibt mithin eine ganze Menge Überlegungen, die für die Planung der bei einem Seetörn von begrenzter Dauer zu segelnden Distanz wichtig sind. Man sollte jedenfalls nicht zu ehrgeizig sein, bis genügend Erfahrungen gesammelt wurden, und man sollte flexibel planen, damit Ausweichmöglichkeiten zur Verfügung stehen, je nachdem wie die Besatzung sich in jeder Etappe des Törns fühlt.

Es erscheint zunächst ganz vernünftig, bei einem Seetörn einfach loszusegeln, ohne sich über den Bestimmungsort viel Gedanken zu machen und je nach Wetter und Gezeiten von Fall zu Fall weiter zu disponieren. Ich möchte davon abraten. Der Navigator muß ungefähr über das Programm eines Seetörns Bescheid wissen, damit er die notwendigen Karten besorgen, die Seehandbücher für die Gebiete durchlesen und sich soweit vorbereiten kann, daß er in der Lage ist, den Skipper auf die navigatorischen Probleme hinzuweisen. Er muß wissen, wo es Brennstoff gibt, wo man ankern kann, welche Gebiete bei schlechtem Wetter gefährlich sind und welche Häfen als Schlupflöcher benutzt werden können, wenn die Lage dies erfordert. Man kann das natürlich alles im letzten Augenblick tun, aber es wird gründlicher geschehen, wenn mehr Zeit zur Verfügung steht.

WETTER

Das Wetter ist ein Faktor, der besonders wichtig ist und sehr oft Grenzen setzt. Wir sprechen hier zwar von den Verhältnissen im Sommer, dennoch sind sehr harte, wenn auch glücklicherweise kurze Stürme möglich. Wettervorhersagen sind wichtig, es lohnt sich, sie regelmäßig abzuhören und zu notieren. Tut man das in den Tagen vor dem Seetörn, hat man sich ein Bild von dem allgemeinen Wettergeschehen verschafft. Man kann auch sehr viel aus den Wetterkarten in den Zeichnungen lernen. Vor dem Auslaufen kann man beim Wetterdienst anrufen und sich die derzeitige Wetterlage und Vorhersage durchgeben lassen. Einmal auf See, werden die Wettervorhersagen für die Schiffahrt sehr wichtig. Sie sind im allgemeinen recht genau, wenn auch im Zeitablauf manchmal falsch, d. h. das Wetter ist bereits eingetreten, wenn es im Rundfunk vorhergesagt wird. Vorhersagen für die Schiffahrt sind manchmal auch etwas reichlich pessimistisch, denn die Meteorologen können sich irren hinsichtlich der Schwere des eintretenden Wetters. Ein Barometer ist wichtig, um vor plötzlichen und unerwartet einfallenden Starkwinden zu warnen, die von beschleunigten Fronten verursacht werden können. Ein plötzlicher Sturz oder ebensolches Steigen deuten auf Starkwinde, wobei das Barometer warnt, während der drahtlose Wetterbericht das unter Umständen nicht tut.

SCHUTZHÄFEN

Nicht jeder Seetörn verläuft nach Plan, es kann notwendig werden, wider Erwarten unterwegs Land anzulaufen. Eine lange Flautenperiode ist vielleicht für einen Segler zu langweilig, eine ungünstige Wettervorhersage mag den vorsichtigen Seemann veranlassen, Schutz zu suchen, oder eine Panne oder ein Mangel macht es notwendig, an Land Abhilfe zu finden. Es ist daher weise, wenn man sich über die am Wege liegenden Häfen informiert, damit man weiß, wohin man überhaupt gehen kann. Manchmal gibt es keine Häfen, in die man bei schlechtem Wetter einlaufen kann, aber auf jeden Fall sollte man alle notwendigen Informationen an Bord haben, die man braucht, um in die anderen Häfen gefahrlos einzulaufen. Dennoch ein Wort der Warnung über das Einlaufen in einen Hafen bei schlechtem Wetter. Die See wird meist sehr viel höher und steiler, wenn man sich dem Land nähert und das Wasser flacher, und die See in der Hafeneinfahrt kann sehr viel schlimmer sein als draußen auf See. Jede Annäherung an eine Leeküste kann überaus gefährlich sein; besteht der geringste Zweifel, sollte man draußen bleiben. Boote kommen auf See selten zu Schaden, obwohl die Umstände ziemlich schrecklich erscheinen können. Man denke immer daran, daß die wichtigste Überlegung bei jedem Seetörn sein muß, am Leben zu bleiben.

LIEGEPLÄTZE

Heutzutage ist es eines der größten Probleme, bei der Ankunft irgendwo auch einen Liegeplatz zu finden. Es ist erstrebenswert, in der Nähe einer Stadt zu sein, damit man Einkäufe machen oder an Land essen kann. Es ist höchst unbequem, vor allem auf einem kleinen Boot, mit einem winzigen Dingi erst einmal meilenweit zu pullen, bevor man an Land gehen kann. An der englischen Südküste sind einige Orte so überlaufen, daß an manchen Wochenenden die Häfen gesperrt werden; wer

Tabelle VIII: Check-Liste für eine Reiseplanung

ALLGEMEIN
Ziel
Verfügbare Zeit
Distanz
Gezeiten
Voraussichtliches Wetter
Voraussichtliche Geschwindigkeit unter Segel oder Motor
Ergänzung von Brennstoff, Proviant, Wasser
Gefahrenpunkte auf der Strecke
Schlupflöcher
WETTER
Vorhersagen notiert
Barometer geprüft
NAVIGATION
Seehandbücher und Karten auf letztem Stand
Instrumente in Ordnung
Gezeitenunterlagen vorbereitet
Stunden Dunkelheit berechnet
Sicherheitspeilungen vorbereitet
Örtliche Experten um Rat gefragt
HÄFEN AM WEGE
Einfahrt möglich bei Tage? Bei Nacht? Bei Nebel?
Einfahrt durch Gezeiten eingeschränkt?
Liegeplätze? Platz zum Ankern?
Werden wir trockenfallen?
Brennstoff? Proviant? Wasser?
Gibt es eine Werft? Segelmacher? Hafenmeister?
Haben wir in der Nähe Freunde wegen Baden, Schlafen, Post, Rat und Tat?
ZOLL
Sind alle Zollformalitäten erledigt?

zu spät kommt, hat das Nachsehen. Man kann vorher mit einer Werft oder einer Marina einen Liegeplatz vereinbaren, das kostet zwar mehr und zwingt dazu, einen bestimmten Platz anzulaufen, aber es erspart eine Menge Ärger. Man kann auch den örtlichen Hafenmeister anrufen oder frühzeitig ankommen, bevor der Ansturm einsetzt. Außerhalb der Hochsaison ist das nicht notwendig, aber im Juli und August und an bestimmten Wochenenden, zum Beispiel Pfingsten, sind die Häfen in der Regel überfüllt.

GEZEITENSTRÖME

Die letzte Überlegung bei der Planung eines Seetörns, wenn auch nicht die unwichtigste, ist das Ausnutzen der Gezeitenströme. Man kann gar nicht oft genug sagen, daß der Gezeitenstrom einen Törn zu einem Erfolg oder einem Mißerfolg machen kann, besonders bei kleinen, langsamen Booten. Man segele gegen die Tide, und man wird nicht vorankommen, vielleicht sogar zurückgetrieben werden. Man nütze sie aus, und das Boot fliegt dahin wie auf Flügeln. Das richtige Ausnutzen ist daher lebenswichtig, wobei jede günstige Minute erwischt und jeder Gegenstrom vermieden werden muß.

Die Gezeitenströme laufen oft mit großer Stärke um Landvorsprünge, und dort stößt man auf eine weitere Gefahr — die Berufsschiffahrt. Beim Zusammentreffen von Schiffahrtswegen, wie bei Beachy Head, stößt man stets auf eine Anzahl von größeren Schiffen, die alle schon genug Schwierigkeiten haben, auch wenn sie nicht auf kleine Sportboote achten müßten. Man ist daher immer der Gefahr ausgesetzt, überrannt zu werden. Selbst wenn man im Recht war, nützt das nicht viel, wenn man erst einmal im Kielwasser eines Supertankers um sein Leben schwimmt. Bei der Planung eines Seetörns sollte man daher die stark befahrenen Seegebiete umgehen. Sie bedeuten Gefahr, und in den meisten Fällen kann man sie durch einen kleinen Umweg vermeiden.

Wir haben bis hierher einige allgemeine Gesichtspunkte bei der Planung eines Seetörns besprochen; es ist an der Zeit, sich in Einzelheiten mit dem zu beschäftigen, das getan werden muß, bevor die Segel gesetzt werden können. Wenn man eine Reise plant, so muß man zunächst einmal alle Informationen sammeln, dann die Zeit festlegen, in der abgelegt wird oder ein wichtiger Punkt oder eine Durchfahrt passiert werden muß; schließlich sind die Eintragungen in die Karte und in unser Notizbuch vorzunehmen; die für eine sichere Navigation erforderlichen Kurse, die Distanzen und gegebenenfalls alle anderen Informationen, die wir brauchen werden.

DIE KARTE

Die Seekarte ist das wichtigste Stück unserer Ausrüstung für einen Seetörn, wir müssen also sicherstellen, daß wir die besten verfügbaren Karten besitzen und diese auf dem letzten Stand sind. Der Katalog setzt uns in die Lage, die richtige Karte auszuwählen, und ein Blick in die Nachrichten für Seefahrer oder eine Erkundigung bei der amtlichen Vertriebsstelle wird uns verraten, wann die letzte Berichtigung in den verschiedenen Karten angebracht wurde. Die Berichtigungen sind am unteren Rand der Karte mit Nummer und Jahr vermerkt, zum Beispiel 176/68. Wenn die Karte auf den letzten Stand berichtigt ist, kann man alle alten Kurse und Peilungen ausradieren, um sie für den neuen Gebrauch klarzumachen.

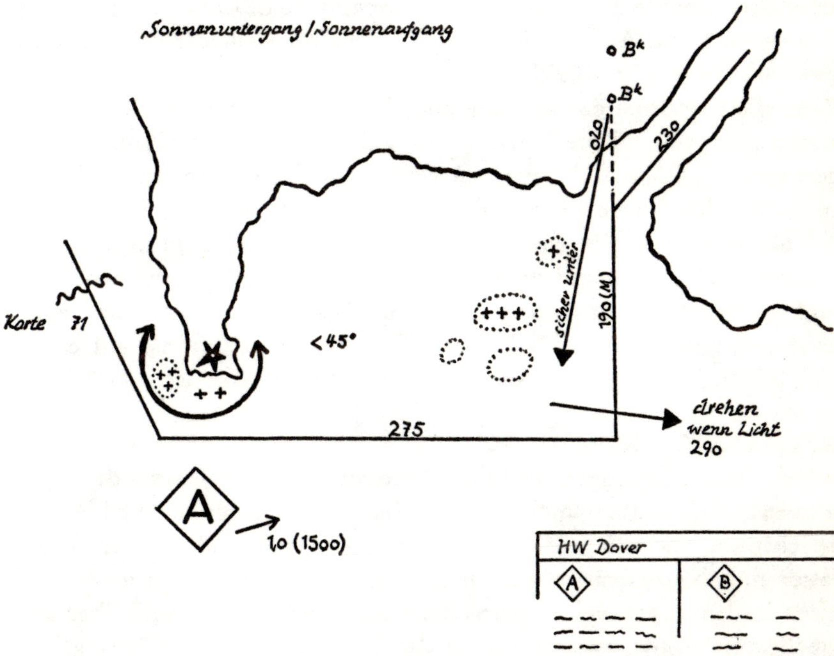

Abb. 43. Vor dem Start kann die Seekarte mit Eintragungen über geplante Kurse, Distanzen, Tiden, Sicherheitspeilungen, Stunden dunkler Nacht u. a. versehen werden. Das spart während des Seetörns viel Zeit, denn es kann dann Dinge geben, die im Augenblick wichtiger sind.

Das erste ist ein Blick auf den Übersegler, die Seekarte, die sowohl den Startort wie das Ziel zeigt. Ein Blick auf die Verbindungslinie dieser beiden Punkte wird zeigen, ob eine Passage möglich ist und welche Gefahren auf dem Wege zu meiden sind. Bestimmte Gefahren sind sichtbar, wie Felsen, die über die Wasseroberfläche ragen, andere sind viel gefährlicher, weil sie nicht erkennbar sind. Die relative Gefahr hängt ab von der Nähe von Marken, die die Identifizierung erleichtern. Eine Klippe mit einer Tonne daneben läßt sich leichter umgehen als eine unbezeichnete Klippe. Man muß sich jetzt entscheiden, wie weit man von den Gefahrenpunkten an der Route entfernt bleiben will. Dies hängt von ihrer Gefährlichkeit ab, vom Wetter, das voraussichtlich herrschen wird, wenn wir sie runden, und von der erreichbaren Genauigkeit der Navigation in diesem Gebiet. Normalerweise würde ich von gut bezeichneten Gefahren wenigstens eine Seemeile entferntbleiben; in Gegenden, wo Schiffsortbestimmungen ungenau sein können, noch sehr viel mehr. Wenn ein Vertikalwinkel, der mit dem Sextanten gemessen wird, einen guten Abstandskreis ergibt, gehe ich vielleicht näher heran, aber auch dann sehr vorsichtig.

Wenn die Abstände entschieden sind, könnte man Bögen um die Gefahren schlagen und die Kurse an sie anlegen. Es ist zweckmäßig, die rechtweisenden Kurse daneben zu vermerken. Es ist auch nützlich, die Kurse mit den Werten für Mißweisung und Deviation zu berichtigen und die Kompaßkurse ebenfalls zu vermerken*. Man kann auch die Distanzen abgreifen und zwischen den einzelnen Markierungen oder Punkten einer Kursänderung notieren. Manche Leute schreiben auch die noch verbleibenden Meilen zum Ziel hierhin, damit sie auf einen Blick sehen, wie lang die noch zurückzulegende Strecke ist.

GEZEITENSTRÖME

Auf englischen Seekarten sind die Gezeitenströme für verschiedene Positionen — Buchstaben in einem Rhombus — angegeben, es wird jeweils die Richtung und Stärke des Stroms unter Bezug auf die Zeit für Hochwasser eines benachbarten Standardhafens** vermerkt. Die Hochwasserzeiten in den Tagen des Seetörns kann man nachschlagen und über der Tabelle vermerken, zusammen mit der Zeit seit der letzten Springtide. Zwei Zahlen stehen in der Karte für die Stromgeschwindigkeiten, die Zahlen für Spring- und Nipptiden, man muß daher die Zeit der letzten Springtide kennen, um richtig interpolieren zu können.

Nach diesen verschiedenen Arbeiten in dem Übersegler wenden wir uns den Karten mit größerem Maßstab zu, um uns die Gewässer, in die wir

* Anm. d. Ü.: Bei uns werden die Kompaßkurse in Klammern geschrieben.

** Anm. d. Ü.: Auf deutschen Karten sind keine Angaben über Gezeitenströme, man muß auf den „Gezeitenatlas" zurückgreifen.

10. Ein Seetörn wird nur dann ein Erfolg, wenn jeder Mann der Besatzung sich in die Bordgemeinschaft einfügt und von sich aus mitarbeitet.

11. Der Tidenhub ändert das Aussehen eines Hafens von Grund auf. Ist man ortsfremd, lohnt sich eine Erkundung bei Niedrigwasser. Hier in Bembridge schwimmt die in der Bildmitte sichtbare Tonne nicht mehr, sondern sie sitzt bereits auf.

12. Ein Boot des Seenotrettungsdienstes sollte möglichst nie in Anspruch genommen werden. Aber wenn man in Gefahr ist, so darf man nicht davor zurückschrecken, rechtzeitig um Hilfe zu bitten. Hier steht das Rettungsboot aus Yarmouth bei einer Yacht, die auf den Shingles festgekommen ist.

fahren, einmal richtig anzusehen. Es ist ganz nützlich, wenn man auf dem Übersegler die Grenzen der Karten großen Maßstabs vermerkt, damit man immer weiß, wann man zu einer solchen Karte übergehen muß. Die Kurse und alles andere müssen auf die Karten großen Maßstabs übertragen werden. Man wird bei sorgfältiger Durchsicht der Route eine Menge wichtiger Informationen über Seezeichen und Feuer finden. Nach Abschluß ordnet man die Karten in der richtigen Reihenfolge und verstaut sie.

GEZEITENATLANTEN

Obwohl der Gezeitenatlas Informationen vermittelt, die denen der Seekarte ähnlich sind, tut er das in einer anderen Form. In ihm finden wir kleine Karten, die die Ströme von Stunde zu Stunde angeben, bezogen auf das Hochwasser eines Standardhafens oder Bezugspunktes. Sehr oft weicht dieser Standardhafen von dem der Seekarte ab, man muß also einmal mehr nachschlagen. Jede Seite des Gezeitenatlas bezieht sich auf eine bestimmte Anzahl von Stunden vor oder nach Hochwasser. Man kann in den Karten die HW-Zeiten und -Daten vermerken und hat dann jederzeit ein vollständiges Bild der Gezeitenströme während der ganzen Dauer des Seetörns.

ALMANACH

Allerlei brauchbare Dinge lassen sich im *Reed's Almanach* finden; wenn wir einen Seetörn planen, interessieren wir uns vor allem für zweierlei, die Zeiten für Sonnenaufgang und -untergang in den Ephemeridentafeln, die für eine Fahrt über See von allergrößter Bedeutung sind, und die Abschnitte über Leuchtfeuer, aus denen wir uns über alle Feuerkennungen und sonstigen Einzelheiten informieren können*.

ZEITPLANUNG

Wenn wir die Reise soweit vorbereitet haben, können wir uns über die günstigsten Zeiten klarwerden, in denen man an bestimmten Punkten sein sollte. Die Gezeiten um Portland Bill sind zum Beispiel überaus stark, und es lohnt sich, dort zu sein, wenn sie für uns günstig laufen. In der West Bay dagegen ist es nicht so wichtig, wenn wir den Strom gegenan haben sollten. Wir müssen uns so einrichten, daß wir zu ganz

* Anm. d. Ü.: Der *Reed's Almanach* vereinigt in sich Nautisches Jahrbuch, Gezeitentafeln, Signalbuch, Seestraßenordnung, Gezeitenatlas und Tabellenwerk. Die Feuer an den Küsten Großbritanniens sind vollständig, die Befeuerung der Küsten bis zum Ostsee-Eingang und Gibraltar mit den wichtigsten Feuern enthalten. Ein entsprechendes Werk ist in deutscher Sprache nicht erhältlich, wohl aber ist der *Reed's* in allen deutschen Seekartenvertriebsstellen vorrätig.

bestimmten Zeiten auslaufen, damit wir an den entscheidenden Stellen zur richtigen Zeit eintreffen. Klappt das, dann können wir aus diesem Timing den allergrößten Nutzen ziehen.

SICHERHEIT

Schließlich müssen wir jetzt noch einmal auf die Sicherheit zurückkommen. Das bedeutet, wir müssen die geplante Route genau ansehen und feststellen, wo Gefahren drohen und was dabei zu machen ist. Es ist nicht damit getan, Untiefen oder Klippen bei Tageslicht zu vermeiden; wir müssen auch ganz sicher sein, daß wir ihnen bei Dunkelheit oder Nebel aus dem Wege gehen können, sei es ruhig oder nicht, denn auch mit einem auf die Küste hin wehenden Sturm müssen wir ja rechnen. Man sollte daher alles nachlesen, was über Schutzhäfen zu finden ist, damit wir wissen, wie man hineinkommt, wenn Not am Mann ist. Auch sollten wir uns über alle Örtlichkeiten informieren, von denen Hilfe zu erwarten ist, die Rettungsbootstationen, die Wachttürme der Coastguard, die Lotsenstationen. Wir hoffen zwar, daß wir sie nie benötigen, aber ein vorsichtiger Seemann weiß immer, wo sie sind; es kann der Fall eintreten, daß er sie braucht.

11. Kapitel

Notsituationen

Zum Beginn eines Kapitels, das sich mit all den schrecklichen Sachen beschäftigt, die auf See passieren können, müssen wir uns in das Gedächtnis zurückrufen, daß wir es doch ganz wesentlich besser haben als unsere Vorfahren. Es ist nicht sehr wahrscheinlich, daß Piraten uns überfallen und entern; vermutlich werden auch keine Riesenkraken ihre Fangarme aus den Tiefen nach uns ausstrecken, um uns in ein nasses Grab hinunterzuziehen; mit Sicherheit werden wir nicht vom Rande der Welt fallen. Es bleibt nur noch wenig übrig — Kollisionen, Strandung, Explosionen, Feuer an Bord, Stürme und brechende Monsterseen. Wie gut es uns doch geht!

Auf See lauern vielerlei Gefahren, mit denen wir uns ernsthaft auseinandersetzen müssen, bevor wir eine Seereise unternehmen. Zunächst einmal sollten wir uns überlegen, was zu tun ist, um die Gefahren zu vermeiden; dann aber auch, was zu tun ist, um ihre Folgen zu mindern. In dürren Worten: alles ist in Ordnung, wenn die Besatzung am Leben und das Boot schwimmfähig und in der Lage bleibt, sich in der gewünschten Richtung fortzubewegen. Im äußersten Falle ist nur eines wichtig, daß die Besatzung überlebt; wenn das Boot untergeht, ist immer noch die Versicherung da. Wir sollten uns also mit allen möglichen Situationen von Not und Gefahr vertrautmachen und unser Boot so ausrüsten, daß es in der Lage ist, damit fertigzuwerden. Wobei vorher ausgearbeitete Verhaltensregeln zur Anwendung kommen. Und wir sollten das gleiche mit der Besatzung tun, damit im Falle der Gefahr keine Panik entsteht. Eine aufmerksame Besatzung vermeidet unter Umständen Notlagen; eine Besatzung, die Ruhe bewahrt, hat alle Aussicht, auch mit einer Notlage fertigzuwerden. Welcher Art sind nun diese Notlagen und was ist dabei zu tun?

BESCHÄDIGUNG DES RUMPFES

Der Rumpf kann beschädigt werden durch einen Zusammenstoß mit einem anderen Boot oder Schiff, durch Strandung, durch Aufprall auf Treibgut oder durch schweren Seeschlag an Aufbauten und Decks. Unter der Wasserlinie führt eine Beschädigung zu einem Auseinanderklaffen von Planken oder zu Lecks; über Wasser können Decksaufbauten eingedrückt werden, Luken zerschlagen werden, Fenster zu Bruch gehen. Bei den dann herrschenden Bedingungen wird die Folge wahrscheinlich ein Wassereinbruch sein. Je tiefer unter Wasser das Leck, desto stärker der Druck und desto größer die eindringenden Wassermassen. Die meisten Segelboote haben eine Menge Reserveauftrieb, solange der Rumpf intakt bleibt; wenn aber das Wasser erst einmal eindringt, dann taucht der Rumpf immer tiefer und die Wasserlinie steht höher. Wenn das Boot überdies Schlagseite bekommt oder stark rollt, hört der Rumpf auf, hermetisch verschlossen zu sein, und Wasser kommt in das Cockpit und über die Seiten. Dies spricht dafür, die wasserdichte Abschottung so hoch wie möglich zu ziehen sowie wasserdichte Kabinentüren und Backskisten im Cockpit zu haben. Wasser, das im Boot herumschwappt, wird sich wie eine freie Wasserfläche verhalten, das heißt es wird in die tiefsten Stellen des Rumpfes fließen und dort immer höher steigen. Dadurch wird nicht nur die Schwimmfähigkeit verringert, sondern es entsteht auch ein gefährlicher loser Ballast. Das Boot liegt träge nach einer Seite über; wird es aber durch eine See aufgerichtet, dann besteht die Gefahr, daß es plötzlich nach der anderen Seite übergeht: das gesamte Wasser wird sich auf die neue Seite ergießen und das Boot dadurch weit überrollen lassen. Manchmal erholt sich ein Boot nicht mehr von einem solchen Überrollen, oder aber es hat an dem Punkt, an dem es am weitesten überlag, noch mehr Wasser übergenommen. Herumschwappendes Wasser ist also aus mehr als einem Grund höchst unerwünscht, und das erste, was man tun muß, wenn das Boot leck ist oder Wasser macht, ist, es leerzupumpen. Wenn eine Menge Wasser eingedrungen ist, schöpft man es am besten mit Eimern aus; das geht sehr schnell, sofern das Wasser tief genug ist. Lenzpumpen, deren Griffe ganz unten im Boot sind, können unbenutzbar sein, weil man unter Wasser nicht an sie herankommt.

Während wir das Wasser wegpumpen, das in den Rumpf eingedrungen ist, müssen wir versuchen, das Wasser am Nachfließen zu hindern. Manchmal gelingt dies, indem man weiches Material in das Leck stopft. Eine Matratze, ein Segelsack oder eine Wolldecke sind dafür geeignet, und der stärkste Wassereinbruch läßt sich damit provisorisch stoppen. Um das Leck vollständig abzudichten, muß man schon etwas mehr tun; bei Holzbooten kann man ein Stück Kupferblech darübernageln oder -schrauben, und zwar von innen oder außen, darunter legt man ein Stück eingefetteten Wollstoff. Da das Kupfer weich ist, läßt es sich leicht Unebenheiten der Oberfläche in der Nähe des Lecks anpassen. Zum Nageln

Abb. 44. Die schwachen Punkte eines Rumpfes sind mit Pfeilen gekennzeichnet: Vorluk, Fenster, Türen der Niedergänge, Ruder und die Stelle, wo der Aufbau auf das Deck stößt.

nimmt man Kupfertacks, wobei man zunächst mit einem Stahlnagel rund um das Kupferblech Löcher stanzt, bevor man es annagelt. Macht man die Löcher erst, wenn das Kupferblech schon an Ort und Stelle ist, dann verliert man die Kupfertacks bestimmt in der Bilge. Wenn das Kupferblech außen angebracht werden kann, dann drückt das Wasser es fest, aber das geht nur in Nähe der Wasserlinie und selbst dann nur, wenn man einen Schimpansen unter der Crew hat. Hat man kein Kupferblech, dann kann man auch Segeltuch von außen über das Leck nageln, am besten mit Schalkleisten über irgendeinem geeigneten Dichtmaterial.
Die Hauptsache ist, die Sache geht schnell und unkompliziert vor sich. Einzig wichtig ist nur, daß der Wassereinbruch gestoppt wird; eine Besatzung, die das Leck mit einem großen Hammer und dicken Nägeln dichtet, wird eher in der Lage sein, später davon zu erzählen, als die Perfektionisten, die ihre Zeit mit der Herstellung vollkommener Flicken vergeudet haben. Das Werkzeug auf kleinen Booten ist meist für große

Reparaturen sowohl nach Art wie nach Größe unzureichend. Man tut also gut daran, sich die möglichen Fälle vorher einmal zu überlegen und dafür zu sorgen, daß die richtigen Werkzeuge verfügbar sind. Wenn man alle Arten von Lecks durchgeht, kann man eine Aufstellung der zur Beseitigung notwendigen Werkzeuge machen. Manche Werkzeuge sind durch andere ersetzbar, aber bei genauem Nachdenken wird man feststellen, daß die allermeisten lebenswichtig sind. Reparaturen hängen sehr oft mehr vom vorhandenen Werkzeug als von allem anderen ab. Wie gesagt, bei einem Leck im Rumpf ist entscheidend, daß der Wassereinbruch unter Kontrolle gebracht wird, erst in zweiter Linie folgt eine halbwegs wasserdichte Leckabdichtung. Geschieht das nicht, wird das Boot sinken.

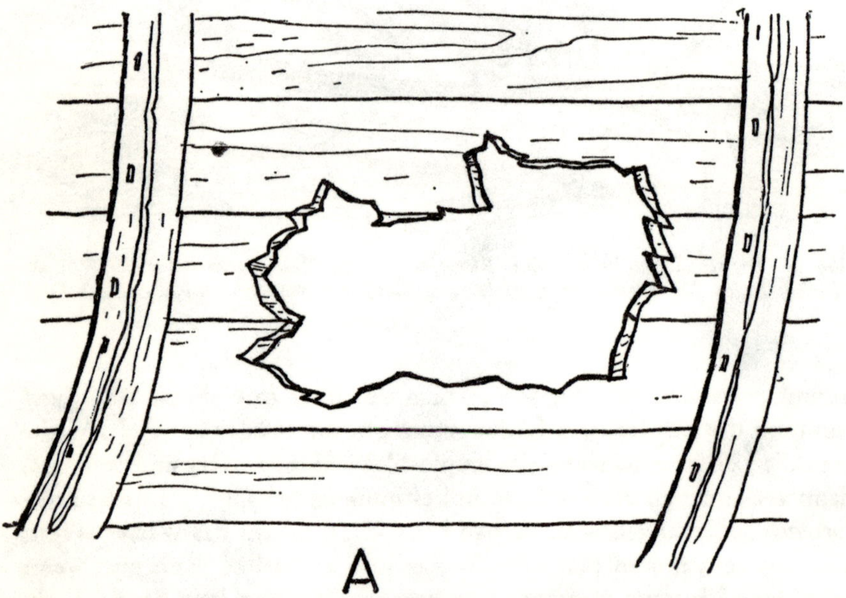

Abb. 45. Ein großes ausgefranstes Leck entsteht in einem Rumpf bei einer Kollision. Es ist recht erschreckend, die Außenwelt aus der Kajüte so gut sehen zu können.

Kunststoffrümpfe sind häufig schwerer zu reparieren als Holzrümpfe, weil man darin nicht nageln kann, man kann also Flicken nicht einfach mit Hammer und Nägeln aufsetzen. Treibschrauben gehen manchmal, auch Bolzen, die mit Unterlegscheiben versehen und durch die Außenhaut des Rumpfes gesteckt werden. Natürlich geht das nicht so schnell und einfach wie die Arbeit mit einem Hammer und einer Handvoll Nägel, aber wenn man sich des Problems bewußt ist, dann kann man die richtigen Bohrer und Bolzen bereithalten und lebenswichtige Zeit sparen, wenn es zum Schlimmsten kommen sollte. Auch hierbei können die Flicken aus Kupfer, Holz oder Leinwand sein, denen ein Stück Wolldecke unterlegt wurde, um an den schartigen Ecken für eine Abdichtung zu sorgen.

Die verwundbaren Plätze an Deck sind die Luken, die Seiten der Aufbauten sowie der Niedergang. Trifft eine brechende See auf diese Stellen, dann besteht die Gefahr, daß sie eingedrückt werden. Sie liegen zwar nicht unter Wasser, aber bei schlechtem Wetter sind sie ständig überspült, eine Menge Wasser kann dort eindringen. Eine eingeschlagene

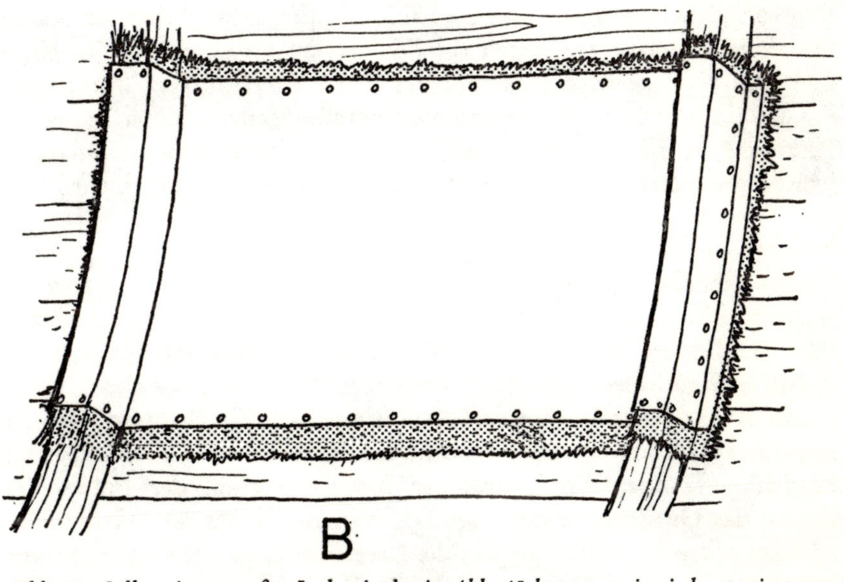

Abb. 46. Selbst ein so großes Leck wie das in Abb. 45 kann provisorisch repariert werden, wenn man es mit einer gut gefetteten Wolldecke abdeckt und ein Kupferblech darübernagelt. Die Nagellöcher sollten eingestanzt werden, bevor man das Blech anbringt.

Luke kann bei einer zweiten schweren überkommenden See soviel Wasser einlassen, daß das Boot sinkt. Für Bullaugen und Fenster kann man Holzblenden bereithalten, die man darübernagelt, wenn sie eingeschlagen werden sollten; man staut sie am besten leicht erreichbar unter den Matratzen der Kojen. Auf ähnliche Weise kann man Luken durch Holzstücke verstärken, die man daraufnagelt, während man darunter eine Verstrebung aus einem Riemen oder einer anderen Spiere anbringt. Wahrscheinlich wird etwas Wasser durch solche provisorischen Reparaturen eindringen, aber das meiste wird eben doch ferngehalten, und das Boot bleibt schwimmfähig, bis der Sturm sich gelegt hat. Wenn die Seite des Aufbaus eingeschlagen wird, müßte man das Holz wieder an Ort und Stelle zurückdrücken und eine Verstrebung improvisieren, wobei die Risse mit Stoff abgedichtet werden. Das ist nicht vollkommen, aber wohl das beste, was man in der Eile tun kann.

Das A und O der Notreparaturen ist, das Boot am Schwimmen zu halten, das Vollschlagen zu verhindern, und zu überleben, um einen weiteren Tag lang kämpfen zu können. Grobe und schnelle Arbeit ist das Gebot der Stunde, daher braucht man große und schwere Werkzeuge und vor allem den Willen und die Fähigkeit, den anfänglichen Schock zu überwinden und etwas gegen die Schäden zu unternehmen. In einer schweren Notlage wird jedenfalls der Besitz der richtigen Werkzeuge, das Wissen, wo sie zu finden sind, und vorausgegangene Überlegung die Besatzung in die Lage versetzen, ohne Panik oder Verzweiflungsausbrüche etwas Sinnvolles zur Überwindung dieser Situation zu tun.

RUDER

Die meisten Boote sind auch ohne ihr Ruder schwimmfähig, aber sie werden nicht so leicht irgendwohin kommen, wenn man nicht eine andere Möglichkeit des Steuerns findet. Ruder können Schaden nehmen durch Treibgut oder durch die Bewegungen des Bootes, vor allem, wenn es mit Rückwärtsfahrt in eine See hineinschlägt. Ein Ruderschaden ist meist zweierlei Art: Verlust oder schwerer Schaden des Ruderblattes und Beschädigung oder Zerstörung der Rudermechanik, der Pinne, des Rades, des Quadranten oder des Schaftes. Ist das Ruder selbst unbeschädigt, dann ist es oft möglich, die Reservepinne anzubringen, die auf vielen Booten mitgeführt wird, oder das Ruderblatt mit einer improvisierten Pinne zu bewegen, die am Ruderkopf angebolzt oder angelascht wird. Wenn eine Pinne abbricht, dann ist es oft schwer, den Teil zu entfernen, der im Ruderkopf steckengeblieben ist. Häufig muß man ihn ausbohren. Bei einer Seeregatta brach vor ein paar Jahren einer Yacht kurz nach dem Start die Pinne, aber es war unmöglich, das Reststück zu entfernen, weil es durch die Feuchtigkeit gequollen war und sich unlösbar verkeilt hatte. Die an Bord befindlichen Bohrer waren zu klein. Schließlich konnte man sich von einem anderen Boot in der Nähe einen großen Holzbohrer leihen, aber das Loch war erst Stunden nach dem Zwischenfall frei und eine neue Pinne eingesetzt. So lange Verzögerungen können sehr gefährlich sein.

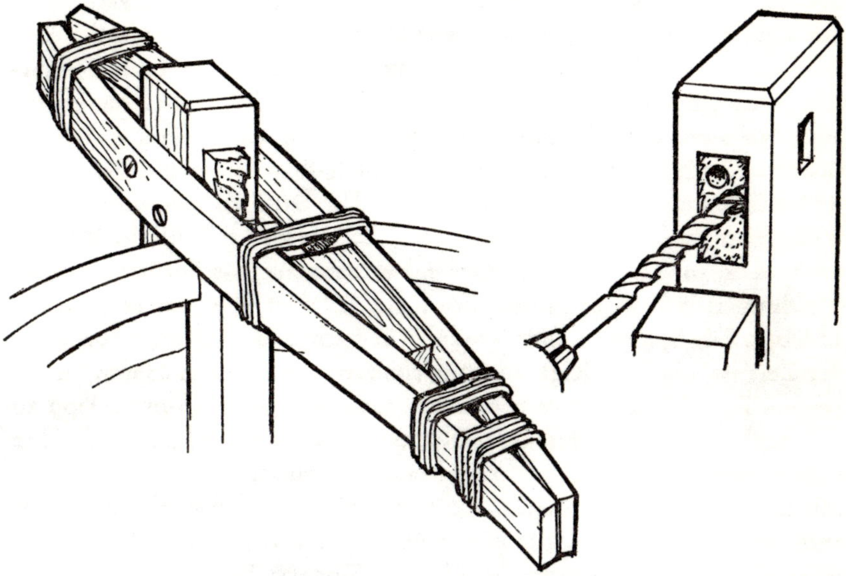

Abb. 47. Es ist vielfach schwierig, eine abgebrochene Pinne aus dem Ruderkopf zu entfernen. Man muß dann bohren oder eine Notpinne anbringen.

Auch wenn das Ruder außer Betrieb ist, können die meisten Boote allein durch Trimmen der Segel gesteuert werden. Wenn man dies einmal geübt hat, ist es gar nicht so schwer. Selbstverständlich ist es besser, man bringt das Ruder so schnell wie möglich in Ordnung, damit man in der Lage ist, das Boot zu manövrieren. Wenn der Ruderschaft gebrochen ist, kann man das Ruderblatt manchmal mit Hilfe von Standern bewegen, die außen an beiden Seiten zum Blatt geführt werden. Manchmal wird an der Achterkante des Blatts ein Loch eingebohrt, damit man dort ein Ende anschlagen kann. Das Loch kann mit Kitt ausgefüllt werden, den man dann abschleift, aber man merke sich die Stelle!
Wenn das Ruderblatt verlorengegangen ist, muß man eine Art Not-Ruder improvisieren. Bei kleinen Booten kann man auch einen Riemen verwenden, dessen Dolle in ein Loch im Leibholz gesteckt oder zwischen zwei Pflöcken gehalten wird.

RIGG UND SPIEREN

Der Verlust des Mastes und Schäden im Rigg sind sehr viel wahrscheinlicher als ein schwerer Schaden am Rumpf, wohl weil es soviel schwieriger ist, zu erkennen, wann ihnen Gefahr droht. Es zahlt sich aus, auf Schäden dieser Art gut vorbereitet zu sein. Der Mast kann aus verschiedenen Gründen über Bord gehen, wegen Mastbruchs, wegen Bruchs der Verstagung oder einer Saling. Was aber auch immer, wir sehen uns wahrscheinlich einer Spiere gegenüber, die über der Bordwand hängt, oft auch längsseits schleift und dazu noch wie ein Rammbock gegen die Bordwand schlägt. Allerlei stehendes Gut hält es fest und es ist außerordentlich schwierig, die Geschichte in den Griff zu bekommen. Am wichtigsten ist, eine Ausbreitung des Schadens zu verhindern. Man erreicht dies, indem man den Mast entweder ganz losschneidet und ihn schwimmen läßt, oder ihn an Bord nimmt oder aber achteraus nachschleppt. Die Spiere ist aller Voraussicht nach unbezahlbar, wenn es an der Zeit ist, ein Not-Rigg zu konstruieren, um in einen Hafen zu gelangen. Es ist daher besser, wenn irgendwie möglich, ihn in Schlepp zu nehmen. Um einen Mast loszuschneiden, muß man zahlreiche Drähte und Tampen durchtrennen, man braucht dazu einen Bolzenschneider. Mit Sägen, Äxten und Meißeln könnte man zwar bei ruhigem Wetter auch etwas ausrichten, wir brauchen aber eine schnellere und dabei wirksame Methode, die weitere Schäden verhindert; Bolzenschneider sind daher das einzig gegebene. Natürlich ist es nicht übertrieben, wenn man auch dafür sorgt, daß sie greifbar sind und nicht rostüberzogen in der Bilge liegen. Schneidet man den Mast los, dann wird man unvermeidlich das stehende Gut weitgehend zerstören; man muß dies gegen den Schaden abwägen, den der Mast einem zufügen kann. Verliert man den Mast unter Landschutz, dann liegt er vielleicht ganz brav längsseits im Wasser, so daß man in aller Ruhe das stehende Gut lösen kann, um es später wieder zu verwenden.

Das Aufrichten eines Not-Riggs erfordert eine Menge Arbeit und Improvisation. Hat man genügend Seeraum, dann wartet man damit am besten, bis sich das Wetter beruhigt hat. Hat man eine Spiere verloren, so ist es wie auch sonst oft am besten, man setzt sich erst einmal in Ruhe hin und durchdenkt die Lage, bevor man wie wild die kühnsten Unternehmungen in Angriff nimmt — wobei leicht die eine Hälfte der Besatzung gegen die andere arbeitet. Nach einer solchen gründlichen Überlegung auf der Basis von dem, was übriggeblieben ist, und unter Berücksichtigung der allgemeinen Wetterlage kann man darangehen, ein Not-

Rigg zu planen. In einem kleinen Boot kann man unter Umständen den ganzen Mast wieder einsetzen, und zwar dann, wenn er auf Grund eines Bruches im stehenden Gut über Bord ging. In einem solchen Falle besteht die Hauptaufgabe darin, die gebrochenen Stagen zu ersetzen. In größeren Booten ist das nicht möglich, man muß also etwas improvisieren, wobei der Großbaum oder der Spinnakerbaum benutzt wird.

Abb. 48. Ein gebrochenes Stag kann man reparieren, wenn man Seilklemmen verwendet und dann mit einem Taljereep dichtsetzt. Man kann auch ein Reservewant auf diese Weise passend machen.

Bricht ein Want oder ein Stag, dann kann man den Mast verlieren, aber unter Umständen kann blitzschnelles Handeln ihn retten. Dazu muß das Boot so gesegelt werden, daß der Mast von den übriggebliebenen Wanten und Stagen gehalten wird. Beim Bruch eines Luv-Wants geht man über Stag, bricht das Vorstag, geht man vor den Wind. Der Wind wird eingespannt, um den Mast gegen die noch intakten Teile des Riggs wirken zu lassen. Dann aber muß dem Mast weiterer Halt gegeben werden, indem man die gebrochenen Wanten durch Reservebackstagen ersetzt und das Boot so segelt, daß der Mast so ruhig wie möglich gehalten wird. Killende oder herumschlagende Segel sind gefährlich, denn sie setzen den

Mast wechselnden Belastungen aus, gegen die er nicht abgestagt ist. Wenn das Vorsegel steht, während das Vorstag bricht, läßt man es am besten stehen, denn der Liekdraht wirkt wie ein zeitweiliges Vorstag, und der stetige Zug des Segels wird verhindern, daß der Mast nach vorn und achtern pendelt. Die anderen Segel sollten dagegen weggenommen werden, um den Mast zu entlasten, sofern dies möglich ist, ohne daß das Boot zu sehr rollt. Rollen belastet ihn, da der Mast dabei hin und her schwingt. Es gibt also wieder Dinge, die gegeneinander abzuwägen sind. Vieles spricht dafür, alles so gut zu lassen, wie es ist, denn wenn der Mast nicht gleich über Bord geht, dann stehen die Chancen auf jeden Fall gut, daß er lange genug himmelwärts stehen bleibt für eine provisorische Reparatur.
Hat man den Mast gegen weiteren Schaden abgesichert, muß man das gebrochene Stag reparieren; wie, das hängt davon ab, wo es gebrochen ist. Wenn der Draht oder der Spleiß am unteren Ende des Wants gebrochen ist, kann man mit Hilfe von Seilklemmen ein zeitweiliges Auge machen; die Spannschraube kann mit Hilfe von Reserveschäkeln verlängert werden, oder man schert ein Taljereep, um das Want wieder unter Spannung zu setzen. Eine gebrochene Spannschraube kann durch eine andere oder ebenfalls durch ein Taljereep ersetzt werden. Ist das Want oben im Mast gebrochen oder ist das obere Auge gebrochen, dann muß jemand in den Mast, man braucht ein neues Want. Man sollte immer ein Reservewant mitführen, das an einem Ende ein Auge aufweist und am anderen getakelt ist, man kann es dann oben im Mast anschäkeln und unten mit Hilfe von Seilklemmen ein Auge im richtigen Abstand machen. Diese Vorsorge erspart allerlei dramatisches Geschehen oben im Mast, allein das Anschäkeln ist schon schwierig genug. Der Schäkel, der dazu vorgesehen ist, muß in alle Löcher an den Wantbeschlägen passen, man verstaut ihn zusammen mit dem Reservewant und den Seilklemmen, damit er im Falle der Not auch da ist.

MANN IM MAST

Man sollte nicht leichten Herzens einen Mann in den Mast schicken, wenn das Wetter schlecht ist, er wird wild herumfliegen und kann sich dabei verletzen, während die Leute auf dem arbeitenden Deck ausrutschen können und ihn fallen lassen. Muß er aber hinauf, so sollte er einen oberhalb des Bootsmannsstuhls belegten Sicherheitsgurt tragen, damit er gehalten wird, wenn er seinen Sitz verliert. Er sollte einen Tampen bei sich haben, mit dem er sich im Mast festbinden kann, solange er arbeitet, und lange Ärmel und lange Hosen tragen, um Verbrennungen durch Reibung am Mast oder Rigg zu verhindern. Die Werkzeuge und Ersatzteile sollten in einem oben offenen Beutel oder in einer Pütz sein. Bei der Ausbildung einer Besatzung sollte man jeden Mann einmal in den Mast schicken, damit er weiß, wie es da oben aussieht. Man wird zumindest die Schwierigkeiten des Mannes da oben besser einschätzen können, wenn man seine Leinen an Deck bedient.

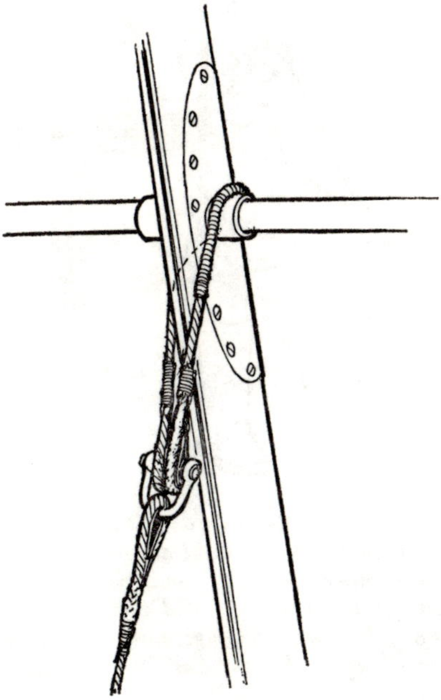

Abb. 49. Ein gebrochener Salingsbeschlag erfordert eine Art Stropp um den Mast, um das obere Ende des Wants zu befestigen. Dabei kann man dann aber das Segel nicht mehr ganz vorheißen.

Gelegentlich bricht auch ein Wantbeschlag aus, so daß zwar das Want in Ordnung ist, aber nichts da ist, woran man es festmachen könnte. Man kann dann mit Hilfe eines Drahtstropps das Want an einen anderen Beschlag anschlagen, oder man kann auch einen Stropp ganz um den Mast herumnehmen. Allerdings kann man dann das Großsegel nicht mehr ganz vorheißen, und man braucht ein sehr großes Reff, um die ganze Lose unterzubringen. Der Drahtstropp um den Mast wird schamfilen und man muß ihn bekleeden oder einen Plastikschlauch verwenden. Bei großen Wantbeschlägen kann man manchmal ein zweites Loch bohren.

Abb. 50. Man sollte nicht leichten Herzens in See einen Mann in den Mast schicken. Er sollte einen Sicherheitsgurt tragen, der am Fall befestigt ist, nicht am Bootsmannsstuhl. Die Werkzeuge müssen in einem Beutel oder einer Pütz sein, damit sie nicht herunterfallen können. Die Leute an Deck müssen gut auf den Mann und ebenso auf die Törns um die Winsch achten. Damit der Mann nicht umherschwingt, muß man unter Umständen eine Leine am Bootsmannsstuhl anschlagen, die auf das Deck heruntergeführt wird.

BAUM

Ein gebrochener Baum ist nicht so gefährlich wie ein gebrochener Mast, weil man ohne Baum segeln kann, wenn auch natürlich nicht so gut wie mit Baum. Ein hölzerner Baum kann meist repariert werden, indem man ihn an beiden Seiten mit Holz schient und lascht, zum Beispiel mit dem Dingi-Riemen, mit Stücken der Bodenbretter oder des Tisches. Man kann dann die ganze Geschichte zusätzlich noch verleimen, verschrauben oder verbolzen, danach kann man noch Keile zwischen Baum und Holz treiben, um das Ganze noch fester zu machen. Nach einer solchen Reparatur ist es manchmal schwierig, das Segel am Baum zu befestigen, denn die Keep läuft wahrscheinlich nicht mehr durch. Bei einem Segel, das im Unterliek keine Gattchen hat, muß man unter Umständen solche anbringen, oder man kann nur das Schothorn am Baum festzurren und muß mit losem Unterliek fahren. Ist der reparierte Baum kürzer als vorher, dann muß das Segel soweit gerefft werden, daß es der neuen Baumlänge entspricht.

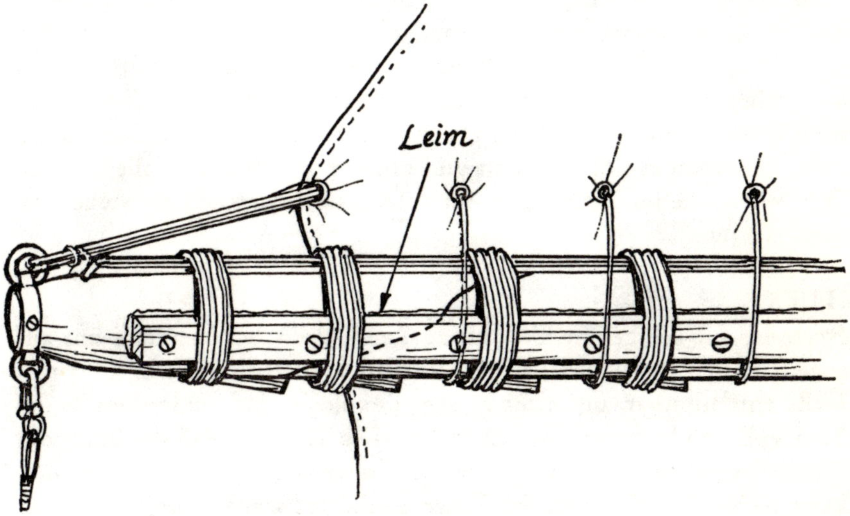

Abb. 51. Die Reparatur eines Baums erfordert Leim, Splinte, Schiemannsgarn und Keile. Das Segel muß unter Umständen gerefft werden, wenn der Baum verkürzt wurde, und auch die Baumkeep ist aller Wahrscheinlichkeit nach nicht mehr zu gebrauchen.

SEGEL

Segel sind die Antriebsmaschinen der Segelschiffe; wenn sie nicht mehr arbeiten, bleibt das Boot stehen. Segel zerreißen durch Einwirkung von sehr starken Winden, aber auch dann, wenn man sie stark flattern läßt oder wenn ein kleiner Riß oder eine schwache Stelle nicht sofort geflickt werden. Alle Segel fliegen weg, wenn man sie zu sehr beansprucht, man muß sie sorgsam behandeln und nicht allzu sehr durchsetzen. Die modernen Winschen ermöglichen es, ein Segel sehr stark zu beanspruchen, ohne daß man es merkt. Dies ist für ein Segel nie gut, vor allem dann nicht, wenn es alt oder aus zu leichtem Material gefertigt ist. Man sollte seine Segel sehr pflegen und sie immer wieder auf kleine Fehler überprüfen, die sich zu großen Rissen auswachsen können. Ein Rutscher, der nicht auf der Mastschiene sitzt, bewirkt, daß die Rutscher darüber und darunter zusätzliche Last tragen müssen; sie können dadurch leicht nachgeben und die Folge ist eine Kettenreaktion, bei der alle lose kommen und das Segel nur noch an Kopf und Hals fest ist. Das Schlagen des Vorlieks, das dadurch entsteht, ist für ein Segel sehr schlecht. Außerdem versuche man einmal, das Segel bei stürmischen Winden herunterzubekommen. Ein Wegdrehen mit Hilfe der Reffkurbel hilft manchmal. Kleine Risse, die sich erweitern, verursachen oft eine Riesenreparatur, während der nicht nur das Segel ausfällt, sondern auch ein Mann der Besatzung eine Menge Energie für eine höchst unproduktive Tätigkeit aufbringen muß. Man bläue der Crew ein, Segel sorgsam zu behandeln (sie kosten, weiß Gott, genug). Immer dann, wenn ein Segel aus seinem Sack geholt wird, sehe man es sich genau an und notiere und markiere alle Mängel. Die Deckwache muß außerdem ein gutes Augenmerk auf die stehenden Segel richten.

FEUER

Feuer ist auf See gefährlicher als an Land, denn wir befinden uns auf engem Raum und haben Brennstoffe und Gas bei uns, die im höchsten Maße entflammbar, um nicht zu sagen explosiv sind, außerdem ist das Boot voll von leichtbrennbaren Sachen. Die Tatsache, daß das Boot von Wasser umgeben ist, bringt nicht viel; innerhalb der verfügbaren Zeit kann nicht viel Wasser in das Feuer geschüttet werden, und wenn der Treibstoff brennt, hilft Wasser auch eimerweise nicht, weil sich dadurch der brennende Treibstoff nur um das Boot herum ausbreitet. Auf kleinen Booten ist daher Sorgfalt lebenswichtig, sobald Feuer in irgendeiner Form benutzt wird, beim Kochen, Rauchen, im elektrischen System oder in der Hilfsmaschine.

Es ist sehr wichtig, wie ein Boot unterteilt ist und wo die Einrichtungen untergebracht sind. Die meisten Boote verfügen vorn über einen zweiten Zugang, teilweise nur, um der Besatzung bei Feuer das Verlassen des Bootes zu ermöglichen, abgesehen davon müssen Brennstoff und Gas an Stellen gelagert werden, wo ein Überlaufen nach außenbords führt. Gasflaschen müssen in Behältern stehen, die nach außenbords entlüften, denn Gas ist schwerer als Luft und sammelt sich bei Leckagen in der Bilge, wo es, ohne daß man es ahnt, eine explosive Mischung mit Luft bildet. Der Schlauch von der Gasflasche zum Kocher muß aus armiertem Schlauch bestehen, wenn der Kocher kardanisch aufgehängt ist. Um zu verhindern, daß ein schadhaftes Rohr gefährlich wird, muß die Flasche nach Gebrauch stets zugedreht werden. Dieselöl ist vielleicht weniger

13. Segeln bei wenig Wind erfordert Geduld und Aufmerksamkeit. Die grelle Sonne wird vom Wasser reflektiert und kann üblen Sonnenbrand hervorrufen, wenn der Körper zu lange unbedeckt bleibt.

14. Es bedarf des Nachdenkens und sorgfältiger Planung, ein Boot aus dieser Wuling herauszumanövrieren. Wenn es anfängt zu wehen, könnte dies sehr unangenehm werden.

15. Hier sieht man, welche Probleme für ein Handelsschiff entstehen, das eine enge Einfahrt passiert und vor sich einen Haufen kleiner Fahrzeuge hat. Kleinere Sportboote sind gesetzlich verpflichtet, Platz zu machen.

gefährlich, denn wenn es leckt, bemerkt man dies sofort und kann es aus dem Boot lenzen. Dennoch dürfen die Brennstoffleitungen keine Lecks haben, denn Dieselöl, das auf einen heißen Auspuff leckt, oder Brennstoffdämpfe in der Nähe der Lichtmaschine verursachen sehr schnell einen Brand.

Abb. 52. Überall im Boot gibt es Stellen, wo Feuersgefahr besteht. Der Herd, der Motor, die Batterien, die Tanks für Brennstoff und die Stauräume für Gas und Farben, nicht zuletzt die Besatzung beim Rauchen.

Nun zur Bekämpfung eines Feuers, wenn es einmal ausbrechen sollte. Man muß sich vor Augen halten, daß dreierlei nötig ist, damit ein Feuer brennt: Hitze, brennbare Substanzen, Sauerstoff. Kann man eine dieser drei Voraussetzungen ausschließen, geht das Feuer aus. Feuerlöscher funktionieren, weil sie die Sauerstoffzufuhr zum Feuer unterbinden (CO_2, Schaum und Pulver), oder indem sie das brennende Material abkühlen (Wassersprüher) oder verteilen (Wasserstrahlen). Einige Feuerlöscheinrichtungen wirken doppelt, so zum Beispiel wenn Wasser einen Brandherd überschwemmt und dadurch der Sauerstoffzufuhr beraubt und gleichzeitig kühlt. Man sieht ein, daß beim Gebrauch von CO_2 das Feuer wieder aufflammen wird, sobald das CO_2 sich verflüchtigt hat, es sei denn, daß inzwischen das brennbare Material entfernt oder das Feuer abgekühlt wurde. Ein erneutes Aufflammen ist bei den meisten Feuern wahrscheinlich, vor allem bei denen, die sehr heiß sind.

Yacht-Feuerlöscher sind meist Typen, die mit Schaum, Pulver oder CO_2 arbeiten, das heißt das Feuer ersticken. Sie müssen mit Überlegung gelagert werden, damit sie bei möglichen Bränden leicht erreichbar sind. Ein Feuerlöscher über dem Herd nützt nicht viel, wenn er umgeben ist von den Flammen aus einer brennenden Pfanne, und ein solcher über dem Motorgehäuse ist bei einem Vergaserbrand fehl am Platz. Im Idealfalle sollten Feuerlöscher vom Deck aus leicht erreichbar sein, doch nicht alle an einer Stelle. Dies bedeutet, daß die Feuerlöscher innerhalb der Niedergänge vorn und achtern angebracht sein müssen. Die meisten kleinen Boote führen zwei Feuerlöscher mit sich, ich glaube aber nicht, daß dies ausreicht, es sei denn, man kann ein Feuer schon im Augenblick des Ausbruchs bekämpfen. Die Voraussetzung ist natürlich, daß die Feuerlöscher in erstklassigem Zustand sind und daß die Crew weiß, wie sie am zweckmäßigsten einzusetzen sind. Wenn das Feuer erst einmal da ist, ist es zu spät, die Gebrauchsanweisung zu lesen. Die Feuerlöscher sollten während der Überholung im Frühjahr zur Überprüfung gegeben werden; allerdings brauchen wir für diese Zeit einen Ersatz, um auch dann einen Brand bekämpfen zu können, denn gerade zu solchen Zeiten fällt bekanntlich leicht einmal eine Lötlampe in die Bilge.

Ich habe viel Vertrauen in eine sogenannte Branddecke, die nichts ist als ein Stück Wollstoff, feuerfest imprägniert. Man kann diese Decke über einen Brand werfen, um die Sauerstoffzufuhr abzuschneiden.

Jeder, der einmal ein Feuer auf einem kleinen Boot gesehen hat, nimmt einen solchen Brand sehr ernst; wir sollten also auf kleinen Seekreuzern mehr als vorsichtig sein. Die schrecklichsten Tragödien sind möglich und finden auch Jahr für Jahr statt. Man vergesse auch nicht, daß fast jedes GFK-Material brennbar ist.

„Im Leben sind wir vom Tode umgeben", sagen die Pessimisten, aber auf kleinen Booten haben sie bestimmt recht. Zwar ist zu 99 Prozent der Zeit das Wetter nicht allzu schlecht, die Ausrüstung in Ordnung und wir haben das Glück, daß nichts passiert, aber mitten in einer völlig normal verlaufenden Nacht oder einem solchen Tag finden wir uns plötzlich in den schrecklichsten Nöten; es tritt ein wie ein Blitz. Dann ist der Tag des Gerichts. Waren unsere Vorbereitungen ausreichend? Ist die Besatzung so geschult, daß sie auf Notlagen nicht mit Panik reagiert? Sind alle Werkzeuge und alles Zubehör an Bord? Haben wir an alle Möglichkeiten gedacht für Flucht, Reparatur usw.? Viel zu oft wird eine Besatzung durch eine Notlage überrascht, ohne die Hilfsmittel an der Hand zu haben, die es ihr ermöglichen würden, damit fertigzuwerden; obwohl gerade solche Notlagen voraussehbar waren. Manche Besatzungen lassen es zu, daß sie in ernste Schwierigkeiten kommen aus einer Lage heraus, die andere als eine ganz normale Ausnahmesituation ansehen und mit Maßnahmen bewältigen, die sie zu Hause geübt haben. Ich will mich damit nicht aufs hohe Roß setzen, denn jeder von uns kann einmal in Schwierigkeiten geraten und Hilfe brauchen, vielfach ist das reine Glückssache. Es ist indessen ein gutes Gefühl, wenn man in einem solchen Fall der Not weiß, daß die Besatzung alles Menschenmögliche getan hat, und zwar gut getan hat, selbst wenn ihre Anstrengungen keinen Erfolg hatten.

12. Kapitel

Segeln und Segelmanöver

Die Zeit kommt, wo das Boot gekauft und ausgerüstet, die Besatzung geschult und ihre Habe an Bord verstaut ist. Nun soll der Seetörn beginnen. Der Skipper wird, auch wenn er noch so erfahren ist, gewisse quälende Zweifel nicht los, wenn er sein Boot und seine Besatzung vor dem Ablegen mustert. Sind beide zusammen stark genug, um allen Eventualitäten gewachsen zu sein? Ist er selbst wirklich befähigt genug, um sie auf die hohe See hinauszuführen? Ist das Boot auch ausreichend ausgerüstet? Fraglos sind manche Skipper der Führung eines Schiffes besser gewachsen als andere, auch fahren manche Boote zur See, die in keiner Weise dafür ausgerüstet sind, dem Wetter und den sonstigen Anforderungen einer Fahrt zu trotzen. Man könnte sagen, daß solche Boote nicht hinausgehen dürften, aber es gibt keine Bestimmungen, die jemand daran hindern, das Meer zu befahren, und sei er noch so unvorbereitet. Im übrigen läßt sich Erfahrung schnell erwerben. Ich möchte behaupten, daß man sehr wenige Boote findet, die wirklich in der Lage sind, mit allen Eventualitäten fertig zu werden; nahezu immer bleibt es ein kalkuliertes Risiko. Ich sehe dies nicht notwendigerweise als schlecht an; denn wenn wir alle solange warten würden, bis wir alles gelernt haben, was man über die See lernen kann, dann dürften wir nie hinausfahren.

VORBEREITUNG FÜR DIE SEE

Es gibt naheliegende Dinge, die man tun muß, bevor man in See geht, wie das Anschlagen der Segel, das Scheren der Schoten und das Einsetzen des Dingis. Aber darüber hinaus gibt es sehr viele Kleinigkeiten, die genau überprüft werden müssen. Hierbei zahlt sich eine klare Verteilung der Pflichten aus, die jedem Crewmitglied bestimmte Verantwortlichkeiten zuweist; jeder kann sich dann seinem Aufgabenkreis widmen. Der Skipper ist dann nicht überlastet, er kann sich um andere wichtige Dinge kümmern, zum Beispiel darum, wie er von der Muring ablegen kann. Zunächst müssen die Vorräte an Bord sein, und zwar nicht nur Nahrungsmittel, Wasser und Treibstoff, sondern auch Gas, Ersatzausrüstung, Streichhölzer, Taschenlampenbatterien, Seekarten und Batterien für den Radioempfänger. Als nächstes muß der Zustand des Bootes überprüft werden. Der Rumpf sollte trocken sein, die Maschine einwandfrei funktionieren, die Pumpen nicht verstopft, die Toiletten betriebsklar, der Kocher fertig zum Anzünden, die Beleuchtung intakt, das Radio laut schmetternd und die persönliche Habe verstaut. An Deck sollte das Rigg in Ordnung sein, die Spannschrauben mit Drähten gesichert, der Tausendfuß gegen Schamfilen an seinem Platz, alle losen Teile an Deck festgezurrt, der Anker klar zum Gebrauch mit angesteckter Kette. Die Sicherheitsausrüstung muß überprüft werden: die Rettungsgeräte an Ort und Stelle, mit daran angesteckten Nachtlichtern und Signalpfeifen, das Ölzeug jedes Mannes der Besatzung zusammen mit dem Sicherheitsgurt an dem bestimmten Haken, der Radarreflektor griffbereit, die Rettungsinsel klar zum Überbordwerfen, die Feuerlöscher klar zum Gebrauch an ihrem Platz. Der Navigator wird die von ihm zuerst benötigten Seekarten herausgesucht, die Gezeitenströme vermerkt und die Hochwasserzeiten auf den Seiten des Gezeitenatlas eingetragen haben. Er wird auch den Wetterbericht abgehört und das nächste Büro des Wetterdienstes angerufen haben, um Wetteränderungen zu erfragen, schließlich hat er das Barometer überprüft. Es gibt also eine ganze Menge zu tun, und alles braucht Zeit, je nachdem, wie oft das Boot zu einem Seetörn ausläuft und wie oft die Besatzung schon damit gesegelt hat. Bei einem eingefahrenen Boot und einer eingespielten Besatzung kann das alles in ein paar Minuten erledigt werden, denn es ist immer das Gleiche, von Wochenende zu Wochenende. Macht ein Boot aber den ersten Törn des Jahres, braucht man unter Umständen ein paar Stunden, bevor der Skipper sicher sein kann, daß sein Boot wirklich seetüchtig ist. Werden Fehler und Mängel bemerkt, braucht man mehr Zeit, denn dann müssen diese erst abgestellt werden.

FESTHALTEN

An Land ist es gar nicht so einfach, sich vorzustellen, wie weit segelnde Boote überliegen können. Oder sich ein Bild zu machen von den wilden Sprüngen, die ein Boot in See manchmal macht. Wir sind ja alle daran gewöhnt, daß die Schwerkraft in Richtung auf den Fußboden wirkt, also nach unten, und wir stehen gänzlich unvorbereitet einer Situation gegenüber, bei der der Fußboden sich aufwärts neigt, während die Schwerkraft nach wie vor nach unten wirkt. Das heißt, solange die Schwerkraft nicht von Kräften aufgehoben wird, die eine Folge der Beschleunigung des Bootes sind. Um in einem kleinen Boot die Ausrüstungsstücke an Ort und Stelle zu halten, muß alles festgezurrt und gesichert sein. Das gilt für die Besatzung, den Proviant, die Schubladen, kurz alles, was irgendwo im Boot verstaut ist. Boote sollen auch bei schlechtem Wetter und grober See fahren, daher fordern die meisten Konstrukteure, daß alle Schranktüren einklinken, daß Herde kardanisch aufgehängt werden müssen und daß in der Kombüse Schlingerleisten angebracht sind. Aber viele Bootsbauer machen sich ganz offenbar nicht klar, wie groß die einwirkenden Kräfte sind und daß alle Einrichtungen, die zum Festhalten dienen, wirklich stark und groß dimensioniert sein sollten. Zu irgendeiner Zeit wird, vom Deck angefangen bis zu einem Winkel von 40 Grad darüber, alles einmal als Fußstütze benutzt werden, es muß also fest genug gebaut sein, damit es das Gewicht eines Menschen aushält. Die Crew, die aus großen und schweren Männern bestehen kann, muß sich irgendwo festhalten können, um nicht herumgeschleudert zu werden, und die momentane Belastung, die ein Handgriff aushalten muß, um 100 Kilogramm Fleisch und Blut zu stoppen, ist beachtlich. Unter Deck sollte es genau wie auf Deck möglich sein, von Handgriff zu Handgriff sicher weiterzugelangen, wobei eine Hand immer fest zupackt. Handgriffe werden am besten so ausgebildet, daß sie in der Mitte hohl sind, damit die Hand sich ganz darumlegen kann. Auf einigen Booten gibt es Griffe, die nicht viel mehr sind als eine Vertiefung in einem Stück Holz, in das gerade die Fingerspitzen hineinpassen. An diesen Griffen kann man sich schwer halten, und die Finger werden leicht eingeklemmt, was schmerzhaft ist und sogar Verletzungen hervorrufen kann.

DAS SEGELN

Manchmal sind wir ganz zufrieden, wenn wir nur so dahinbummeln, weil wir kein unmittelbares Ziel haben, es sei denn, gemächlich dahinzuleben. An solchen Tagen bedeutet Vorankommen nicht das mindeste. Es genügt, sich in der Sonne zu aalen, das Wasser vorbeiziehen zu sehen und sich am Leben zu freuen. Ich erinnere mich an eine solche Nacht schönsten Segelns auf einem alten großen Rye Trawler über den Solent von Cowes nach Lee. Es wehte eine ganz leichte Brise, die gerade ausreichte, uns über die Gezeitenströmung hinwegzuschieben, aber nicht soviel, daß man das Gefühl gehabt hätte, zu fahren. Scheinbar hingen wir vollkommen bewegungslos im Raum, die Sterne und der helle Mond über uns schienen mit dem phosphoreszierenden Wasser zu verschmelzen. In den vier Stunden, in denen ich allein an Deck war, kam das Boot nicht nennenswert voran, aber der Zauber dieser Wache ist mir noch heute unvergeßlich; eine Verbindung unwirklicher Ruhe und völligen Schweigens, die nur von Zeit zu Zeit unterbrochen wurde durch die Geräusche der Nacht von der Küste des Festlandes her. Dies ist ein Teil der Befriedigung, die das Segeln uns geben kann — und viele Leute wollen überhaupt nicht mehr.

Und trotzdem — wenn wir zunächst einmal ein Stück Weges zurücklegen müssen, um in das Revier unserer Kreuzfahrt zu gelangen, oder wenn wir durch eine Schlechtwetterzone stoßen müssen, um von einer gefährlichen Leeküste freizukommen, dann müssen wir unser Boot mit allem erdenklichen Geschick segeln. Ein Teil der Befriedigung, die das Segeln uns gibt, liegt ja gerade darin, aus dem Boot das Beste herauszuholen, sei das nun ein Fußgängertempo von drei Knoten oder seien es schnaubende sieben. Wer segeln kann, der wird mehr erreichen, er wird vor Sonnenuntergang im Hafen sein und die günstige Tide erwischen, beides Dinge, die wichtig sind, wenn der Seetörn erfolgreich sein soll.

AM WIND

Das Segeln am Wind ist beim Segeln das wichtigste, denn wir werden sicher weitaus mehr Zeit damit zubringen, windwärts zu segeln als mit gefierten Schoten. Einmal weil unsere Geschwindigkeit geringer ist und weil die ungünstigen Gezeitenströme sich mehr auswirken, denn wir unterliegen ihnen länger. Bei den meisten Booten gehört mehr Geschick dazu, sie auf Kreuzkursen gut zu handhaben als mit raumem Wind. Das Segeln am Wind ist eine Kunst, eine Kunst, die man durch Fleiß und Erfahrung zwar lernen kann, für die aber manche Leute eine natürliche Begabung mitbringen. Jeder kann lernen, einwandfrei zu kreuzen, aber nur die wenigen Begabten werden wirkliche Meister sein. Es hängt alles davon ab, daß man merkt, ob das Boot gut läuft. Man muß das mit Hilfe der Augen, des Gehörs und des Gefühls merken, ganz abgesehen von den Instrumenten. Fühlt man es, wenn das Boot gut läuft, dann kann man es unter Umständen so steuern, daß es auch weiterhin optimale Fahrt macht. In jedem Augenblick gibt es nur einen wirklich idealen Winkel für die Einwirkung des Windes auf die Segel, aber dieser Winkel ändert sich bei jeder Bewegung des Bootes um eine der drei Achsen. Hinzu kommt, daß auch der Wind immer wieder etwas anders einfällt, es gibt daher nie eine Patentlösung. Auch der Zustand der See hat Einfluß auf den Angriffswinkel des Windes. Alles kommt darauf an, daß man merkt, wann das Boot gut läuft — wobei ein Geschwindigkeitsanzeiger von Nutzen sein kann — und dann so zu steuern, daß es möglichst lange in diesem Optimum verharrt. Änderungen durch Schwankungen des Windes, durch Einfluß des Seegangs oder durch verschieden starkes Überliegen kann man bis zu einem gewissen Grade voraussehen, indem man die See, den Windmesser und den Geschwindigkeitsanzeiger beobachtet. Bei einer gleichmäßigen Brise ist es nicht so schwer, die günstigste Lage zu erreichen; bei leichten und dauernd wechselnden Winden ist es teuflisch schwer, denn der scheinbare Wind, mit dem das Boot segelt, ändert sich mit jedem Wechsel der Geschwindigkeit. Um das Boot in Fahrt zu halten, muß man unter Umständen ganz erhebliche Änderungen der Fahrtrichtung vornehmen. Entscheidend ist absolute Konzentration. Manche Leute sind gut, manche nicht. Hat jemand das Gespür für das Boot, dann muß man ihn am Ruder lassen, bis er müde wird und dieses Gespür verliert. Und ein anderer muß einspringen und es versuchen.

Wie hoch man am Wind segeln kann, hängt jeweils davon ab, wie stark der Wind und welcher Art die See ist. Bei wenig Wind muß ein Boot gut voll gesegelt werden, damit es läuft, bei viel Wind hart am Wind mit flach angeholten Segeln. In glattem Wasser kann man höher segeln als bei Seegang, der das Boot hin und her wirft. Wenn bei wenig Wind eine steile See steht, dann ist es außerordentlich schwierig, ein Boot stetig am Wind zu halten und die Segel zum Tragen zu bringen, ohne daß der Wind herausgestoßen wird. Es kann notwendig werden, die Crew nach Lee zu setzen, damit das Boot etwas wegliegt und die Segel besser stehen.

Wir haben bisher kein Wort gesagt über den Trimm der Segel. Leider werden auf vielen Booten einfach die Schoten hart angeknallt und damit basta. Heutzutage haben wir viele Möglichkeiten, die Form und den Trimm unserer Segel zu korrigieren; es wäre Verschwendung, wenn wir davon nicht Gebrauch machten. Ganz allgemein gesprochen müssen die Segel um so flacher stehen, je stärker der Wind ist; alles wird durchgesetzt, Fall, Unterliekstrecker, Vorliekstrecker, Achterliekleine und Schot. Bei wenig Wind müssen die Ecken des Segels etwas Lose bekommen, damit die Luft an einer sanften Krümmung möglichst stark fließt. Es ist sehr interessant, bei verschiedenen Windstärken Versuche anzustellen, wenn es auch bei so vielem Veränderlichen sehr schwer ist, mehr als ein Gefühl für das zu bekommen, was richtig und was falsch ist. Nun, bei Booten ist ein Gefühl oft das einzige, nach dem man gehen kann, und sehr oft ist dieses Gefühl richtig.

Am Wind sind die Vorsegel wichtiger als das Großsegel, die richtige Form des Segels ist ebenso entscheidend wie die Schotführung und die Spannung. Eine winzige Änderung kann die Form des Segels vollkommen verwandeln und die Leistung dementsprechend beeinflussen. Ein durchgesetztes Vorliek ist bei starkem Wind wichtig; bei leichten Winden bin ich nicht so sicher. Ein durchgesetztes Liek ist gleichbedeutend mit einem flachen Segel; es könnte vorteilhaft sein, das Fall etwas weniger stark durchzusetzen, um dem Segel mehr Anströmung zu geben. Bei leichten Winden muß unter Umständen auch der Holepunkt der Schot geändert werden, auch das Gewicht einer schweren Schot und eines Schäkels am Schothorn können sich ungünstig auswirken. Unter solchen Bedingungen braucht man nur eine ganz leichte Leine, die mit einem Knoten angesteckt ist.

WINDRICHTUNG

Die Windrichtung ist immer die allerwichtigste Information, die wir brauchen; es gibt mehrere Möglichkeiten, sie zu kontrollieren. Wer sparen muß, hat dazu an die Wanten gebundene Wollfäden, meist in verschiedener Höhe; diese Fäden zeigen die Richtung des scheinbaren Windes an. Auch Stücke von alten Nylonstrümpfen sind sehr geeignet. Ein Stander ist bei viel Wind in Ordnung, aber wenn der Wind nachläßt, fällt er leicht zusammen, außerdem wird er im Masttopp stark geschüttelt, und das bringt ihn leicht aus der Richtung. Leichte Flaggen aus Nylon sind im Topp besser, am allerbesten aber ist ein Windsack, wie man ihn auf Flugplätzen hat, nur kleiner. Jeder Verklicker auf dem Mast muß frei rotieren können. Am besten wird er mit einem Gegengewicht versehen, er reagiert dann auch bei sehr leichtem Wind. Heute gibt es elektronische Windmesser, die auf Regattabooten weit verbreitet sind; sie sind sehr gut, leider aber auch sehr teuer. Für weniger erfahrene Rudergänger oder bei Nacht oder bei wenig Wind sind diese Windanzeiger eine große Hilfe, denn man kann mit ihrer Hilfe das Boot ständig auf dem gleichen Winkel zum scheinbaren Wind halten, für diesen optimalen Winkel sind die Segel getrimmt.

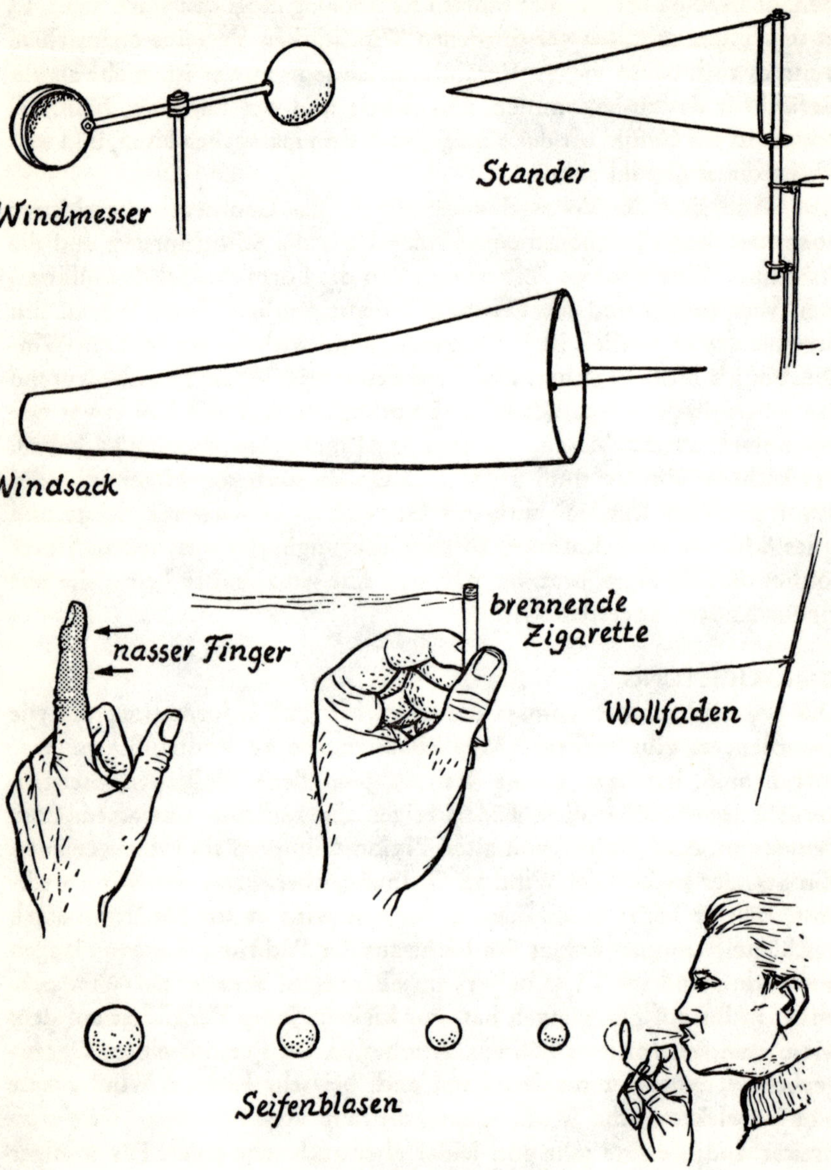

Abb. 53. Es gibt viele Methoden, um die Windrichtung bzw. Windgeschwindigkeit festzustellen.

Es gibt noch andere einfache Methoden, um den Wind zu prüfen. Der nasse Finger ist durchaus kein Witz, sondern sogar recht genau; bei wenig Wind hilft Zigarettenrauch. Auch ein Kinderspielzeug, das kleine Seifenblasen erzeugt, ist gut. Man kann die Windrichtung auch abschätzen, wenn man die kleinen Windwellen beobachtet, die die Wasseroberfläche kräuseln; allerdings zeigen sie den wahren Wind an und nicht den scheinbaren Wind, mit dem wir segeln. Den scheinbaren Wind kann man im Gesicht oder am Nacken fühlen.

RAUMSCHOTS

Das Segeln mit raumen Winden halten viele Leute aus gutem Grund für die schönste Art zu segeln. Nahezu jedes Boot läuft mit irgendeinem Lappen als Segel gut, wenn der Wind dwars oder raum einfällt, das heißt gut im Verhältnis zu den sonstigen Arten des Segelns. In dem Augenblick, in dem wir abfallen und der Kampf gegen den Wind aufhört, sieht die Welt gleich sehr viel freundlicher aus. Wir fahren dorthin, wo wir hinwollen, jede zurückgelegte Meile ist eine Meile in der richtigen Richtung und das Boot scheint sich wie befreit zu fühlen, weil es nicht in eine Richtung geprügelt wird, in die es nicht möchte. Aber gerade diese so angenehme Art voranzukommen führt dazu, daß die Crew sich ausruht und sich nicht mehr darauf konzentriert, wie man das Boot zum maximalen Laufen bringt. Soll ein Boot auf einem raumen Kurs das Beste hergeben, so verlangt es sehr viel von der ganzen Wache an Deck, nicht nur vom Rudergänger wie auf Am-Wind-Kursen. Der Rudergänger muß nach dem Kompaß einen geraden Kurs steuern, aber die Besatzung muß die Segel trimmen, damit sie maximal ziehen und das Boot so schnell wie möglich segelt. Das heißt, die Besatzung muß ununterbrochen die Segelstellung verändern, denn der Wind ändert ständig seine Richtung und Geschwindigkeit, und mit der sich ändernden Fahrt des Bootes ändert sich auch der scheinbare Wind. Ein Mann muß daher ständig an der Schot bereitstehen. Man kann auf raumen Kursen mehr herausholen als am Wind; man könnte auch sagen, man kann mehr verlieren, wenn man auf raumen Kursen nicht mit größter Aufmerksamkeit segelt.

Nun mag es als vollkommen ausreichend erscheinen, einen Mann der Deckswache ständig an der Schot zu haben, aber man braucht mehr. Wir wollen das Beste aus jedem Segel herausholen. Das erreichen wir, indem wir dem Segel für den jeweiligen Wind die beste Form geben und es dann im bestmöglichen Winkel zum Wind anstellen. Hierfür müssen

wir die mancherlei Einrichtungen in Betracht ziehen, die an einem Segel angebracht sein können — Fall, Schot, Strecker, Liekstrecker, Achterliekstrecker.
Ständig müssen wir überlegen, ob das Segel wirklich gut steht, immer, um das Boot noch schneller zu machen. Ein guter Geschwindigkeitsmesser zahlt sich dabei aus. Manche Leute, die ein bestimmtes Boot gut kennen, haben es im Gefühl, wenn es gut läuft, aber die weniger Erfahrenen oder neue Crewmitglieder sind dazu nicht in der Lage. Ein Geschwindigkeitsanzeiger, der kleine Änderungen erkennen läßt, macht es möglich, geringe Trimmänderungen in ihrer Wirkung zu vergleichen. Man kann es auch, wenn auch nicht so einfach, indem man ein Log benutzt, das nur die abgelaufene Distanz zeigt. Man zeitet dann immer eine bestimmte Strecke bei einem bestimmten Trimm. Da es sehr viele Möglichkeiten gibt, ein Segel zu trimmen, gibt es eine ungeheure Zahl von Varianten, man kann sie nie allesamt ausprobieren. Dies macht es aber keineswegs weniger wünschenswert, ständig an den Trimm zu denken, damit zu experimentieren und nach Vollkommenheit zu suchen. Wenn Sie mir sagen: „Stopp, wir wollen hier unseren Spaß haben und nicht vier Stunden lang uns adleräugig konzentrieren", dann stimme ich zu. Aber ich sage trotzdem nach wie vor, daß es einer Crew eine ungeheure Befriedigung verschafft, ein Boot bis an die Grenzen seiner Leistungsfähigkeit auszusegeln, sei es auf einer Kreuzfahrt oder in einer Regatta. Abschließend kann man vielleicht alle Ratschläge über das Segeln bei raumen Winden in zwei Worte zusammenfassen: „Gib Lose!" Flache Segel ziehen nicht gut.
Irgendwann während einer schönen gemütlichen Wache mit raumem Wind wird sicher ein Idiot nach oben blicken und sagen: „Man könnte eigentlich den Spinnaker setzen, oder?" Meist ist das jemand, der dann anschließend gerade dringend woanders zu tun hat und daher an dem nun folgenden Durcheinander nicht teilnehmen kann. Der Winkel des scheinbaren Windes, bei dem es sich lohnt, einen Spinnaker anstelle eines Vorsegels zu setzen, hängt von der Größe, der Form und dem Schnitt der beiden Segel ab sowie von der Windstärke und der Fahrt. Es hängt auch davon ab, ob die Besatzung genügend geschult ist, denn man macht nicht gerade viel Distanz gut, wenn eine Stunde lang kein Vorsegel steht, während vorne der Salat klariert wird. Wenn man der Ansicht ist, daß es sich lohnt, den Spinnaker zu setzen, und nach Lee hin Seeraum zur Verfügung steht, dann lohnt es sich auch, etwas abzufallen, während man dieses Segel setzt. Es läßt sich leichter vorheißen, wenn der Wind

von achtern kommt. Man kann dann das Boot langsam wieder auf seinen alten Kurs zurückbringen, ohne daß man durch diesen Zickzack viel verliert, selbst dann nicht, wenn er ganze 25 Grad beträgt. Falls das Segel auf dem gewünschten Kurs immer wieder zusammenfällt, ist es durchaus legitim, eine Wache lang 10 Grad voller zu segeln, dann den Spinnaker zu bergen und mit der Genua während der nächsten Wache 10 Grad höher an den Wind zu gehen. Ein bißchen einfaches Rechnen mit den Dreiecken wird zeigen, daß man sehr wenig zusätzliche Distanz gesegelt hat. Wenn man durch diesen Trick merklich schneller gesegelt ist, dann hat man Zeit herausgeholt. Segelt man bei halbem Wind mit dem Spinnaker, wird sich das Boot weglegen, vielfach wird es schwer zu steuern sein, und es wird viel Abtrift haben; es ist keineswegs sicher, daß sich in diesem Fall ein Spinnaker lohnt. In einem Fahrtenboot ist es im allgemeinen besser, abzuwarten bis der Wind eine Spur achterlicher ist als dwars, bevor man den Spinnaker setzt, während andererseits viele Regattaboote noch gute Ergebnisse erzielen, auch wenn der Wind 20 Grad vorlicher ist als querab. Sie verwenden dazu ganz flach geschnittene Spinnaker, die das ermöglichen.

Der Spinnaker ist nicht das einzige Segel, das wir in Betracht ziehen sollten, wenn wir halben Wind haben. Zweimaster haben Besanstagsegel, die mit halbem Wind richtige Zugpferde sind. Auf einer Slup kann man unter dem Spinnaker oder innerhalb der Genua ein kleines Stagsegel setzen. Es lohnt sich, damit zu experimentieren, obwohl wir einen Haufen Leinen in den Gegend haben, bevor wir fertig sind.

Halber Wind und Spinnaker — diese Kombination erfordert ein paar Worte über Schamfilen. Wenn der Spinnakerbaum weit nach voraus zeigt, dann wird der Achterholer an den Luvwanten entlanglaufen und der Baum wird am Vorstag anliegen; die Spinnakerschot schamfilt sehr leicht an der Stelle, wo sie unter dem Großbaum oder auch an der Bullentalje durchführt, man muß also höllisch aufpassen. Jede Veränderung an den Schoten erfordert einen Ausgleich an irgendeiner anderen Leine und mithin eine Überprüfung auf Schamfilen.

VOR DEM WIND

Zunächst wäre zu sagen, daß ein Segeln mit Lee — man sagt „übergeigt“ — tödlich ist. Auch das Segeln platt vorm Laken ist wenig empfehlenswert, es bringt nicht viel Fahrt, weil der scheinbare Wind stark reduziert ist. Der Rudergänger hat ständig Angst vor unfreiwilligem Halsen, der Wind fällt sehr leicht etwas in Lee ein, wenn er hin und her springt, jeder Mann an Bord ist nervös. Wenn das Ziel genau in Lee liegt, luve man 20 oder 30 Grad an, damit man mehr Fahrt läuft und keine Angst vor Halsen haben muß; halbwegs zum Ziel halse man und segle auf das Ziel zu. Man verliert nur wenig Distanz und der Verlust wird mehr als ausgeglichen durch den Zuwachs an Fahrt, ganz abgesehen von der geringeren Belastung für Rudergänger

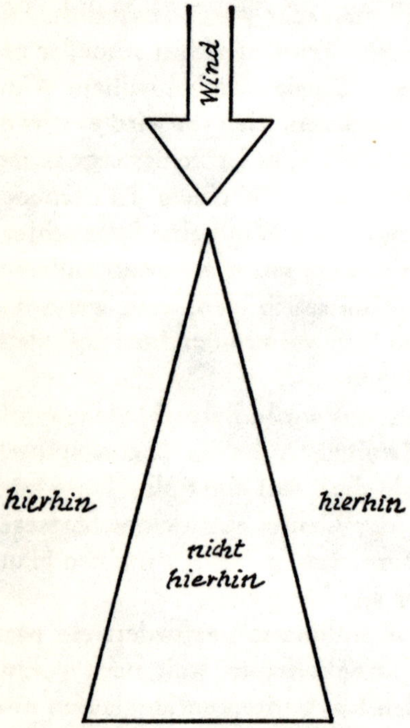

Abb. 54. Vor dem Wind sollte man nicht genau „platt vom Laken“ laufen. 15 Grad weg haben sehr günstigen Einfluß auf die Fahrt.

und Besatzung. Mit Wind von achtern fällt die Geschwindigkeitskomponente des Bootes beim scheinbaren Wind sehr stark ins Gewicht; eine Kursänderung um 10 Grad macht den scheinbaren Wind mehr als zehn Grad vorlicher. Läuft das Boot 4 kn und weht der Wind mit 10 kn, so dreht der scheinbare Wind von genau achteraus auf $16^1/_2$ Grad achterlicher als dwars.

Bei wenig Wind lohnt es sich also sehr oft, höher zu segeln als es der Kurs erfordert, um Fahrt im Boot zu behalten; die Segel bekommen mehr Wind, und der scheinbare Wind wird stärker. Es besteht eine Beziehung zwischen zusätzlicher Distanz und größerer Fahrt; bei einer Änderung um 10 Grad benötigt man nur eine Fahrterhöhung um $^1/_{20}$

Knoten, um die Abweichung vom geraden Kurs auszugleichen, es sollte sich in jedem Fall lohnen. Segelt man in flachen Zickzackkursen vor dem Wind, kann man leicht $^1/_4$ oder sogar $^1/_2$ Knoten gegen ein Laufen genau vor dem Wind gewinnen.

Dieses Segeln auf einem Zickzackkurs anstelle platt vor dem Winde heißt Kreuzen vor dem Wind. Man muß allerdings einige allgemein gültige Regeln beachten, wenn man sich überlegt, ob es sich lohnt. Falls das Boot bereits seine maximal mögliche Fahrt läuft, hat es keinen Zweck, anders zu segeln, denn mehr Fahrt ist nicht möglich. Allerdings kann es dennoch zweckmäßig sein, ein paar Grade vom Kurs platt vor dem Wind abzuweichen, um dem Rudergänger die Sache zu erleichtern. Dazu kommt noch etwas anderes. Wenn wir darauf aus sind, die Fahrt zu erhöhen, indem wir den scheinbaren Wind von genau achteraus in einen anderen Winkel bringen, dann müssen wir auch anstreben, daß er dort bleibt. Bei wenig Wind kann das bedeuten, daß man einen ständig wechselnden Zickzackkurs steuern muß, die Mehrdistanz läßt sich also nicht so einfach berechnen. Trotzdem ist unter solchen Umständen besser mit voll stehendem Spinnaker irgendwohin zu segeln, als auf der Stelle zu stehen mit einem Nylonsack, der vom Mast herunterbaumelt. Das Boot muß immer so gesegelt werden, daß die Segel voll stehen und ziehen.

Das Segeln vor dem Wind ist vor allem bei Schwachwinden ganz besonders faszinierend. Man muß Gewinn gegen Verlust abwägen, man muß die Richtung und Stärke des scheinbaren Windes sehr genau schätzen, und die Segel müssen wirklich einwandfrei getrimmt sein. Um das alles zu erreichen, sind Geist und Körper pausenlos beschäftigt.

SCHWACHWINDE

Das Segeln bei wenig Wind hat den Nachteil, daß man nur langsam von der Stelle kommt, andererseits macht es aber viel Spaß. Von Zeit zu Zeit, vor allem zwischen Perioden, in denen es hart weht, ist es eine große Erholung. Am liebsten würden alle Leute natürlich mit Windstärke 4 segeln, solange sie mit raumen Winden ihr Ziel erreichen, und Windstärke 3, wenn sie kreuzen müssen. Wenn das immer so wäre, dann wäre das Segeln sehr viel weniger aufregend als es in Wirklichkeit ist. Beim Segeln mit Windstärke 1 oder 2 kann man ohne Ölzeug an Deck sein, und weil es dann auch oft heiß ist, in der Sonne aalen. Man kann das Zeug trocknen, das vom letzten Regen oder Sturm durchnäßt ist, wer seekrank war, kann sich erholen und wieder essen, alles in allem wird das Leben sehr viel angenehmer. Hält eine Flaute aber mehr als einen

Tag lang an, dann wird sie langweilig, besonders dann, wenn es wirklich völlig windstill ist und sich kein Lüftchen regt.
Um unter solchen Umständen voranzukommen, brauchen wir gespannte Aufmerksamkeit und viel Mühe, ohne das dies zu Buche schlägt. Leichtwettersegel und viel Lose im laufenden Gut sind angebracht. Das Boot muß etwas nach Lee gekrängt werden, damit die Segel durch ihr Gewicht Form behalten. An Bord sind heftige Bewegungen verpönt, Elefantenfüße müssen dazu gebracht werden, kleine zarte Schrittchen zu machen. Es ist erstaunlich, wie weit ein leichter Windhauch ein Boot treibt, wenn seine Vorausbewegung nicht durch rollende oder stampfende Eigenbewegung des Bootes gebremst wird. — Ja, bei Leichtwetter gehört zu den seglerischen Freuden das Gefühl, wie das Boot scheinbar ganz ohne Wind dahingleitet.
Bei Totenflaute schlagen die Segel und das Rigg hin und her, das kann sehr quälend sein. Man kann hier und da Zurrings anbringen oder auch die Segel ganz wegnehmen, um Schäden durch Schamfilen und Schlagen zu verhindern. Das dauernde Reiben wirkt nicht nur auf die Segel, sondern auch auf die Nerven der Besatzung. Leichte Segel verlangen auch leichte Schoten, eine ganz dünne Perlonleine macht für das gute Stehen eines leichten Spinnakers sehr viel aus. Die Spleiße, Kauschen und Schäkel an einer normalen Vorsegelschot sind sehr schwer; hängen sie an der Ecke eines leichten Segels, so ist kein einwandfreies Stehen mehr möglich.

SCHWERWETTER

Viele Fahrtensegler fürchten schweres Wetter, vor allem diejenigen, die noch nicht oft auf See Stürme erlebt haben. Natürlich verursacht solches Wetter bei einem Seetörn die meisten Schwierigkeiten, sei es nun langandauernd oder kurz. Andererseits sind auch hierbei die allgemeinen Regeln gültig, die gute Vorbereitung, Vorausdenken und gesunden Menschenverstand verlangen. Wir wollen uns die Sache einmal etwas genauer ansehen.
Kleine Segelboote können schweres Wetter nicht immer meiden. Die Entfernungen zwischen den Schutzhäfen sind manchmal verhältnismäßig groß, die Geschwindigkeit ist gering, und Wetter dieser Art kommt manchmal schneller auf, als es die Meteorologen erwartet haben. Um ein bestimmtes Ziel zu erreichen, kann es gelegentlich einmal vorkommen, daß wir auch bei der Wahrscheinlichkeit oder gar Gewißheit schlechten Wetters segeln müssen — wobei wir natürlich hoffen, vor ihm anzukommen. Wir müssen daher sicher sein, daß wir mit dem Wetter

fertigwerden, auch wenn wir nicht rechtzeitig im Hafen sind. Es wäre ohne jede Frage leichtsinnig, in einer kleinen Yacht mitten in einen Sturm auf dem Ärmelkanal hinauszusegeln; wenn aber ein solcher Sturm aufkommt, während wir mitten im Kanal sind, dann müssen das Boot und die Besatzung ihm gewachsen sein. Wenn nicht, dann haben wir kein Recht, dort draußen zu sein und nicht nur unser eigenes Leben aufs Spiel zu setzen, sondern auch das der Leute, die uns vielleicht zu Hilfe kommen.

VORBEREITUNGEN

Manche Boote sind schwerem Wetter schon wegen ihrer Form, Bauweise und Ausrüstung besser gewachsen als andere, dennoch ist es selten möglich, kategorisch zu erklären, daß ein Boot unter bestimmten Bedingungen sicher oder unsicher ist. Unendlich viel hängt ab von der Besatzung, dem Zustand und der Art und Weise, in der es manövriert wird. Furchtbare Stürme wurden von Booten überstanden, die scheinbar dafür gänzlich ungeeignet schienen. Andere, scheinbar viel bessere Boote kamen schon in Schwierigkeiten bei nicht viel mehr als steifen Winden. Wenn wir uns darüber klarwerden wollen, was ein bestimmter Rumpf aushält, dann sollten wir die Eigner anderer gleichartiger Schiffe um Rat fragen und das Boot unter den verschiedensten Bedingungen ausprobieren, aber so, daß man nie weit entfernt von sicherer Zuflucht ist. Ein Gebiet schwerer Stromkabbelungen und Überfälle oder eine von Land umgebene Wasserfläche bei Sturm könnten solche Versuche ermöglichen. Man sollte jedenfalls nicht glauben, nur weil ein bestimmtes Boot einhand den Atlantik überquert und dabei ein halbes Dutzend Stürme abgewettert hat, könnte ein ähnliches Boot das gleiche. Solche Annahmen haben schon mehrfach, noch unweit des Hafens, zu häßlichen Überraschungen geführt.

Die meisten Fahrtenboote sind mit den notwendigsten Dingen fürs Segeln bei schwerem Wetter ausgerüstet, aber diese Ausrüstung muß vor Gebrauch bei gutem Wetter überprüft werden. Man drehe also ein paar Reffs ein, setze die Sturmsegel, schere die Manntaue und hole die Schwimmwesten heraus, versuche bei starker Lage zu schlafen, kochen und essen, und überzeuge sich davon, daß die Sachen an Bord wetterfest verstaut sind. Oft fliegt beim ersten starken Überholen ein Haufen Zeug in die Bilge — unnötig, wenn die Besatzung darin Übung hat, etwas seefest zu stauen. Das Boot ist ein Schlachtfeld, vom ersten Augenblick an, in dem es in die erste See einsetzt, daher muß es auch klar zum Gefecht sein. Es gibt dabei nichts, was geheimnisvoll wäre, alles ist nur angewandter gesunder Menschenverstand. Schaue dich um und sehe nach, was umherfallen kann, dann mache es fest, damit es nicht geschieht. Schließe die Brennstofftanks, stopfe den Auspuff zu.

Bei Schlechtwetter ist die Besatzung wichtiger als das Boot. Es hängt von ihrem Können, ihrer Stärke und ihrer Fähigkeit ab, auch bei Seekrankheit auf dem Posten zu bleiben, ob das Boot die Prüfung besteht. Viele Besatzungen von Fahrtenbooten sind Familien mit nur zwei Erwachsenen. Dem muß die Vorbereitung entsprechen. Vor dem Start ist meines Erachtens ein gewisser Drill für den Fall von schwerem Wetter unerläßlich, die Besatzung sollte alle Segel setzen, reffen und bei Nacht segeln, bevor eine Kreuzfahrt unternommen wird. Natürlich hängt das von der vorangegangenen Erfahrung ab, der Skipper muß aber sicher sein, daß er sich auf seine Besatzung verlassen kann, wenn sich das Wetter mitten in der Nacht plötzlich verschlechtert.

Seekrankheit wird unweigerlich ihren schweren Tribut von den meisten Besatzungen fordern, dennoch ist sie weitgehend unvermeidlich. Im allgemeinen herrscht Übereinstimmung, daß Seekrankheit von fetter und schwerer Nahrung und Alkohol begünstigt wird, auch von zu reichlichem Essen vor Reisebeginn. Andererseits tragen frische Luft, frische Nahrungsmittel und Hinlegen dazu bei, den Ausbruch hinauszuzögern, wobei frische Luft allerdings nicht Nässe und Kälte bedeutet. Es soll helfen, wenn man auf etwas schaut, das sich nicht bewegt, etwa den Horizont, und das würde darauf deuten, daß man ihr unter Deck mehr ausgesetzt ist. Die Neigung zur Seekrankheit wird von Gasen, Brennstoff- oder Kochdünsten begünstigt. Seekrankheit ist ein Problem, ein höchst persönliches Problem, aber keine Schande. Solange die Crew in der Lage ist, sich aufzurappeln und ihren Pflichten nachzugehen, ist alles in Ordnung. Wer sich bei schlechtem Wetter nicht wohlfühlt, sollte in der Koje bleiben, wo er warm und trocken ist, und nur zur Wache oder sonstigen Aufgaben aufstehen. Um in Gang zu bleiben, ist es wichtig etwas zu essen, aber manchmal ist es schwer, die normalen Mahlzeiten herunterzubekommen. Dann greife man zu Traubenzucker, Keksen und Käse, die im Liegen in der Koje gegessen werden und meist im Magen bleiben, sie reichen völlig aus. Man sollte einen Vorrat von fertigen Nahrungsmitteln bereithalten, die für schlechtes Wetter geeignet sind, damit die Besatzung zugreifen kann und bei Kräften bleibt — wer weiß, ob ihre Kraft nicht alsbald benötigt wird. Tabletten wirken bei manchen Leuten sehr gut, andere werden davon benommen und müde, zumindest hat man an ihnen etwas, das man herausbrechen kann!

HANDHABUNG DES BOOTES

Bei Schlechtwetter ist der beste Platz im Hafen, aber wenn man nicht vor dem Ausbruch des schweren Wetters hineinkommt, ist es unter Umständen sehr viel weniger gefährlich, draußen zu bleiben. Grobe See wird bei der Annäherung an die Küste sehr schnell höher und bricht, und in der Einfahrt zum Hafen ist es dann sehr viel riskanter als weiter draußen. Wenn es also unklug ist, einzulaufen, dann bleibe man draußen. Zwar wird die Crew, die das Land greifbar vor sich sieht, den Wunsch haben, einzulaufen und all den Schrecknissen draußen so schnell wie möglich zu entrinnen; sie wird laut protestieren, wenn sie draußen bleiben soll. Dennoch ist dies oft besser. Ein Einlaufen an einer Leeküste ist außerordentlich gefährlich.

Abb. 55. Läuft man unter nackten Spieren vor dem Winde ab, so behält das Boot Ruder im Schiff. Eine nach achtern ausgebrachte Trosse trägt dazu bei, ein Querschlagen zu vermeiden. Das Boot muß gesteuert werden, und das Ruder ist den nachfolgenden Seen stark ausgesetzt und daher verwundbar.

Draußen auf See hängt es von den Umständen ab, was zu tun ist. Steht viel Seeraum zur Verfügung, dann ist es möglich, unter nackten Masten vor dem Wind abzulaufen, mit nachgeschleppten Leinen, um das Heck in der See zu halten und die Fahrt zu bremsen. Steht nicht genügend Leeraum zur Verfügung, dann muß die Abtrift reduziert werden, das Boot bleibt dann am besten mit kleinen Segeln hart am Wind oder beigedreht quer zum Wind, wobei es ein wenig Fahrt voraus macht und sehr starke Abtrift hat. Man kann nicht so einfach ex cathedra sagen, wie man bei schwerem Wetter ein Boot handhaben muß, denn jedes Boot verhält sich anders. Die meisten kleinen Seekreuzer sollten in der Lage sein, bei Windstärke 6 noch zu segeln, sofern das Boot in Ordnung ist und die Besatzung ihre Sache versteht. Es ist immer weise, frühzeitig die Segel zu kürzen, denn bei dem zulegenden Wind verliert man kaum an Fahrt, hingegen ist es viel einfacher, an Deck zu arbeiten, bevor die See ihre volle Höhe erreicht hat. Schwerwetter stellt die Besatzung eines kleinen Segelbootes in jeder Beziehung vor die schwersten Anforderungen; es ist potentiell gefährlich, aber es läßt sich viel tun, um durch Vorausschau, Vorbereitung und Training der Gefahr gewachsen zu sein. Ein Sturm, den eine kleine Besatzung in einem kleinen Boot besiegt, ist eine harte Erfahrung für alle. Man braucht dazu Mut, Kraft und Zusammenarbeit; es ist eine Prüfung der Crew durch die See. Wer die Prüfung besteht, wird demütiger als zuvor aus ihr hervorgehen.

Abb. 56. Beigedreht. Mit festgezurrtem Ruder macht das Boot etwas Fahrt voraus. Es ist außer Gefahr, weil es durch das Wegliegen die Luvseite der brechenden See darbietet.

13. Kapitel

Manövrieren in beengtem Raum

Auf unseren Straßen wird es immer voller, nicht anders ist es in unseren Häfen, so daß ein Schiffsführer es oft gar nicht so leicht hat, wenn er mit einem kleinen Boot innerhalb des wenigen zur Verfügung stehenden Raums manövrieren muß. Trotzdem muß er dazu in der Lage sein, wenn er sein Boot in vollem Umfang ausnutzen und das höchstmögliche Vergnügen an der Fahrt haben will. Schließlich macht es ja nicht viel Spaß, 14 Tage vor der Hafeneinfahrt zu warten oder meilenweit zu pullen, nur weil es zu gefährlich ist, in eine überfüllte Reede einzulaufen. Allerdings besteht in dieser beengten Lage, wo es nicht möglich ist, Fehler wieder auszugleichen, die größte Gefährdung für das eigene und für fremde Boote. Es gibt weitaus mehr Unfälle im Hafen als auf See, zum Glück aber nicht mit so schweren Folgen. Ein Unfall, bei dem das Boot Schaden nimmt, unterbricht die Kreuzfahrt; während die notwendigen Reparaturen gemacht werden, verstreichen wertvolle Urlaubstage. Die Besatzung muß also in der Lage sein, das Boot dicht bei anderen Booten zu manövrieren und es dahin zu bringen, wo es hin soll, beides mit einem Minimum an Risiko und Wirbel. Längsseitgehen, Ablegen, Ankern, Ankeraufgehen, Festmachen an Murings, an Pfählen oder an anderen Booten, alles erfordert Geschick, das zum Teil aus Erfahrung gewonnen wurde, viel mehr aber noch einer sorgfältigen Planung und Betrachtung aller beteiligten Faktoren entspringt.

GRUNDLEGENDE ÜBERLEGUNGEN

Einige grundlegende Faktoren werden immer eine Rolle spielen; wie sie sich im einzelnen auswirken, hängt von den jeweiligen Umständen ab. Einige dieser Faktoren sind Wind und Tide, Größe, Form und Ladezustand des Bootes, die Geographie des Hafens und anderes. Aber noch viel mehr Faktoren müssen darüber hinaus berücksichtigt werden, je nach Art des Fahrzeugs und je nachdem, ob es unter Segeln läuft oder unter Maschinenkraft oder beidem.

UNTER SEGELN

Wenn eine Hilfsmaschine ausreichender Stärke zur Verfügung steht, hält man es im allgemeinen für leichtsinnig, schwierige Manöver nur unter Segeln zu unternehmen; das heißt aber nicht, daß so ausgerüstete Boote nicht auch alle Manöver unter Segeln üben sollten. Die Motoren in kleinen Booten funktionieren bedauerlich oft nicht, es wäre also vielmehr leichtsinnig, nicht zu üben, um für alles bereit zu sein, wenn es einmal notwendig sein sollte. Seemannschaft unter Segeln erfüllt darüber hinaus die Besatzung mit größter Befriedigung, denn jeder einzelne Mann ist daran beteiligt. Es ist für die Moral der Besatzung gut, unter Segeln eine Reihe schwieriger Manöver auszuführen, ganz abgesehen davon, daß es übt und Brennstoff spart. Man sei am Anfang aber vorsichtig, bis man das Boot in der Hand hat. Wenn es draußen beim Üben mit einem Rettungsring nur ein schamrotes Gesicht gibt, dann ist das Resultat eines verpatzten Manövers in einem überfüllten Hafen leicht eine hohe Reparaturrechnung. Im Zweifelsfalle ist es sicherer, einen neuen Anlauf zu fahren, als Schäden zu riskieren.

Unter Segeln hat man nicht die Möglichkeit, den Rückwärtsgang einzulegen, die Fahrt wird daher allein von der Größe der gesetzten Segel und ihrem Trimm bestimmt. Die Fähigkeit zu drehen hängt ebenfalls sehr stark davon ab, wie die Schoten durchgeholt oder gefiert werden. Um das Boot unter Kontrolle zu halten, muß es möglich sein, in Sekundenschnelle die Schoten zu fieren oder zu holen, das bedeutet, daß die Crew hellwach und auf der Höhe sein muß. Wird eine Vorschot durchgesetzt, wenn man in den Wind drehen will, dann wird die Drehung abgebremst oder die Fahrt aus dem Boot genommen, das kann katastrophal sein. Ist das Großsegel fest, wenn man abfallen will, so wird auch das nicht gehen. Ein dichtgeholtes Großsegel verhindert das Abfallen. Will man das Boot zum Stehen bringen, so muß es in den Wind oder in den Strom gedreht werden, je nachdem, wer von den beiden stärker ist. Aber wenn es auf den Strom gelegt wird, dann kann es sich als unmöglich erweisen, den Vortrieb allein durch Fieren der Schoten zu beenden, die Segel müssen dann geborgen werden. Man muß das alles am Anfang bedenken. Stehen die Segel, dann kann der Rudergänger oft nichts sehen, vielleicht stehen ihm Mitglieder der Besatzung im Wege. Auch wenn die Segel ge-

borgen werden, dann sicher gerade in dem Augenblick, in dem der Rudergänger am notwendigsten klare Sicht braucht.
Bei Manövern unter Segeln ist es meist am besten, nur ein Segel zu verwenden, entweder das Großsegel oder die Fock. Die Besatzung ist dann weniger beansprucht, das Deck ist frei, und das Boot macht weniger Fahrt. Man hat mehr Zeit zum Nachdenken und es ist weniger wahrscheinlich, daß eine Panik ausbricht, wenn man in den Hafen einläuft. Geht man gegen den Wind an einen Liegeplatz, dann kann man das Großsegel stehenlassen, weil es dort flattern wird und nicht mehr zieht. Vor dem Wind geht man an eine Muring, wenn zum Beispiel Tide und Wind aus entgegengesetzter Richtung kommen, aber dann läßt man besser das Vorsegel stehen, weil man es flattern lassen kann ohne Rücksicht auf die Windrichtung. Der Baum des Großsegels wird bei raumem Wind gegen die Wanten drücken und das Großsegel wird dann weiter ziehen. Zu erwähnen ist noch, daß beim Gebrauch des Großsegels das Vordeck frei ist und das Segel vom Rudergänger direkt kontrolliert werden kann, er kann in der Schlußphase das Boot wie ein Dingi segeln, mit der Großschot in einer Hand und der Pinne in der anderen.

UNTER MOTORKRAFT

Manöver unter Motorkraft sind in vieler Weise einfacher als mit Segeln, denn das Boot kann in jede beliebige Richtung gelenkt werden, und auch seine Geschwindigkeit läßt sich verändern, da man mit Hilfsmaschinen im allgemeinen rückwärts gehen kann. Indessen sind die Motoren, die in manchen kleinen Booten eingebaut sind, kaum stark genug, um das Boot vorwärtszuschieben; bei viel Wind ist es oft schwierig, nach Luv zu von der Stelle zu kommen. Ein hoher Bug wird auf einem verhältnismäßig kleinen Schiff stark vom Wind beeinflußt, bestenfalls muß man einen großen Drehkreis in Kauf nehmen, schlimmstenfalls dreht es überhaupt nicht. Die Manövriereigenschaften einer Yacht hängen auch von der relativen Lage des Ruders zur Schraube ab. Beim Segeln dreht das Boot unter dem Einfluß der Wasserströmung, die durch die Fahrt des Bootes erzeugt wird und am Ruder entlangfließt. Fährt man mit Motor voraus, dann erzeugt der Propeller einen nach achteraus gerichteten Schraubenstrom, der, wenn das Ruder ihm im Wege ist, die Drehgeschwindigkeit sehr erheblich vergrößert. Wir drücken das Heck des Bootes also herum, indem wir einen von der Schraube gelieferten Wasserstrahl daraufrichten. Boote, deren Ruder unmittelbar hinter den Propellern sind, werden besser manövrieren als solche, bei denen die

Schrauben versetzt sind. Beim Zurückgehen ist der Schraubenstrom nach voraus gerichtet, das Ruder beeinflußt ihn nicht. Bis zu dem Augenblick, in dem das Boot Rückwärtsfahrt aufnimmt, hat das Ruder fast keine Wirkung. Bei langsamer Fahrt wirkt es weniger als bei viel Fahrt. Besser läßt es sich manövrieren, wenn man die Maschine ein paar Sekunden lang mit hohen Umdrehungen Vorausfahrt machen läßt, um das Ruder entsprechend stark anzuströmen, und dann wieder auf Leerlauf geht, bevor das Boot Fahrt voraus aufnimmt.

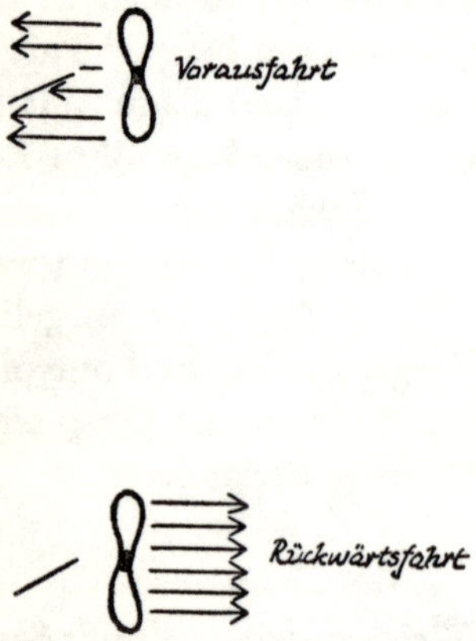

Abb. 57. Bei Vorwärtsfahrt drückt der Schraubenstrom auf das Ruder und trägt zur Drehung bei. Bei Rückwärtsfahrt ist dieser Schraubenstrom aber nach voraus gerichtet, und die am Ruder entlang strömende Wassermenge ist sehr viel kleiner.

Auch die Richtung, in der sich die Schraube dreht, beeinflußt die Wendefähigkeit des Bootes, und zwar wegen eines Effektes, den man „Schaufelradwirkung“ nennt. Die jeweils unten stehenden Propellerblätter, die sich im tieferen Wasser befinden, finden größeren Widerstand als die oberen Flügel; dies führt dazu, daß das Heck etwas aus der Richtung weggedrückt wird, in der sich die unteren Flügel bewegen. Bei einer sich im Uhrzeigersinn drehenden Schraube — von hinten gesehen also einer rechtsdrehenden Schraube — wird das Heck nach Steuerbord gedrückt. Im Rückwärtsgang dreht sich der Propeller anders herum, und das Heck weicht nach Backbord aus. Ein Boot mit einer rechtsdrehenden Schraube wird aus diesem Grunde besser nach Backbord als nach Steuerbord drehen. Bei einer Drehung nach Backbord in Vorausfahrt wird der Schaufelradeffekt das Heck nach Steuerbord herumdrücken und das Drehen nach Backbord erleichtern. Wenn aus Platzmangel aber auf dem Teller gedreht werden muß, zieht die rückwärtsgehende Schraube das Heck nach Backbord, die Drehung wird daher abgebremst; bei einem solchen Drehmanöver ist es im allgemeinen besser, über Steuerbord zu drehen. Der Schaufelradeffekt ist wichtig vor allem bei langsamer Fahrt,

wenn die Wirkung des Schraubenstroms auf das Ruder nicht so groß ist, aber das ist ja gerade der Fall, wenn die meisten kritischen Drehungen gemacht werden.
Eine seitliche Schraube hat das Bestreben, ein Boot in einem Kreis in entgegengesetzter Richtung zu drehen — eine Schraube an Steuerbord drückt bei Vorwärtsfahrt den Bug nach Backbord; da überdies von der Steuerbordseite des Hecks Wasser weggesaugt wird, entsteht dort ein Vakuum, und das Heck hat die Tendenz, nach Steuerbord auszuweichen, um es zu füllen, was ebenfalls dazu beiträgt, nach Backbord zu drehen.

AUSSENFAKTOREN

Die Faktoren, auf die wir keinen Einfluß haben, sind Tide, Wind, Lage des Liegeplatzes — jedenfalls scheint es so. In Wirklichkeit haben wir sehr wohl erheblichen Einfluß auf diese Faktoren. Hinsichtlich der Tide können wir durch Abwarten oder Wahl der entsprechenden Zeit festmachen, wenn kein Gezeitenstrom oder nur minimaler herrscht, bzw. wenn er die Richtung gewechselt hat. Mit Hilfe der Tide können wir vor Ankunft am Liegeplatz dafür sorgen, in der richtigen Richtung zu liegen; es gibt viele Möglichkeiten, die Tide zu unseren Gunsten einzuspannen. Dies trifft vor allen Dingen auf Segelboote zu; denn eine Kombination von Wind und Tide kann sehr vorteilhaft ausgenutzt werden. Auch der Wind kann so genutzt werden, zum Beispiel durch den Gebrauch von Abdeckungen, in deren Schutz man Segel setzen oder bergen oder wenden kann. Viele kleine Häfen liegen im Schutz von Hügeln oder hohen Gebäuden, und was draußen als riesengroßes Problem erschien, entpuppt sich im abgedeckten Hafeninneren als ganz einfach. Auch der Zugang zu einem Liegeplatz mag eingeengt erscheinen, aber man kann auf mancherlei Weise damit fertigwerden; indem man vorher dort wendet, wo mehr Platz zur Verfügung steht, oder indem man bei Hochwasser festmacht, wenn mehr Wasser und damit mehr Raum vorhanden ist, oder durch Einlaufen mit langsamer Fahrt, wobei das Areal größer wird, weil sich alles langsamer verschiebt. Ein bißchen unwissenschaftlich, aber es funktioniert!

HILFSMITTEL

Ein guter Schiffsführer nutzt jedes nur mögliche Hilfsmittel, um ein Manöver sicher und zeitgerecht durchzuführen. Er wird auch vom Unerwarteten nicht überrascht — er wird es immer erwarten. Vorn und achtern werden viele Leinen benötigt, alle müssen so aufgeschossen sein, daß sie frei laufen können. Fender sind dort, wo sie gebraucht werden, und ein paar in Reserve auf dem Aufbau für Augenblicke, wo man sie nicht zu brauchen glaubt, auch eine Wurfleine klar zum Werfen. Es ist ein entscheidender Unterschied, ob man eine Leine fest hat oder keine. Eine leichte Perlonleine kann 30 bis 40 Meter weit geworfen werden und wird das Boot auch halten, wenn sie nur behutsam behandelt wird, man kann mit ihr das Boot an seinen Liegeplatz holen. Es spricht viel dafür, wenn man anstrebt, zunächst einmal irgendwo festzumachen, obwohl die Puristen sicher ihre Nase rümpfen.

In beengtem Revier sollte immer ein Anker klar sein. Es ist nicht notwendig, daß eine Kette daran befestigt ist, besser ist vielleicht sogar eine Trosse, die sich leichter und schneller handhaben läßt. Im Notfall kann man dann immer erst einmal ankern und die Lage peilen. Ein Anker kann in engem Fahrwasser auch benutzt werden, um an ihm zu drehen, bei großer Not kann er als Bremse dienen. Auf den Norfolk Broads fieren die Boote ein Gewicht, bis es gerade den Grund berührt, sie lassen sich dann mit dem Strom treiben und regulieren ihre Fahrt, indem sie mehr oder weniger Leine stecken. Das Boot läßt sich mit dem Ruder nach Backbord und Steuerbord steuern. Ich glaube, man nennt das „drudging“. Ich sehe nicht ein, warum man das nicht auch mit einem Anker machen könnte, solange keine Telefonkabel und ähnliches im Wege sind.

Ein geschlepptes Dingi ist eine Last, denn beim Manövrieren stößt es unter das Heck, und es ist immer im Wege. Andererseits ist es unter Umständen nur damit möglich, eine Leine auszubringen. Warum also sollte man nicht nahe beim Liegeplatz ankern und mit dem Dingi eine Leine verfahren? Wenn man auf diese Weise sicher an seinen Liegeplatz kommt, ist nicht einzusehen, warum man das nicht tun sollte. Man kann auch bei Flaute das Boot mit Hilfe des Dingis ziehen, man kann Anker damit ausfahren, um das Boot flottzumachen oder um das Boot herumzudrehen — ganz abgesehen von der Möglichkeit, die Milch zu holen oder die Bordkatze an Land zu setzen. Eine Bremse für ein Segelboot läßt sich improvisieren, wenn man eine Pütz über Bord hängt oder auch einen Treibanker, sofern man einen hat. Es geht ganz gut, nur geben die Griffe an Plastikeimern ziemlich schnell ihren Geist auf.

DAS FESTMACHEN VON LEINEN UND FENDERN

Liegt man längsseits, muß man das Boot festmachen, damit es noch da ist, wenn die Besatzung vom Remmidemmi an Land zurückkommt. Für die verschiedenen Aufgaben braucht man verschiedene Leinen. Zunächst haben wir die Vor- und Achterleine, die jeweils vom Boot aus rechtwinklig auf die Pier führen; sie hindern das Boot daran, sich von der Pier zu entfernen. Um Bewegungen voraus und achteraus zu verhindern, benutzt man die Springs, eine von vorn und eine von achtern, sie

Abb. 58. Um das Boot daran zu hindern, nach voraus und achteraus zu treiben, bringt man zwei „Springs" aus, die vom Bug achteraus und vom Heck voraus führen.

führen am Boot entlang und werden am entgegengesetzten Ende an Land belegt. Vier Leinen halten also das Boot sicher an der Pier fest. Bei großem Tidenhub muß man aufpassen, denn kurze Leinen, wie die Vorleine, kommen schnell steif und brechen zur gegebenen Zeit, oder man findet das Boot an den Leinen aufgehängt — wenn sie stark genug sind. Man muß also genügend Lose geben, oder die Leinen müssen während des Steigens und Fallens der Tide bedient werden. Man kann auch die Leine mit etwas Lose lassen und ein Gewicht in die Bucht hängen, um die jeweilige Reserve durchzuholen. Hat man einen gleichmäßigen Strom, wie in einem Fluß oder während einer Tide, dann kann man das Boot dazu bringen, hübsch eine Handbreit von der Pier entfernt liegen zu bleiben, indem man es in die Achterspring hineintreiben läßt — die Spring, die vom Bug aus wegführt —, so daß der Strom sich zwischen

Boot und Pier schiebt. In dem Maße, in dem der Bug weggedrückt wird, reguliert man die Vorleine, so daß das Boot sehr schön an zwei Leinen ruht, ohne sich an der Pier zu reiben.
Es gibt eine ganze Menge Dinge, die das Hantieren mit Booten erleichtern. Man muß sich nur darüber klar werden, wie man unter gegebenen Umständen den besten Gebrauch davon macht. Das heißt, daß man das Manöver sorgfältig durchdenken und vorausplanen muß. Einige dieser Manöver werden nachfolgend im einzelnen erörtert.

FENDERARBEIT

Alle Bootseigner sind um ihre Außenhaut besorgt; bei den an Zahl immer mehr zunehmenden GFK-Booten ist das doppelt wichtig, weil die Gel-Schicht vor Schaden bewahrt werden muß. Das richtige Ausbringen von Fendern ist daher besonders wichtig, aber nicht so einfach, wie es manchmal scheinen mag. Fender müssen dort ausgebracht werden, wo das Boot anstößt; liegt es festgemacht, dann dort, wo es sich reibt. Beim Längsseitkommen oder beim Bewegen im Strom ändern sich diese Punkte. Liegt man an einer Pier in Gezeitengewässern, dann rollen die Fender leicht aus ihrer Position, wenn das Boot sich hebt; man muß also ständig ein Auge darauf haben. Man kann auch eine Holzplanke außerhalb der Fender anbringen. Eine solche Planke ist auch nützlich, wenn man bei anderen Booten, deren Fender nicht mit den eigenen übereinstimmen, längsseits liegt.

EINE BOJE AUFPICKEN

Dies ist ein alltägliches Problem und unter den richtigen Bedingungen nicht schwer. Wenn man aber die Boje in beengtem Raum verfehlt, kann dieser kleine Fehler sehr schnell zu erheblichen Schäden führen, es lohnt sich also, die Sache ernst zu nehmen. Hat man eine Hilfsmaschine, dann kann man gegen den Strom die Boje ansteuern, die Fahrt langsam verringern und stoppen, wenn man angekommen ist. Verfehlt man sie, dann ist das Boot immer noch voll manövrierfähig, es kann gedreht und ein neuer Anlauf gefahren werden. Es ist im allgemeinen besser, in einem Kreis zu drehen, als sich zurücktreiben zu lassen und dann wieder anzugehen, denn man muß ein ganzes Stück achteraus gehen und dabei ist das Boot weitgehend außer Kontrolle. Bei starkem Strom kann man das Boot über den Grund zurücktreiben lassen und trotzdem noch etwas Fahrt voraus durch das Wasser behalten, auf diese Weise hat man stets Ruder im Schiff.

Unter Segeln ist die Sache solange nicht schwierig, wie der Wind stark genug ist, um beim Kreuzen den Gezeitenstrom auszusegeln. Beim Erreichen der Boje kann das Boot im Wind zum Stoppen gebracht werden. Das Großsegel kann man für den letzten Anlauf stehenlassen, das Vorsegel gefiert, aber für alle Fälle noch angeschlagen. Der letzte Anlauf zur Boje hin erfolgt mit halbem Wind, das heißt, daß die Fahrt sehr genau reguliert werden kann, indem die Großschot etwas geholt oder gefiert wird; der Rudergänger hat das vollkommen in der Hand, wenn er die Großschot selbst bedient. Sein Augenmaß kommt nur im letzten Augenblick zum Tragen, wenn er entscheiden muß, wie weit von der Boje er in den Wind schießen muß, um gerade die Fahrt aus dem Boot genommen zu haben, wenn er da ist. Man könnte sagen, daß das Boot sehr langsam an die Boje herangesegelt werden muß, damit es im letzten Augenblick gerade eben die Tide ausgleicht und weniger Spielraum für eine Fehleinschätzung besteht. Hat man zuviel Fahrt, wenn man die Boje erreicht, dann hilft eine Pütz, die am Heck ausgebracht wird. Aber wenn es erst einmal soweit ist, daß die Boje zwar aufgepickt ist, aber das Boot darüber hinwegschießt, dann läßt man besser los und macht einen neuen Anlauf, als seine Kräfte an der Boje und Muring zu messen. Das einzige, was dabei herauskommt, ist, daß das Boot sich herumdreht, wahrscheinlich faßt der Wind dabei in das Großsegel und man kreiselt um die Muring herum. Bei beengtem Raum ist das gefährlich. Bei wenig Wind muß man manchmal jemanden bereitstellen, der den Baum herausdrückt, wenn die Schot Lose bekommt, damit der Winddruck auf das Segel sofort nachläßt.

Bei sehr wenig Wind besteht die Gefahr, daß man vom Strom an der Boje vorbeigetrieben wird und nicht in der Lage ist, gegen den Strom zurückzusegeln. Es gibt in diesem Fall mehrere Möglichkeiten; wichtig ist zunächst, genügend Segel stehen zu haben, um das Boot manövrieren zu können, also vermutlich alle Segel, die man hat. Es besteht kaum die Gefahr, daß das Boot bei so leichtem Wind nach dem Festmachen um die Boje herumgeweht wird; es sollte also durch Ausprobieren möglich sein, einen Raumwindkurs quer zum Strom zu finden, bei dem die Boje nicht auswandert und bei dem man nicht in Stromlee der Boje gerät. Das Ausprobieren muß stattfinden, solange man in Stromluv ist, man muß einen Kompromiß finden zwischen einem Anlauf mit achterlichem Wind und dem vollen Strom der Tide, d. h. einer Ankunft mit etwa vier Knoten Fahrt, und andererseits einem Anlauf, bei dem man zu früh in Stromlee oder nie in Reichweite kommt. Ein anderer Weg ist, das

Dingi vorauszuschicken, damit es an einer langen Leine liegt und somit größere Fehleinschätzungen ausgeglichen werden können. Man kann auch in Stromluv von der Boje ankern und soviel Trosse stecken, daß man eine Leine an ihr festmachen kann, bevor man den Anker wieder hievt. Dazu kann man ebenfalls das Dingi benutzen. Man kann auch von der „drudge"-Technik Gebrauch machen, um den Einfluß des Stroms zu mindern. Wenn alles andere nicht hilft, muß man eben ankern bis die Tide kentert oder schwächer wird.

Abb. 59. Herangehen an eine Boje mit Wind und Strom aus der gleichen Richtung. Man nimmt das Vorsegel weg, läßt das Großsegel aber stehen. Der Rudergänger reguliert die Fahrt mit der Großschot, das Vordeck ist frei, um unbehindert nach der Boje angeln zu können.

Annäherung an eine Muring unter Segeln, wenn Wind und Tide entgegengesetzt sind, ist weniger einfach. Zunächst muß man sich darüber klarwerden, was größeren Einfluß auf das Boot hat, der Wind oder der Strom. Fast immer wird es der Strom sein, man kann sich im Zweifel überzeugen, wenn man die in der Nähe liegenden Boote ansieht. Wir müssen den Anlauf so machen, daß er gegen die stärkere Komponente gerichtet ist; wenn das die Tide ist, dann müssen wir mit dem Wind an die Boje gehen. In diesem Fall muß das Großsegel gefiert und allein unter

Fock angelaufen werden. Man kann damit ganz gemütlich quer zum Strom anlaufen, indem man die Schot entsprechend bedient. Beim Erreichen der Boje läßt man sie los und das Segel flattern, um die Fahrt abzustoppen, das Boot wird dann an der Boje zum Halten kommen. Mit etwas Übung kann man ein Boot so segeln, daß die Geschwindigkeit eben größer ist als die des Stroms, man kriecht dann ganz langsam an die Boje heran und hat viel Zeit, die Boje aufzupicken und festzumachen, bevor das Boot zurücktreibt. Man hat während des ganzen Manövers das Boot unter Kontrolle. Verfehlt man die Boje, kann man weiterlaufen und wenden, um einen neuen Anlauf zu versuchen. Moderne Boote

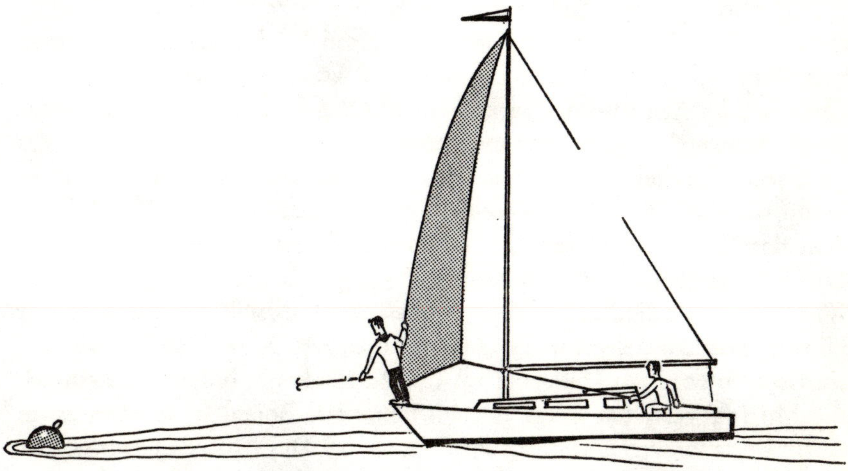

Abb. 60. Annäherung an eine Boje mit Wind und Strom entgegengesetzt. Man läuft mit dem Wind nur unter Vorsegel an, das Vorsegel kann man dabei ziehen lassen oder nicht, um die Fahrt gegen den Strom zu regulieren. Die Boje kann also mit sehr kleiner Fahrt angesteuert werden, obwohl das Boot unter absoluter Kontrolle ist.

kreuzen unter einem Vorsegel, ältere Boote können das zum Teil nicht, in diesem Fall muß das Großsegel wieder gesetzt werden. Versetzt die Tide das Boot nach Luv, ist das nicht einmal nötig, man läßt einfach das Segel solange flattern, bis man genügend weit nach Luv gekommen ist, um einen neuen Anlauf zu versuchen.

ABLEGEN VON EINER MURING

Heutzutage sind die Reeden so überfüllt, daß das Ablegen von der Muring gefährlich sein kann; ist man seiner Sache nicht ganz sicher, fährt man am besten erst einmal mit dem Motor los und setzt die Segel, wenn man frei ist. Das Problem besteht darin, die Richtungen von Wind und Strom gegen die Richtung, in die man fahren will, abzuwägen. Mit Wind und Strom in gleicher Richtung liegt das Boot so, daß der Bug beiden entgegenzeigt, man braucht dann nur die Segel zu setzen und den Bug etwas herumzuholen, indem man die Muringboje an einer Seite des Bootes entlang nach achtern verfährt bis sich die Segel füllen. Das Boot gehorcht dann dem Ruder und kann auf den Auslaufkurs gebracht werden. Kommen aber Wind und Strom aus verschiedenen Richtungen, ist die Sache problematisch, denn das Boot wird auf dem Strom liegen, vor allem, wenn es einen tiefen Kiel hat. Der Wind wird achterlich sein. Sobald also das Segel gesetzt wird, wird das Boot um die Boje herumtörnen. Eine Möglichkeit ist, die Muring am Heck festzumachen, man liegt dann mit dem Heck auf dem Strom, was soviel bedeutet wie mit dem Bug im Wind; dann setzt man die Segel. Man kann auch unter einem Vorsegel ablegen, das man eher frei flattern lassen kann als das Großsegel, hierbei verfährt man die Boje nach achtern, so daß das Boot herumschwingt, vom Strom weg. Liegt das Boot quer zum Wind, kann man das Großsegel setzen, das wird es leichtmachen, den Bug in den Wind zu bringen. Es wird so ganz schön liegen, bis man ablegen möchte. Wie gesagt, die Sache ist problematisch, und man kann nur ein paar Hinweise darauf geben, was eventuell zu tun ist. Man denke daran, daß ein Boot sowohl am Heck wie am Bug liegen kann, indem man einfach die Muring verfährt. Liegt es zwischen zwei Bojen, kann man es an einem Ende losmachen, sofern Platz genug ist. Das Ablegen unter Motor ist einfacher, aber bei viel Wind und einem schwachen Motor kann es ebenfalls Probleme geben. Der Wind hat großen Einfluß auf den Drehkreis, vor allem ist das Drehen nicht einfach, solange keine ausreichende Fahrt erreicht ist. Beim Rückwärtsgehen ist das besonders deutlich, denn das Boot hat die Neigung, das Heck in den Wind zu drehen. Das Ruder hat keine Wirkung, solange das Boot keine Fahrt macht. Besser ist es daher, voraus zu gehen, denn das Ruder liegt im allgemeinen hinter der Schraube, und der starke Schraubenstrom, der auf das Ruder auftrifft, hat starken Einfluß auf den Drehkreis.

ANKERN

Ankern ist eine ganz andere Sache, auch wenn einige Ähnlichkeiten mit dem Problem bestehen, an eine Boje heranzugehen. Zunächst einmal muß man sich darüber klarwerden, wo der Anker genau fallen soll, dann muß der Bug dorthin gebracht und schließlich das Boot zurückgezogen werden, damit die Kette oder Trosse auf dem Grund ausgelegt wird und ein horizontaler Zug auf den Anker ausgeübt wird. Um zu wissen, wo man auf einer überfüllten Reede den Anker fallenlassen kann, muß man zunächst einmal die anderen Schiffe betrachten und überlegen, wo deren Ketten liegen. Erst dann kann man den Platz genau festlegen, wo der eigene Anker fallen soll, damit man nach dem Ausstecken der Kette sicher liegt und keine anderen Ankerlieger gefährdet. Das Erreichen dieser Position entspricht den Prinzipien, die für das Erreichen einer Muring gelten, aber es ist wichtig, daß das Boot rückwärtsgeht, sobald der Anker den Grund erreicht hat. Geschieht das nicht, dann fällt die Kette auf den Anker und kann ihn später losreißen. Aus diesem Grund benutzen manche Leute die Methode, den Anker mit Fahrt voraus fallen zu lassen; dies heißt, daß die Kette in einem großen Bogen über den Grund geschleift wird, bis sie in ihre endgültige Lage kommt. Sie kann dabei den Anker umwerfen* oder das Boot kommt in seine endgültige Lage, wenn das Ende der Kette erreicht ist, es muß dann kurz aufgebracht und gedreht werden. Beides ist nicht wünschenswert, ich ziehe daher vor, am Ankerplatz zu stoppen und den Anker fallen zu lassen, wenn das Boot mit der Tide oder dem Wind zurücktreibt, wobei die Kette oder die Trosse ganz langsam in dem Maße gesteckt wird, in dem das Boot zurückfällt. Mit einem Motor kann man immer erreichen, daß es zurückgeht, das macht die Sache noch einfacher.

ANKER AUF

Das Ankerlichten ist problemlos, abgesehen davon, daß man das Boot in dem Augenblick unter Kontrolle haben muß, in dem der Anker ausbricht, wobei es über dem Anker gestoppt liegen bleiben sollte, bis er vom Grund an die Oberfläche gehievt und klar ist. Dabei sind die Vorsegel etwas lästig, denn sie werden entweder über und über bekleckert mit dickem Schlick oder sie flattern im Wind und verpassen den Ankergästen ständig Ohrfeigen. Wenn möglich, ist es schön, allein unter dem Großsegel freizukommen, aber nicht, wenn der Preis dafür mangelnde Kontrolle des Bootes ist. Eine andere Gefahr ist, daß die Leute, die an der Ankertrosse holen, so kräftig reißen, daß das Boot Fahrt aufnimmt und den Anker überfährt. Die Folge ist, daß es beim Aufkommen wegdreht und unter den Einfluß von Wind und Tide kommt. „Langsam, langsam",

* Anm. d. Ü.: Diese Gefahr besteht vor allem bei den in England besonders viel gebrauchten Pflugscharankern.

heißt die Parole. Steht das Vorsegel, kann das Boot ganz leicht dazu gebracht werden, den Bug in der einen oder anderen Richtung zu drehen, indem man es back hält. Steht nur das Großsegel, dann kann es notwendig werden, den Baum herauszudrücken, damit das Segel Wind fängt und das Boot nach achteraus getrieben wird (wobei das Ruder umgekehrt gelegt wird), bis es abfällt und normal weggesegelt werden kann. Sieht die Geschichte schwierig aus, dann vergesse man das Dingi nicht. Man halte das Boot mit dem Dingi in der gewünschten Lage oder lasse das Boot erst einmal achteraus fallen, bis man in einer sicheren Ausgangsposition ist, und nehme dann den Anker mit dem Dingi auf. Ein Dingi ist auch sehr nützlich, wenn der Anker sich im Grund zu fest eingegraben hat, es kann an der Kette hart durchgesetzt belegt werden und wird dann bei steigender Tide den Anker ausbrechen. Das Gleiche kann man auch mit dem Boot selbst tun.

LÄNGSSEITLIEGEN

Das Längsseitliegen wird in den vielen Marinas, die überall entstehen, immer üblicher, obwohl wir das auch schon früher taten, wenn wir bei anderen Booten längsseit gingen oder an Schlengeln oder an zwei Pfäh-

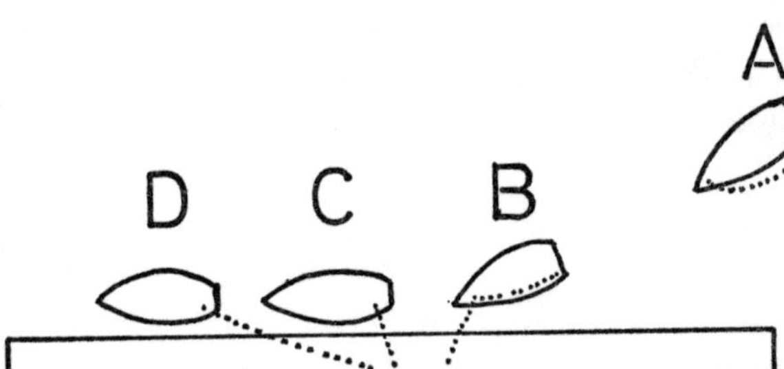

Abb. 61. Sehr oft sieht man, daß ein Boot beim Längsseitsgehen schlecht abgestoppt wird. Beim Anlaufen (A) bringt man eine Leine außerhalb der Wanten von achtern zum Bug. Sobald das Boot nah genug ist, gibt man sie vom Bug aus an Land (B). In dem Maße, in dem das Boot weiter voraus läuft, führt die Leine immer mehr achteraus. Das Boot wird dann langsam abgestoppt (C und D). Eine von vorn angebrachte Leine würde den Bug herumreißen und in die Pier krachen lassen.

* Anm. d. Ü.: Wer keine Zeit hat, auf die nächste Flut zu warten, oder wer in Gewässern ohne – nennenswerte – Gezeiten segelt (Ostsee, Mittelmeer), sollte bei unklaren Grundverhältnissen eine Sorgleine verwenden. Die Patentanker haben die notwendige Öse gleich serienmäßig. Sonst läßt sie sich nachträglich anbringen, oder man gibt die Sorgleine um zwei Flunken. In jedem Fall läßt man sie an einem kleinen Plastikkanister aufschwimmen.

len festmachen mußten. Es ist kein Zweifel, daß hier mancherlei Schwierigkeiten bestehen. Bei Marinas gibt es nur eine Einfahrt, ganz gleich, wie Wind oder Tide sind, und man kann einen Anlauf nicht wiederholen, denn am Ende des Liegeplatzes ist ein großer und solider Schwimmsteg*.

Man muß sich ein paar wichtige Fakten über Leinen vor Augen halten, wenn man längsseit geht. Es kommt unvermeidlich ein Tag, an dem die Annäherung zu schnell verläuft, und wenn es keinen Notausgang gibt, muß sehr schnell die Fahrt aus dem Boot genommen werden. Es ist dies nicht besonders schwierig, wenn alles ordnungsgemäß verläuft, aber da nur wenige Sekunden zur Verfügung stehen, ist es außerordentlich wichtig, daß es beim ersten Mal klappt. Man sehe sich einmal das übliche Kuddelmuddel an. Ein sommersprossiger Jüngling auf dem Vordeck steht im Blickpunkt der Aufmerksamkeit, wenn das Boot aufdreht und mit Brassfahrt auf seinen Liegeplatz zuläuft — viel zu schnell, wie sich alsbald zeigt. Der Jüngling wirft entweder einem müßig herumstehenden Spaziergänger eine Leine zu, die — sofern sie ihn erreicht — von diesem unter Umständen zurückgeworfen wird, oder er springt mit einem Ende der Leine an Land, stützt sich fest ab und erwartet den Ruck, um das Boot abzubremsen. Seine fest in sich ruhende Gestalt scheint zu sagen: „Alles in Ordnung!“ Nur kommt dann der schreckliche Augenblick, in dem er merkt, daß das andere Ende nicht belegt ist. Von achtern Ausrufe des Entsetzens und wilde Verwünschungen! Vielleicht aber hat der Spaziergänger sogar die Leine wahrgenommen und lehnt sich hilfsbereit zurück, um das Boot abzustoppen. Es folgt ein Tauziehen, bei dem der Spaziergänger versucht, den sommersprossigen Jüngling vom Vordeck herunterzureißen, während der Jüngling sich bemüht, den Spaziergänger über die Pier zu schleifen. Die lustige Szene birgt noch viele Variationen, während das Boot unaufhaltsam dem schimmernden Heck des nächsten Bootes entgegenstrebt. Nicht weniger groß ist das Grausen, wenn der sommersprossige Jüngling sein Ende belegt hat und an Land gelangt ist, ohne auf die Nase zu fallen, einen Törn um die nächste Klampe gelegt hat und die Fahrt des Bootes abbremste. Er wird mit Sicherheit die Fahrt abgestoppt, aber auch dafür gesorgt haben, daß der Bug einen plötzlichen und sehr entschiedenen Kurs auf die Pier zu nimmt, nur um dort die Farbe des Eigners großzügig zu hinterlassen, während das Heck auswärtsschwingt, so daß es unmöglich ist, eine Leine an Land zu bekommen, weil sie ins Wasser fällt und wie ein Lasso die Schraube einfängt ...

Genug des Scherzens! Wir müssen das Boot nicht nur abstoppen, wir müssen es auch so abstoppen, daß es parallel zur Pier bleibt. Am besten geht das mit einer Leine, die achtern festgemacht wird, um damit die Fahrt des Bootes abzubremsen. Die Leine wird zum Vorschiff verfahren, damit jemand von dort so früh wie möglich an Land springen kann. Man kann die Fahrt auch abstoppen mit einer Leine vom Bug, die weit nach achtern führt, so daß der Zug mehr oder weniger in Fahrtrichtung erfolgt und nicht senkrecht zum Bug. Der Tampen an Bord muß belegt sein, an Land nimmt man ihn am besten mit einem Törn um eine Klampe, damit man etwas nachfieren kann und die Fahrt langsam abstoppt. Selbst wenn ein Boot von fünf Tonnen nur einen halben Knoten Fahrt macht, kommt bei einem plötzlichen Abstoppen eine außerordentlich hohe Last auf die Leine; bei langsamem Abstoppen ist diese Last überhaupt kein Problem. Dann können wir uns darauf verlassen, daß die Besatzung von Land aus die Wanten festhält, während die Fahrt des Bootes sich weiter verringert; dies ist sehr gut, nur sollte man nicht die Relingsstützen dafür nehmen, die eine solche seitliche Belastung gar nicht mögen, obwohl sie sie bekommen, wenn jemand über Bord fällt. An einer Pier hat man vielfach genug Platz, um ein Boot zum Stoppen zu bringen, aber wenn man an einem anderen Boot längsseit geht, ist das nicht der Fall, man hat also weniger Zeit zum Herumspielen. Auch besteht immer die Gefahr, daß sich die Salings verhaken, wenn jedes Boot sich einwärts überlegt, weil die Besatzungen mit den Fendern das Gewicht auf die benachbarten Seiten verlagern.

ABLEGEN VON LÄNGSSEITPLÄTZEN

Auch beim Ablegen von einem Längsseitliegeplatz tauchen Probleme auf; die meisten hängen ausschließlich von Wind und Tide ab. Kommt der Wind von vorn oder achtern, kann man ein Ende fieren und den Bug weit genug herausbekommen, um geradenwegs fortzusegeln. Man muß dabei auf das Heck achten, das der Pier entgegendreht. Kommt der Wind von der Pier her, kommt man ebenfalls leicht frei, aber weht der Wind in Richtung auf die Pier, kann es sehr schwer sein, wegzukommen. Es kann erforderlich werden, eine Leine an einem Pfahl oder eine Tonne zu verfahren oder einen Anker auszubringen, an dem man sich freiholen kann. Strom gegen den Wind kompliziert die Sache, hilft aber unter Umständen. Kommt der Strom von vorn, kann man den Bug loswerfen und das Boot um das Heck drehen lassen, bis man freikommt. Bei Strom von achtern ist die Sache schwieriger, obwohl es immer möglich ist, das Heck herumschwingen zu lassen, bis das Boot mit dem Bug im Strom liegt und nun die Möglichkeit gegeben ist, den Bug frei schwingen zu lassen.

Es gibt wenige Probleme, die nicht lösbar sind, sei es, daß man fortsegelt, unter Motor ablegt, das Boot freiholt oder mit dem Dingi freischleppt. Der wichtige Punkt ist, daß der Schiffsführer sehr sorgfältig die Stärke des Windes und der Tide abwägt, ebenso wie die relativen Richtungen, bevor er sein Ablegemanöver plant. Der Plan, den er vermutlich im Kopf hat, muß aber flexibel genug sein, damit er etwas ändern kann, wenn die Sache anders läuft als vorgesehen; er muß auch eine Möglichkeit vorsehen, sicher zu stoppen, wenn es danebengeht.

Einmal wollten wir in Yarmouth auf der Isle of Wight mit einer großen Segelyacht mit drei Meter Tiefgang in See gehen. Wir legten unter Motor von den Pfählen ab, dabei zeigte der Bug stromaufwärts; wir wollten nach Backbord drehen und in einem großen Kreis auf Auslaufkurs gehen. Wir blieben dicht an dem Schlengel an Steuerbord, um Platz zum Drehen zu haben, aber in dem Augenblick, in dem wir losfuhren, erschien von stromaufwärts ein Boot. Wären wir weitergelaufen, so wären wir ihm vor den Bug geraten. Wir brachen also das Drehmanöver ab, aber das Boot lag nun mit dem Bug in Richtung auf die Brücke, und ein starker Wind trieb es darauf zu. Es nützte nichts, daß wir zurückgingen, um auf dem Teller zu drehen, denn das Heck drehte jedesmal beim Zurückgehen in den Wind. Gleichzeitig trieben wir nach Steuerbord auf die dort vermurten Boote zu. Vor uns und in Lee war das Wasser flach und es gab nicht genug Platz, um Fahrt aufzunehmen und mit der Maschine zu drehen. Obwohl die Boote am Schlengel nur halb so groß waren wie wir, ließen wir uns schließlich auf eines hinauftreiben, um erst einmal zu stoppen und einen neuen Plan zu entwickeln. Wir legten das Boot dann richtig hin, indem wir das Heck von der einlaufenden Flut herumschlagen ließen, bis wir den Bug stromwärts in Richtung auf die Hafenausfahrt herumholen konnten. Rückblickend gesehen, hätten wir weiter drehen und dem sich nähernden Boot zurufen sollen, hinter uns herumzugehen, es hatte Platz genug. In diesem Fall wäre alles in Ordnung gewesen. Boote, insbesondere Segelboote mit viel Angriffsfläche für den Wind, lassen sich unter Motorkraft schwer manövrieren, wenn sie nicht viel Fahrt haben. Die wichtigste Regel ist daher, Fahrt und Ruder im Schiff zu behalten. Das trifft allerdings für ein Schiff mit Außenborder nicht zu, denn bei ihm kann man die Richtung ändern, in der die Schraube wirkt, und somit viel schneller drehen.

14. Kapitel

Ausweichregeln

In einem Buch über Fahrtensegeln mit kleinen Booten brauche ich mich nicht zu entschuldigen, wenn ich ein Kapitel anhänge, das die Ausweichregeln behandelt. Auf See sind wir genauso wie an Land bestimmten Verkehrsregeln unterworfen. Zwar mag die Wahrscheinlichkeit einer Kollision auf den belebten Straßen unendlich viel größer erscheinen als im Kanal, aber man braucht nur einmal Wasserstraßen anzusehen wie die Themsemündung oder die Enge bei Dover, um die Vielfalt des Verkehrs zu erkennen. Man muß auch daran denken, daß ein großes Schiff mehrere Meilen braucht, um zu einem Halt zu kommen und einen Drehkreis von vielleicht einer Seemeile Durchmesser. Überdenkt man diese Zahlen, dann sieht man, daß die überfüllten Straßen der Handelsschiffahrt für kleine Fahrzeuge große Gefahren bergen. Es liegt auf der Hand, daß man eine feste Ordnung braucht, die von allen beachtet wird.

Die Myriaden kleiner Fahrzeuge, die kreuz und quer in unseren Küstengewässern umherfahren, stellen den Kapitän eines großen Schiffes vor erhebliche Probleme. Das Gesetz verpflichtet ihn, unter bestimmten Bedingungen auszuweichen. Aber dazu muß er sich bereits in einigen Meilen Entfernung entschließen, wenn die relative Bewegung des kleinen Fahrzeugs noch gar nicht genau übersehen werden kann, ja, wenn es vielleicht noch gar nicht gesichtet wurde. Eine potentiell gefährliche Situation, zumindest eine Situation gefährlicher Nähe kann oft nicht vermieden werden; dabei macht es die Unhandlichkeit eines großen Schiffes sehr schwer, im letzten Augenblick auszuweichen. Das heißt natürlich nicht, daß ein kleiner Küstenfrachter an einem klaren Tage einer vereinzelten Yacht nicht Raum geben sollte, es heißt vielmehr, daß ein 60 000-Tonnen-Tanker, der bei Dunkelheit Beachy Head passiert, sich unter Umständen nicht besonders um einen kleinen Seekreuzer

kümmert. Der Tanker mag dabei technisch im Unrecht sein, aber aus naheliegenden Gründen tritt dies in den Hintergrund.
Als Seefahrer auf kleinen Schiffen müssen wir dazu beitragen, die See sicher zu machen. Dies ist um so wichtiger, weil wir mit unseren vier Tonnen in jeder Kraftprobe mit einem Supertanker den Kürzeren ziehen. Er weiß vielleicht gar nicht, daß wir da waren und jetzt nicht mehr da sind. Im Interesse der Sicherheit müssen wir der Schiffahrt unsere Anwesenheit durch gute Lichter anzeigen, auch durch Radarreflektoren und den Gebrauch von Leuchten. Wir müssen die Ausweichregeln kennen, damit sicher ist, daß wir das Richtige tun, wir müssen auch bereit sein zum Manöver des letzten Augenblicks, wenn dies notwendig wird. Wir müssen also in jeder Beziehung am Ball sein. Vor einiger Zeit sah ich eine kleine Yacht, die im Ostteil des Solent überfahren wurde und innerhalb weniger Sekunden sank. Ich weiß nicht, wer im Recht war oder Schuld hatte, ich weiß nur, daß die Yacht sehr schnell sank und die Besatzung froh sein konnte, lebend davonzukommen, während der Frachter keinerlei Schaden erlitten hatte.

DIE SEESTRASSENORDNUNG

Auf See unterliegen wir den Internationalen Regeln zur Verhütung von Zusammenstößen auf See von 1965. Diese Seestraßenordnung ist international anerkannt, und wir sind durch die Gesetze unseres Heimatstaates verpflichtet, sie zu befolgen. Diese Ordnung regelt Lichterführung und Zeichen der verschiedenen Arten und Größen von Schiffen, die zugleich ihre Fahrtrichtung anzeigen. Sie legt fest, wer unter bestimmten Bedingungen ausweichen muß. Sie erläutert die Nebelsignale und gibt Rat, was bei beschränkter Sicht zu tun ist. Sie ist ziemlich lang, es braucht Zeit, sich gründlich mit ihr zu befassen. Die Teile, die für die Eigner kleiner Boote wichtig sind, werden am Schluß dieses Kapitels wörtlich wiedergegeben, aber sie bilden nur einen Teil der Regeln. Die ganze Seestraßenordnung (SeeStrO) muß sorgfältig studiert werden, um eine brauchbare Basis für die Sicherheit auf See zu haben.

LICHTERFÜHRUNG

Die Lichter, die ein Segelschiff führen muß, hängen von seiner Größe ab, denn es wird entweder als ein Schiff über 12,20 m oder unter 12,20 m eingestuft. Die meisten kleinen Seekreuzer fallen in die letzte Kategorie. Segelschiffe müssen Seiten- oder Positionslaternen zeigen, die an Backbord von recht voraus bis 2 Strich achterlicher als dwars rot und an

Steuerbord entsprechend grün sind. Die Lichter müssen bei Schiffen über 12,20 m eine Mindestreichweite von 2 sm haben (in einer klaren Nacht), bei kleineren Schiffen 1 sm; bei diesen Schiffen dürfen die Lichter zu einer doppelfarbigen Laterne vereint sein. Kleine Ruderboote müssen ein weißes Licht zeigen, und zwar rechtzeitig, um eine Kollision zu vermeiden, damit liegt der Onus bei dem Boot. Segelboote dürfen, aber brauchen nicht im Masttopp ein rotes über einem grünen Licht mit den gleichen Bogen des Horizonts wie die Seitenlaternen zeigen. Diese neu eingeführten Lichter erleichtern der Großschiffahrt das Erkennen von Segelschiffen ganz erheblich.
Neben den Seitenlichtern muß ein Segelschiff ein Hecklicht führen, ein weißes Licht, das über den nicht von den Seitenlaternen bestrichenen Teil des Horizonts sichtbar sein muß und eine Mindestsichtweite von 2 sm hat.
Die vorgeschriebenen Lichter schließen eine Reihe von sorgenvollen Überlegungen nicht aus. Das Hauptproblem ist doch, ob eine Sichtweite von 1 bis 2 sm ausreicht, um eine Kollision zu vermeiden. Bei einer Meile Sichtweite und 20 kn Annnäherungsfahrt — heutzutage keineswegs besonders hoch — erfolgt die Kollision drei Minuten nach der Sichtung, und auch das nur unter der Voraussetzung, daß der Ausguck das Licht am Rande der Sichtweite auch sieht. Es bleibt also für den Wachoffizier auf der Brücke sehr wenig Zeit, in der er sich überlegen kann, was er veranlassen muß. Das kleine Segelboot, auf dem ja das Handelsschiff schon sehr viel früher gesehen wird, tut daher gut daran, frühzeitig ein eigenes Ausweichmanöver einzuleiten, obwohl das gegen die Buchstaben des Gesetzes verstößt.
Es ist seltsam, daß die Regel bei kleinen Booten für das Hecklicht eine größere Reichweite vorschreibt als für die Seitenlichter, denn die Annäherung erfolgt beim Überholen doch viel langsamer. Die Hecklichter machen im allgemeinen wenig Ärger, weil sie nicht dem Gischt ausgesetzt sind, die Seitenlichter lassen sich dagegen sehr viel schwerer in Ordnung halten und reparieren. Auch müssen sie frei sein von den Segeln, so daß bei den heutigen niedriggeschnittenen Vorsegeln ein Anbringen am Kajütsaufbau oder an der Hundehütte nicht möglich ist. Sie sind also meistens auf dem Bugkorb angebracht, wo ihre Leuchtsektoren den Regeln entsprechen, solange das Boot nicht wegliegt; bei Fahrt leuchten sie dagegen meist nach oben oder nach unten und nur selten nach dahin, wo sie leuchten sollen, nämlich voraus. Sie sind der See voll und ganz ausgesetzt, man kommt nur schwer heran, und es ist kein Wunder, daß

sie oft ausfallen. Es ist ein viel größeres Wunder, daß sie überhaupt so lange funktionieren. Wer einmal eine wirklich gute, wasserdichte Positionslampe für Yachten erfindet, sollte daraus ein Vermögen machen*.

FAHRTREGELN

„Maschine gibt Segel Raum", das scheint einfach und schlüssig zu sein, aber die Dinge sind bei weitem nicht so einfach, wie sie aussehen. Es gibt zunächst einmal viele Ausnahmen. Die Regel gibt zum Beispiel einem Segelschiff nicht das Recht, in einem engen Fahrwasser ein mit Maschinenkraft angetriebenes Fahrzeug, das nur in einem solchen Fahrwasser fahren kann, zu behindern. Daneben gibt es viele örtliche Verordnungen für einzelne Wasserstraßen, die der Sache nach ähnlich sind.

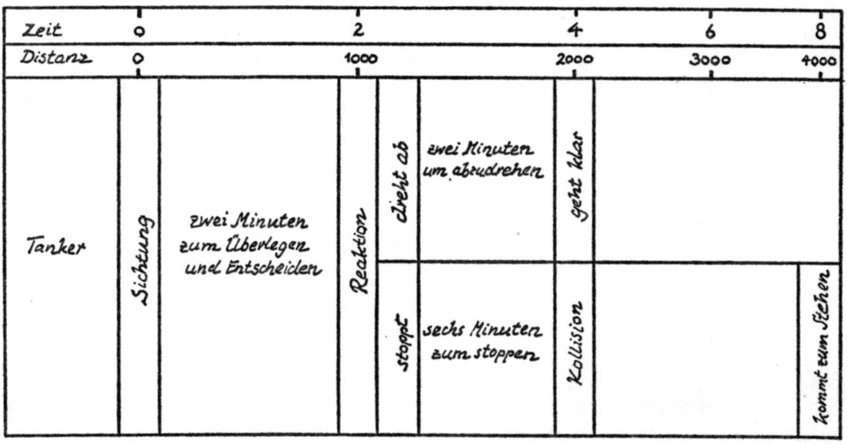

Abb. 62. Ein großer Tanker oder Bulkcarrier muß ein Ausweichmanöver sehr früh einleiten, wenn er eine Kollision mit einem kleinen Boot vermeiden will. Der Drehkreis von Tankern ist sehr groß, und ein solches Schiff braucht mehrere tausend Meter, bis es zum Stehen kommt. Dazu kommt, daß es höchstwahrscheinlich von flachem Wasser und anderen Schiffen in seiner Manövrierfähigkeit eingeschränkt wird. Der Segler in einem kleinen Boot muß sicherstellen, daß er frühzeitig gesehen wird, und er muß alles, was in seiner Kraft steht, tun, um große Schiffe nicht zu behindern. Die Tabelle zeigt den Zeitablauf, wenn ein mit 15 Knoten Fahrt laufender Tanker ein kleines Boot in einer Meile Entfernung sichtet. Er ist in vier Minuten am Punkt der Kollision – nicht sehr viel Zeit, um zu überlegen, die Lage zu beurteilen, eine Entscheidung zu fällen und zu handeln.

Ein Segler hat auch kein Wegerecht, wenn er überholt und auch nicht gegenüber fischenden Fahrzeugen, Minensuchern, startenden Flugzeugen oder Fahrzeugen, die Unterwasserarbeiten ausführen.

* Anm. d. Ü.: Bei Begegnungen immer das Groß mit einer hellen Lampe anstrahlen!

Kein Schiff ist je frei, zu tun was es will, denn es ist entweder das ausweichende Schiff und muß Maßnahmen ergreifen, um das andere Schiff nicht zu behindern, oder es ist nach den Regeln verpflichtet, Kurs und Fahrt beizubehalten. Sieht es sich so nah, daß eine Kollision nicht allein durch Maßnahmen des ausweichpflichtigen Schiffes vermieden werden kann, dann allein darf es von sich aus in einer Weise handeln, die zur Vermeidung einer Kollision beiträgt. Dies kann leicht der Fall sein, wenn ein kleiner Seekreuzer dicht vor einem großen Handelsschiff liegt, das den Segler erst im letzten Augenblick sieht und nicht rechtzeitig ausweichen kann. Das Handelsschiff kann weder rechtzeitig abdrehen noch stoppen, das kleine handige Boot kann sich dagegen ohne Schwierigkeiten aus der Fahrtrichtung des Schiffes entfernen.

Die Regel 27 betont ganz ausdrücklich die Probleme, die sich aus den Unterschieden zwischen Schiffen ergeben, denn es heißt hier: „Bei der Befolgung und Auslegung dieser Regeln sind stets alle Gefahren der Schiffahrt und des Zusammenstoßes sowie alle besonderen Umstände gebührend zu berücksichtigen, die zum Abwenden unmittelbarer Gefahr ein Abweichen von den vorstehenden Regeln erfordern ..." Man achte besonders auf die Formulierung „aller besonderen Umstände". Ein Supertanker ist in seiner Manövrierfähigkeit sehr stark eingeschränkt, und vor allem, wenn man die kleine Reichweite der Lichter auf Booten in Betracht zieht, kann er häufig nicht in der nötigen Zeit stoppen oder seinen Kurs ändern.

Der Skipper, der für die Führung eines kleinen Fahrtenkreuzers in einem so stark befahrenen Gebiet wie dem Kanal verantwortlich ist, sieht sich zahlreichen schwierigen Sicherheitsproblemen gegenüber. Er muß die Regeln gründlich kennen, aber zusätzlich muß er in der Lage und auch willens sein, seinen gesunden Menschenverstand anzuwenden, um eine gefährliche Lage sich gar nicht erst entwickeln zu lassen. Geht er etwas früher oder etwas später über Stag oder ändert er seinen Kurs rechtzeitig nur um ein paar Grade, so kann er sehr oft vermeiden, ein großes Schiff zu behindern, bei dem die Probleme der Navigation und des Manövrierens so sehr viel größer sind als auf einer kleinen Yacht. Nachts weiß der Skipper der Yacht nicht, ob er gesehen wurde oder nicht; er hilft dem Handelsschiff, wenn er Klarheit über seine Position schafft, entweder durch gute Lichter, die besser sind als die vorgeschriebenen Lichter mit 1 Meile Reichweite, oder durch Gebrauch eines Scheinwerfers oder eines Radarreflektors. Sollte sich aber eine Gefahrensituation entwickeln, so muß er klar und bereit sein, zur Vermeidung

einer Kollision aus dem Wege zu gehen.
Ich bin mir nicht so sicher, ob die gegenwärtigen Regeln wirklich ideal sind, um die Verhältnisse in Seegebieten, in denen eine solche Vielfalt von Fahrzeugen ihrem Gewerbe oder Vergnügen nachgehen, klar zu regeln. Nur eines ist klar: wenn wir als Leute, die nur zum Vergnügen segeln, nicht genügend Rücksicht und Vernunft aufbringen, dann werden wir auf bestimmte Gebiete beschränkt werden, in denen wir unserem Hobby nachgehen können. Wir könnten von Schiffahrtswegen ferngehalten werden, auf denen wir uns heute noch tummeln dürfen, weil man annimmt, daß wir unseren gesunden Menschenverstand anwenden und aus dem Wege gehen, wenn ein großes Schiff vorbeikommt.

Regeln, die den Yachtsegler besonders angehen

Teil A

EINLEITUNG UND BEGRIFFSBESTIMMUNGEN

REGEL 1

a) Diese Regeln finden auf alle Fahrzeuge und Wasserflugzeuge auf hoher See und auf den mit dieser zusammenhängenden, von Seeschiffen befahrbaren Gewässern Anwendung, soweit in Regel 30 nichts anderes bestimmt ist. Können Wasserflugzeuge wegen ihrer besonderen Bauart den Regeln über Lichter und Signalkörper nicht in vollem Umfang genügen, so müssen sie diesen Vorschriften soweit entsprechen, wie es die Umstände zulassen.

b) Die Regeln über Lichter sind bei jedem Wetter zwischen Sonnenuntergang und Sonnenaufgang zu befolgen; während dieser Zeit dürfen keine Lichter geführt oder gezeigt werden, die mit den vorgeschriebenen Lichtern verwechselt werden können, deren Sichtbarkeit oder Unterscheidungsmöglichkeit beeinträchtigen oder den gehörigen Ausguck behindern können. Bei schlechter Sicht und in allen anderen Fällen, in denen es für nötig befunden wird, dürfen die in diesen Regeln vorgeschriebenen Lichter auch zwischen Sonnenaufgang und Sonnenuntergang geführt oder gezeigt werden.

c) Soweit sich aus dem Zusammenhang nicht etwas anderes ergibt, gilt in diesen Regeln folgendes:

1 der Ausdruck „Fahrzeug“ bezeichnet ein Wasserfahrzeug, das als Beförderungsmittel auf dem Wasser verwendet wird oder verwendet werden kann; ein Wasserflugzeug auf dem Wasser gilt nicht als Fahrzeug;

II der Ausdruck „Wasserflugzeug" bezeichnet ein Flugzeug sowie ein anderes zum Manövrieren auf dem Wasser eingerichtetes Luftfahrzeug;

III der Ausdruck „Maschinenfahrzeug" bezeichnet ein Fahrzeug mit Maschinenkraft;

IV ein Maschinenfahrzeug, das unter Segel und nicht mit Maschinenkraft fährt, gilt als Segelfahrzeug; ein mit Maschinenkraft fahrendes Fahrzeug, auch wenn es zugleich unter Segel ist, gilt als Maschinenfahrzeug;

V ein Fahrzeug oder ein Wasserflugzeug auf dem Wasser gilt als „in Fahrt" befindlich, wenn es weder vor Anker liegt noch an Land festgemacht ist, noch auf Grund sitzt;

VI der Ausdruck „Höhe über dem Schiffskörper" bezeichnet die Höhe über dem obersten durchlaufenden Deck;

VII als Länge und Breite eines Fahrzeugs gelten die Länge über alles und die größte Breite;

VIII als Länge und Spannweite eines Wasserflugzeugs gelten die im Lufttüchtigkeits-Zeugnis eingetragene größte Länge und Spannweite, beim Fehlen dieses Zeugnisses die durch Messung festgestellten Maße;

IX Fahrzeuge gelten nur dann als in Sicht zueinander befindlich, wenn jedes das andere optisch wahrnehmen kann;

X der Ausdruck „sichtbar" hinsichtlich der Lichter bedeutet sichtbar in dunkler Nacht bei klarer Luft;

XI der Ausdruck „kurzer Ton" bezeichnet einen Ton von etwa einer Sekunde Dauer;

XII der Ausdruck „langer Ton" bezeichnet einen Ton von vier bis sechs Sekunden Dauer;

XIII der Ausdruck „Pfeife" bezeichnet ein Gerät, mit dem die vorgeschriebenen kurzen und langen Töne gegeben werden können;

XIV der Ausdruck „fischend" bedeutet fischend mit Netzen, Leinen oder Schleppnetzen, jedoch nicht mit Schleppangeln.

Abkürzung: SeeStrO (gemäß Gemeins. Ministerblatt vom 6. 9. 65 Seite 242).

Teil B

LICHTER UND SIGNALKÖRPER

REGEL 2

a) Ein Maschinenfahrzeug in Fahrt muß führen:

I An oder vor dem vordersten Mast oder beim Fehlen eines solchen im vorderen Teil des Fahrzeugs ein weißes Licht, das unbehindert über 20 Kompaßstriche (225 Grad) scheint, und zwar nach jeder Seite 10 Strich (112,5 Grad) von recht voraus bis 2 Strich (22,5 Grad) achterlicher als querab; das Licht muß mindestens 5 Seemeilen weit sichtbar sein.

II Vor oder hinter dem unter Ziffer I vorgeschriebenen weißen Licht ein zweites weißes Licht, das ebenso beschaffen ist und geführt wird wie das erste. Fahrzeuge von weniger als 45,75 m (150 Fuß) Länge können dieses zweite Licht führen, sind jedoch nicht dazu verpflichtet.

III Die beiden weißen Lichter müssen in und über der Kiellinie so angebracht sein, daß sich das eine mindestens 4,57 m (15 Fuß) höher als das andere und das vordere stets niedriger als das hintere befindet. Der waagerechte Abstand zwischen den beiden weißen Lichtern muß mindestens dreimal so groß sein wie der senkrechte. Das niedrigere Licht oder, wenn nur ein Licht vorhanden ist, dieses Licht muß mindestens 6,10 m (20 Fuß) über dem Schiffskörper angebracht sein; ist das Fahrzeug breiter als 6,10 m (20 Fuß), so ist das Licht in einer der Breite des Fahrzeugs mindestens gleichkommenden Höhe anzubringen; es braucht jedoch nicht höher als 12,20 m (40 Fuß) über dem Schiffskörper angebracht zu sein. Unter allen Umständen müssen das oder die Lichter höher angebracht sein als alle anderen Lichter und alle Aufbauten, die ihre Sichtbarkeit behindern können.

IV An der Steuerbordseite ein grünes Licht, das unbehindert über 10 Kompaßstriche (112,5 Grad) scheint, und zwar von recht voraus bis 2 Strich (22,5 Grad) achterlicher als querab an Steuerbord; das Licht muß mindestens 2 Seemeilen weit sichtbar sein.

V An der Backbordseite ein rotes Licht, das unbehindert über 10 Kompaßstriche (112,5 Grad) scheint, und zwar von recht voraus bis 2 Strich (22,5 Grad) achterlicher als querab an Backbord; das Licht muß mindestens 2 Seemeilen weit sichtbar sein.

VI Das grüne und das rote Licht müssen an der Binnenbordseite mindestens 0,91 m (3 Fuß) nach voraus so abgeschirmt sein, daß sie nicht über den Bug hinweg von der anderen Seite gesehen werden können.

REGEL 5

a) Ein Segelfahrzeug in Fahrt und jedes geschleppte Fahrzeug oder Wasserflugzeug muß die gleichen Lichter führen, die in Regel 2 für ein Maschinenfahrzeug bzw. ein Wasserflugzeug in Fahrt vorgeschrieben sind, jedoch mit Ausnahme der in der genannten Regel vorgeschriebenen weißen Lichter, die von ihnen nicht geführt werden dürfen. Sie müssen ferner das in Regel 10 vorgeschriebene Hecklicht führen, wobei geschleppte Fahrzeuge mit Ausnahme des letzten an Stelle des Hecklichts ein kleines weißes Licht entsprechend Regel 3 Buchstabe b führen dürfen.

b) Zusätzlich zu den unter Buchstabe a vorgeschriebenen Lichtern darf ein Segelfahrzeug im Vortopp zwei Lichter senkrecht übereinander mit solchem Abstand führen, daß sie klar unterschieden werden können. Das obere Licht muß rot und das untere grün sein. Beide Lichter müssen entsprechend Regel 2 Buchstabe a Ziffer I beschaffen* und angebracht sein; sie müssen mindestens 2 Seemeilen weit sichtbar sein.

c) Ein geschobenes Fahrzeug muß vorn an Steuerbord ein grünes und vorn an Backbord ein rotes Seitenlicht führen; diese Lichter müssen die gleichen Merkmale wie die in Regel 2 Buchstabe a Ziffer IV und V vorgeschriebenen Lichter aufweisen und entsprechend der Ziffer VI des genannten Buchstaben abgeschirmt sein; wird eine beliebige Anzahl von Fahrzeugen als Gruppe geschoben, so ist diese wie ein einzelnes Fahrzeug zu beleuchten.

d) Zwischen Sonnenaufgang und Sonnenuntergang muß jedes geschleppte Fahrzeug, wenn die Schleppzuglänge 183 m (600 Fuß) übersteigt, einen schwarzen Rhombus mit einem Durchmesser von mindestens 0,61 m (2 Fuß) dort führen, wo er am besten gesehen werden kann.

REGEL 7

Maschinenfahrzeuge von weniger als 19,80 m (65 Fuß) Länge, Fahrzeuge unter Ruder oder Segel von weniger als 12,20 m (40 Fuß) Länge und Ruderboote brauchen, wenn sie in Fahrt sind, die in den Regeln 2,

* Voraussektor von 225°

3 und 5 vorgeschriebenen Lichter nicht zu führen, müssen dann aber über die nachstehend aufgeführten Lichter verfügen:

a) Maschinenfahrzeuge von weniger als 19,80 m (65 Fuß) Länge mit Ausnahme der unter den Buchstaben b und c genannten müssen führen:

I Im vorderen Teil des Fahrzeugs, wo es am besten gesehen werden kann, mindestens 2,75 m (9 Fuß) über dem Schandeckel ein weißes Licht, das entsprechend Regel 2 Buchstabe a Ziffer I beschaffen und angebracht ist; es muß mindestens 3 Seemeilen weit sichtbar sein*.

II Grüne und rote Seitenlichter, die entsprechend Regel 2 Ziffer IV und V** beschaffen und angebracht sind und mindestens 1 Seemeile weit sichtbar sind, oder eine doppelfarbige Laterne, die an der betreffenden Seite ein grünes und ein rotes Licht von recht voraus bis 2 Strich (22,5 Grad) achterlicher als querab zeigt. Sie muß mindestens 0,91 m (3 Fuß) tiefer als das weiße Licht geführt werden.

c) Maschinenfahrzeuge von weniger als 12,20 m (40 Fuß) Länge dürfen das weiße Licht niedriger als 2,75 m (9 Fuß) über dem Schandeckel führen, müssen es aber mindestens 0,91 m (3 Fuß) höher als die Seitenlichter oder die unter Buchstabe a Ziffer II vorgeschriebene doppelfarbige Laterne führen.

d) Fahrzeuge unter Ruder oder Segel von weniger als 12,20 m (40 Fuß) Länge mit Ausnahme der unter Buchstabe f genannten müssen, wenn sie keine Seitenlichter führen, eine Laterne führen, die an der einen Seite ein grünes und an der anderen ein rotes Licht zeigt; diese Laterne muß dort geführt werden, wo sie am besten gesehen werden kann, und ihr Licht muß mindestens 1 Seemeile weit sichtbar sein; das grüne Licht darf nicht von der Backbordseite her und das rote Licht nicht von der Steuerbordseite her gesehen werden können. Kann die Laterne nicht fest angebracht werden, so muß sie gebrauchsfertig zur Hand gehalten und so rechtzeitig gezeigt werden, daß ein Zusammenstoß verhütet wird; dabei darf das grüne Licht nicht von der Backbordseite und das rote Licht nicht von der Steuerbordseite her gesehen werden können.

f) Auf kleinen offenen Booten unter Ruder oder Segel braucht nur eine elektrische Lampe oder eine angezündete Laterne mit einem weißen Licht gebrauchsfertig zur Hand gehalten zu werden; sie muß zeitig genug gezeigt werden, um einen Zusammenstoß zu verhüten.

* Sektor 225° voraus

** Seitenlichtsektoren

g) Die in dieser Regel genannten Fahrzeuge und Boote brauchen die in den Regeln 4 Buchstabe a und 11 Buchstabe e vorgeschriebenen Lichter oder Signalkörper nicht zu führen; ihre Signalkörper können kleiner sein als in den Regeln 4 Buchstabe c und 11 Buchstabe c vorgeschrieben.

REGEL 10

a) Soweit in diesen Regeln nichts anderes bestimmt ist, muß ein Fahrzeug in Fahrt am Heck ein weißes Licht führen, das unbehindert über 12 Kompaßstriche (135 Grad) scheint, und zwar je 6 Strich (67,5 Grad) von recht achteraus nach jeder Seite; das Licht muß mindestens 2 Seemeilen weit sichtbar sein.

b) Wenn ein kleines Fahrzeug wegen schlechten Wetters oder aus anderen stichhaltigen Gründen das Hecklicht nicht fest angebracht führen kann, muß eine elektrische Lampe oder eine angezündete Laterne mit weißem Licht gebrauchsfertig zur Hand gehalten werden; das Licht muß bei Annäherung eines überholenden Fahrzeugs zeitig genug gezeigt werden, um einen Zusammenstoß zu verhüten.

c) Ein Wasserflugzeug in Fahrt auf dem Wasser muß hinten ein weißes Licht führen, das ungehindert über 140 Kompaßgrade scheint, und zwar je 70 Grad von recht achteraus nach jeder Seite; das Licht muß mindestens 2 Seemeilen weit sichtbar sein.

REGEL 11

a) Ein Fahrzeug vor Anker von weniger als 45,75 m (150 Fuß) Länge muß im vorderen Teil ein weißes Rundumlicht dort führen, wo es am besten gesehen werden kann; es muß über den ganzen Horizont mindestens 2 Seemeilen weit sichtbar sein. Ein solches Fahrzeug kann außerdem ein zweites weißes Licht an der unter Buchstabe b vorgeschriebenen Stelle führen, ist jedoch nicht dazu verpflichtet. Wenn das zweite Licht geführt wird, muß es mindestens 2 Seemeilen weit sichtbar und so angebracht sein, daß es möglichst unbehindert über den ganzen Horizont sichtbar ist.

b) Ein Fahrzeug vor Anker, dessen Länge 45,75 m (150 Fuß) oder mehr beträgt, muß mindestens 6,10 m (20 Fuß) über dem Schiffskörper ein Licht der unter Buchstabe a erwähnten Art nahe dem Vorsteven führen, und am Heck oder in dessen Nähe ein zweites Licht, das mindestens 4,57 m (15 Fuß) niedriger als das vordere angebracht ist. Beide Lichter müssen mindestens 3 Seemeilen weit sichtbar und so angebracht sein, daß sie möglichst unbehindert über den ganzen Horizont sichtbar sind.

c) Zwischen Sonnenaufgang und Sonnenuntergang müssen alle Fahrzeuge, die vor Anker liegen, im vorderen Teil einen schwarzen Ball von mindestens 0,61 m (2 Fuß) Durchmesser dort führen, wo er am besten gesehen werden kann.

e) Ein Fahrzeug, das auf Grund sitzt, muß die unter den Buchstaben a oder b vorgeschriebenen Lichter und die beiden roten in Regel 4 Buchstabe a vorgeschriebenen Lichter führen. (Das sind zwei rote Rundumlichter, 2 sm Tragweite.)

Bei Tage muß es drei senkrecht übereinander befindliche und mindestens 1,83 m (6 Fuß) gleichweit voneinander entfernte schwarze Bälle von mindestens 0,61 m (2 Fuß) Durchmesser dort führen, wo sie am besten gesehen werden können.

REGEL 14
Ein Fahrzeug unter Segel, das gleichzeitig mit Maschinenkraft fährt, muß bei Tage im Vorschiff einen schwarzen Kegel von mindestens 0,61 m (2 Fuß) Durchmesser — Spitze unten — dort führen, wo er am besten gesehen werden kann.

Teil C

SCHALLSIGNALE UND VERHALTEN BEI VERMINDERTER SICHT

EINLEITUNG

1. Eine Unterrichtung durch Radar befreit ein Fahrzeug nicht vom genauen Befolgen dieser Regeln, insbesondere der Regeln 15 und 16.

2. Die Anlage zu diesen Regeln enthält Empfehlungen, welche die Verwendung von Radar zur Verhütung von Zusammenstößen bei verminderter Sicht erleichtern sollen.

REGEL 15

a) Ein Maschinenfahrzeug von 12,20 m (40 Fuß) und mehr Länge muß mit einer kräftig tönenden Pfeife versehen sein, die durch Dampf oder Dampfersatz geblasen wird und so angebracht ist, daß der Schall sich frei ausbreiten kann; es muß ferner mit einem wirksamen, mechanisch betriebenen Nebelhorn und mit einer kräftig tönenden Glocke versehen sein. Ein Segelfahrzeug von 12,20 m (40 Fuß) und mehr Länge muß mit einem Nebelhorn und einer Glocke gleicher Art versehen sein.

b) Alle in dieser Regel vorgeschriebenen Schallsignale für Fahrzeuge in Fahrt müssen gegeben werden

I von Maschinenfahrzeugen mit der Pfeife,

II von Segelfahrzeugen mit dem Nebelhorn,

III von geschleppten Fahrzeugen mit der Pfeife oder dem Nebelhorn.

c) Bei Nebel, dickem Wetter, Schneefall, heftigen Regengüssen oder anderen Umständen, die bei Tag oder Nacht die Sicht in ähnlicher Weise beeinträchtigen, müssen folgende Schallsignale gegeben werden:

Ein Maschinenfahrzeug, das Fahrt durchs Wasser macht, muß mindestens alle 2 Minuten einen langen Ton geben.

Ein Maschinenfahrzeug in Fahrt, das seine Maschine gestoppt hat und keine Fahrt durchs Wasser macht, muß mindestens alle 2 Minuten zwei lange Töne mit einem Zwischenraum von ungefähr 1 Sekunde geben.

Ein Segelfahrzeug in Fahrt mit Wind von Steuerbord muß mindestens jede Minute einen Ton geben.

Ein Segelfahrzeug in Fahrt mit Wind von Backbord zwei aufeinanderfolgende Töne.

Ein Segelfahrzeug in Fahrt mit Wind achterlicher als querab drei aufeinanderfolgende Töne.

Ein Fahrzeug vor Anker muß mindestens jede Minute ungefähr 5 Sekunden lang die Glocke rasch läuten. Fahrzeuge von mehr als 106,75 m (350 Fuß) Länge müssen die Glocke auf dem Vorschiff läuten und außerdem auf dem Achterschiff mindestens jede Minute ungefähr 5 Sekunden lang einen Gong oder ein anderes Instrument schlagen, dessen Ton und Klang nicht mit dem Glockenläuten verwechselt werden können. Jedes Fahrzeug vor Anker darf außerdem in Übereinstimmung mit Regel 12 drei aufeinanderfolgende Töne — kurz, lang, kurz — geben, um einem sich nähernden Fahrzeug seinen Standort anzuzeigen und es vor einem möglichen Zusammenstoß zu warnen.

Ein Fahrzeug, das ein anderes Fahrzeug schleppt oder ein Unterwasserkabel oder ein Seezeichen auslegt, aufnimmt oder auffischt, und ein Fahrzeug in Fahrt, das einem sich nähernden Fahrzeug nicht ausweichen kann, weil es überhaupt nicht oder noch nicht so manövrieren kann, wie in diesen Regeln vorgeschrieben, muß statt der unter den Ziffern I, II und III vorgeschriebenen Signale mindestens jede Minute drei aufeinanderfolgende Töne — lang, kurz, kurz — geben.

Ein geschlepptes Fahrzeug oder das letzte bemannte Fahrzeug eines Schleppzugs muß mindestens jede Minute vier aufeinanderfolgende Töne — lang, kurz, kurz, kurz — geben. Dieses Signal muß möglichst unmittelbar nach dem Signal des schleppenden Fahrzeugs gegeben werden.

Ein Fahrzeug, das auf Grund sitzt, muß das Glockensignal und erforderlichenfalls das Gongsignal entsprechend Ziffer IV geben sowie ferner unmittelbar vor und nach dem Glockenläuten 3 scharf voneinander getrennte Glockenschläge.

Ein fischendes Fahrzeug in Fahrt oder vor Anker muß mindestens jede Minute das unter Ziffer V vorgeschriebene Signal geben. Ein mit Schleppangeln fischendes Fahrzeug in Fahrt muß die jeweils unter Ziffer I, II oder III vorgeschriebenen Signale geben.

Ein Fahrzeug von weniger als 12,20 m (40 Fuß) Länge, ein Ruderboot oder ein Wasserflugzeug auf dem Wasser braucht die oben erwähnten Signale nicht zu geben, muß dann aber mindestens jede Minute ein anderes kräftiges Schallsignal geben.

REGEL 16

a) Ein Fahrzeug oder ein Wasserflugzeug auf dem Wasser muß bei Nebel, dickem Wetter, Schneefall, heftigen Regengüssen oder anderen Umständen, welche die Sicht in ähnlicher Weise beeinträchtigen, mit sorgfältiger Rücksicht auf die gesamten obwaltenden Umstände mit mäßiger Geschwindigkeit fahren.

b) Ein Maschinenfahrzeug, das anscheinend vorlicher als querab das Nebelsignal eines Fahrzeugs hört, dessen Lage und Verhalten nicht auszumachen sind, muß die Maschine stoppen, soweit die Umstände es zulassen, und dann vorsichtig manövrieren, bis die Gefahr des Zusammenstoßes vorüber ist.

c) Ein Maschinenfahrzeug, das ein anderes Fahrzeug vor dem Hören des Nebelsignals oder vor dem optischen Sichten vorlicher als querab ortet, darf frühzeitig und durchgreifend handeln, um den Nahbereich zu meiden; ist dies jedoch nicht möglich, so muß es die Maschine rechtzeitig stoppen, soweit die Umstände es zulassen, und dann vorsichtig manövrieren, bis die Gefahr des Zusammenstoßes vorüber ist.

Die Ziffernhinweise beziehen sich auf den Originaltext der SeeStrO und der SSchStrO.

Teil D

FAHRREGELN

EINLEITUNG

1. Bei der Anwendung und Auslegung dieser Regeln muß jedes Manöver entschlossen, rechtzeitig und so ausgeführt werden, wie gute Seemannschaft es erfordert.

2. Die Gefahr eines Zusammenstoßes kann, wenn es die Umstände zulassen, durch sorgfältige Kompaßpeilung eines sich nähernden Fahrzeugs erkannt werden. Ändert sich die Peilung nicht merklich, so ist anzunehmen, daß die Gefahr eines Zusammenstoßes besteht.

3. Jeder Seefahrer muß damit rechnen, daß ein Wasserflugzeug beim Wassern oder Starten oder beim Manövrieren unter ungünstigen Wetterverhältnissen sein beabsichtigtes Manöver im letzten Augenblick nicht ändern kann.

4. Die Regeln 17 bis 24 gelten nur für Fahrzeuge, die einander in Sicht haben.

REGEL 17

a) Sobald zwei Segelfahrzeuge sich einander so nähern, daß die Gefahr eines Zusammenstoßes besteht, muß das eine dem anderen wie folgt ausweichen:

- I Wenn sie den Wind nicht von derselben Seite haben, muß das Fahrzeug, das den Wind von Backbord hat, dem anderen ausweichen.
- II Wenn sie den Wind von derselben Seite haben, muß das luvwärtige Fahrzeug dem leewärtigen ausweichen.

b) Im Sinne dieser Regel ist die Luvseite diejenige Seite, die dem gesetzten Großsegel gegenüberliegt, auf Rahseglern diejenige Seite, die dem größten gesetzten Schratsegel gegenüberliegt.

REGEL 18

a) Wenn zwei Maschinenfahrzeuge sich in entgegengesetzter oder fast entgegengesetzter Richtung einander so nähern, daß die Gefahr eines Zusammenstoßes besteht, muß jedes seinen Kurs nach Steuerbord ändern, damit sie einander an Backbord passieren. Diese Regel findet nur dann Anwendung, wenn Fahrzeuge sich in entgegengesetzter oder fast entgegengesetzter Richtung einander so nähern, daß die Gefahr eines Zusammenstoßes besteht, nicht aber, wenn zwei Fahrzeuge beim Kurshalten frei voneinander passieren. Sie findet nur in Fällen Anwendung, in denen jedes der beiden Fahrzeuge sich dem anderen in entgegengesetzter oder fast entgegengesetzter Richtung nähert, d. h. wenn bei Tage jedes Fahrzeug die Masten des anderen mit den eigenen ganz oder nahezu in einer Linie oder bei Nacht beide Seitenlichter des anderen sieht. Sie findet keine Anwendung, wenn bei Tage das eine Fahrzeug das andere vor dem Bug kreuzen sieht, oder wenn bei Nacht das rote Licht des einen Fahrzeugs dem roten des anderen oder das grüne Licht des einen Fahrzeugs dem grünen des anderen gegenübersteht, oder wenn ein rotes Licht ohne ein grünes oder ein grünes Licht ohne ein rotes voraus in Sicht ist, oder wenn das grüne und das rote Licht gleichzeitig, aber nicht voraus in Sicht sind.

b) Im Sinne dieser Regel und der Regeln 19 bis 29 — ausgenommen Regel 20 Buchstabe c und Regel 28 — gilt ein Wasserflugzeug auf dem Wasser als Fahrzeug; der Ausdruck „Maschinenfahrzeug" ist entsprechend auszulegen.

Man präge sich ein: **„Kommt grün und rot voraus in Sicht,**
leg Steuerbordruder, zeig rotes Licht."

REGEL 19

Sobald die Kurse zweier Maschinenfahrzeuge einander so kreuzen, daß die Gefahr eines Zusammenstoßes besteht, muß dasjenige ausweichen, welches das andere an seiner Steuerbordseite hat.

Man präge sich ein: **„Wird rot an Steuerbord gesehn,**
so mußt Du aus dem Wege gehn.
Siehst Du jedoch an Backbord grün,
so mußt Du Deines Weges ziehn."

REGEL 20

a) Wenn ein Maschinenfahrzeug und ein Segelfahrzeug so steuern, daß die Gefahr eines Zusammenstoßes besteht, muß das Maschinenfahrzeug dem Segelfahrzeug ausweichen, soweit in den Regeln 24 und 26 nichts anderes bestimmt ist.

b) Diese Regel berechtigt Segelfahrzeuge nicht, in einem engen Fahrwasser die sichere Durchfahrt eines Maschinenfahrzeugs zu behindern, das auf die Fahrrinne angewiesen ist.

REGEL 21

Hat nach diesen Regeln ein Fahrzeug dem anderen auszuweichen, so muß dieses andere Kurs und Geschwindigkeit beibehalten. Ist aus irgendeinem Grund der Kurshalter dem Ausweichpflichtigen so nahe gekommen, daß ein Zusammenstoß durch das Manöver des letzteren allein nicht vermieden werden kann, so muß auch der Kurshalter so manövrieren, wie es zur Vermeidung eines Zusammenstoßes am dienlichsten ist (siehe Regeln 27 und 29).

REGEL 22

Ein Fahrzeug, das auf Grund dieser Regeln einem anderen Fahrzeug auszuweichen hat, muß möglichst entschlossen und rechtzeitig seiner Verpflichtung nachkommen; wenn die Umstände es gestatten, muß es vermeiden, den Bug des anderen Fahrzeugs zu kreuzen.

REGEL 23

Ein Maschinenfahrzeug, das auf Grund dieser Regeln einem anderen Fahrzeug auszuweichen hat, muß bei der Annäherung erforderlichenfalls seine Fahrt mindern oder stoppen oder rückwärts gehen.

REGEL 24

a) Ungeachtet dieser Regeln muß jedes Fahrzeug beim Überholen dem anderen ausweichen.

b) Ein Fahrzeug, das sich einem anderen aus einer Richtung von mehr als 2 Strich (22,5 Grad) achterlicher als querab nähert, d. h. aus einer Richtung, in der es bei Nacht kein Seitenlicht des anderen sehen kann, gilt als überholendes Fahrzeug; durch spätere Änderung der Peilung wird das überholende Fahrzeug weder zu einem kreuzenden im Sinne dieser Regeln, noch wird es von der Verpflichtung entbunden, dem anderen Fahrzeug auszuweichen, bis es dieses klar passiert hat.

c) Kann das überholende Fahrzeug nicht sicher erkennen, ob es vor oder hinter der obenbezeichneten Richtung steht, so muß es sich als überholendes Fahrzeug betrachten und dem anderen ausweichen.

REGEL 25

a) In einem engen Fahrwasser muß sich ein Maschinenfahrzeug rechts in der Fahrrinne oder der Fahrwassermitte halten, soweit dies ohne Gefahr möglich ist.

b) Wenn sich ein Maschinenfahrzeug in einem engen Fahrwasser einer Krümmung nähert und nicht erkennen kann, ob ein anderes Fahrzeug sich aus entgegengesetzter Richtung nähert, so muß es eine halbe Seemeile vor der Krümmung einen langen Pfeifenton geben; jedes sich nähernde Maschinenfahrzeug, das dieses Signal auf der anderen Seite der Krümmung hört, muß mit dem gleichen Signal antworten. Die Krümmung muß auch dann mit größter Vorsicht passiert werden, wenn kein Antwortsignal gehört wird.

c) In einem engen Fahrwasser darf ein Maschinenfahrzeug von weniger als 19,80 m (65 Fuß) Länge die sichere Durchfahrt eines Fahrzeuges nicht behindern, das auf die Fahrrinne angewiesen ist.

REGEL 26

Alle nicht fischenden Fahrzeuge in Fahrt — mit Ausnahme der in Regel 4 bezeichneten — müssen fischenden Fahrzeugen ausweichen. Diese Regel berechtigt ein fischendes Fahrzeug nicht, ein Fahrwasser zu sperren, das von nicht fischenden Fahrzeugen benutzt wird.

REGEL 27

Bei der Befolgung und Auslegung dieser Regeln sind stets alle Gefahren der Schiffahrt und des Zusammenstoßes sowie alle besonderen Umstände gebührend zu berücksichtigen, die zum Abwenden unmittelbarer Gefahr ein Abweichen von den vorstehenden Regeln erfordern; hierzu gehören auch Umstände, durch die ein Fahrzeug oder Wasserflugzeug in seiner Manövrierfähigkeit beschränkt sein kann.

Teil E

SCHALLSIGNALE FÜR FAHRZEUGE IN SICHT

REGEL 28

a) Haben Fahrzeuge einander in Sicht, so muß ein Maschinenfahrzeug in Fahrt jeden Kurs, den es nach Maßgabe dieser Regeln einschlägt, mit einem der folgenden Pfeifensignale anzeigen:
Ein kurzer Ton bedeutet:
„Ich ändere meinen Kurs nach Steuerbord."
Zwei kurze Töne bedeuten:
„Ich ändere meinen Kurs nach Backbord."
Drei kurze Töne bedeuten:
„Meine Maschine geht rückwärts."

NOTZEICHEN

REGEL 31

a) Für ein in Not befindliches Fahrzeug oder Wasserflugzeug auf dem Wasser, das Hilfe von anderen Fahrzeugen oder vom Land anfordert, gelten folgende Signale zusammen oder einzeln:

I Kanonenschüsse oder andere Knallsignale in Zwischenräumen von ungefähr einer Minute.

II Anhaltendes Ertönen eines Nebelsignalgeräts.

III Raketen oder Leuchtkugeln mit roten Sternen einzeln in kurzen Zwischenräumen.

IV Das durch Telegraphiefunk oder eine andere Signalart gegebene Morsesignal . . . — — — . . .

V Das Sprechfunksignal aus dem gesprochenen Wort **„Mayday"**.

VI Das Notzeichen **NC** des Internationalen Signalbuchs (Flaggen).

VII Ein Signal aus einer viereckigen Flagge, darüber oder darunter ein Ball oder etwas, das einem Ball ähnlich sieht.

VIII Flammensignale auf dem Fahrzeug, z. B. brennende Teertonnen, Öltonnen oder dergleichen.

IX Eine rote Fallschirm-Leuchtrakete oder eine rote Handfackel.

X Ein Rauchsignal mit orangefarbenem Rauch.

XI Langsames und wiederholtes Heben und Senken der nach beiden Seiten ausgestreckten Arme.

Sachregister